VOYAGES
IMAGINAIRES,
ROMANESQUES, MERVEILLEUX,
ALLÉGORIQUES, AMUSANS,
COMIQUES ET CRITIQUES.

SUIVIS DES

SONGES ET VISIONS,
ET DES
ROMANS CABALISTIQUES.

CE VOLUME CONTIENT:

Le Voyage de Campagne, par madame de Murat.

Le Voyage de Falaise, par Lenoble.

Le Voyage de Mantes, par Bonneval.

VOYAGES
IMAGINAIRES,
SONGES, VISIONS,
ET
ROMANS CABALISTIQUES.

Ornés de Figures.

TOME VINGT-NEUVIÈME.

IIIe Division de la première classe, contenant les Voyages *amusans, comiques & critiques.*

A AMSTERDAM,
Et se trouve à PARIS,
RUE ET HOTEL SERPENTE.

M. DCC. LXXXVIII.

VOYAGE
DE
CAMPAGNE.

Par madame DE MURAT.

AVERTISSEMENT
DE L'ÉDITEUR
DES VOYAGES IMAGINAIRES.

APRÈS avoir fait parcourir à nos lecteurs des régions imaginaires & merveilleuses, nous allons leur offrir de simples promenades, uniquement propres à leur servir de délassemens. C'est à Falaise, c'est à Mantes, c'est à Saint-Cloud, c'est dans les charmantes campagnes des environs de la capitale, que nous allons les conduire; &, sans les faire sortir, pour-ainsi-dire, de leurs foyers, nous ne leur promettons pas moins de plaisirs, que dans leurs longues courses.

Ce ne sont plus des régions imaginaires que nous allons parcourir ; cependant les ouvrages que nous donnons n'en font pas moins des romans, & même des romans merveilleux, analogues au genre que nous avons adopté, & faisant essentiellement partie d'un recueil de voyages imaginaires. Les héros de ces romans sont des voyageurs qui, sans traverser les mers, ni errer dans des terres éloignées & inconnues, n'en ont pas moins des aventures dignes de piquer la curiosité, ou par des situations touchantes qui intéressent le cœur, ou par un badinage agréable qui amuse l'esprit.

La liste des voyages de ce genre est longue ; mais le nombre de ceux que nous employerons sera resserré dans des bornes très-étroites : nous y consacrons ce volume & le suivant ; ils termineront les voyages imaginaires.

Nous commençons par le *Voyage de Campagne*, charmante production de madame la comtesse de Murat, connue par des contes de fées très-agréables, qui lui ont mérité une place distinguée dans le *cabinet des fées*.

Cet ouvrage ne sert que de cadre à plusieurs contes & historiettes que racontent plusieurs personnes rassemblées dans une maison de campagne. Quelques-uns de ces contes sont intéressans, d'autres sont gais & amusans, enfin il en est de merveilleux ; car on y trouve aussi des contes de fées, des aventures de revenans & des sortilèges.

AVERTISSEMENT

Cette variété rend ce roman très-piquant & propre à faire à la campagne les amufemens d'une fociété.

Nous ne répéterons pas ici ce qui a été dit de madame de Murat dans les notices jointes au *cabinet des fées*; nous y renvoyons nos lecteurs.

Le *Voyage de Falaife*, qui fuit, eſt l'un des ouvrages les plus agréables qui foient fortis de la plume de Lenoble. De la gaieté, de l'intérêt, des portraits comiques, fans être trop chargés, nous ont paru caractérifer cette production, qui fut favorablement accueillie dans fa nouveauté, & qui mérite d'être également bien reçue aujourd'hui.

Euſtache Lenoble, né à Troyes en 1643, de l'une des meilleures familles de cette ville, eſt auſſi connu par ſes intrigues & ſes aventures amoureuſes avec la fameuſe Gabrielle Perreau, connue ſous le nom de la *Belle-Epicière*, que par ſes productions littéraires. Nous tracerons rapidement quelques-unes de ces aventures : elles ne font nul honneur à notre auteur ; mais elles ſont ſi publiques, qu'on ne peut, en écrivant ſa vie, ſe permettre de les paſſer ſous ſilence. C'eſt dans les priſons, que Lenoble fit la connoiſſance de cette femme, auſſi célèbre par ſa beauté, que par la dépravation de ſes mœurs. Lenoble y étoit détenu pour malverſations dans sa charge de procureur général au parlement de Metz. Il y vit & aima la Belle-Epicière. Il étoit bel homme, & il ne lui fut pas difficile de réussir auprès d'une femme de cette espèce. Leurs amours ne furent point secrets; les deux amans ménagèrent si peu les apparences, que Lenoble, d'abord défenseur de son amante, fut bientôt partie au procès, comme complice de son inconduite, & compris dans les condamnations que le parlement prononça contre elle. D'autres crimes attirèrent encore sur Lenoble la vengeance des loix : il fut puni, mais il ne fut pas corrigé. Ayant obtenu la permission de revenir en France malgré l'Arrêt qui le condamnoit au bannissement, Lenoble y a traîné des jours obscurs & malheureux. Réduit à subsister du produit de ses travaux littéraires, il auroit encore trouvé des ressources dans sa plume abondante & facile, & dans le goût que le public avoit pris pour le ton de critique ou plutôt de satyre qu'il avoit adopté ; mais son penchant à la dissipation & à la débauche consuma en peu de tems le fruit de ses travaux nombreux. Il mourut dans la misère, en 1711, âgé de 68 ans. On dit que la détresse de Lenoble étoit telle, que la charité de Saint-Severin fut obligée de faire les frais de son enterrement.

Quelque triste qu'ait été la fin de Lenoble, il faut convenir que la fortune n'avoit aucun tort avec lui,

& que ses malheurs ont été la juste peine d'une vie déréglée. Pourvu d'une des charges les plus importantes de la magistrature, ses malversations l'en font dépouiller ignominieusement. S'il descend dans les prisons, c'est pour s'y rendre le complice & le défenseur du vice. Réduit à vivre des produits de sa plume, il en fait découler avec abondance le fiel de la satyre ; il entasse ouvrages sur ouvrages ; son style plaît ; ses productions ont un succès éphémère, suffisant pour lui procurer une vie aisée ; mais l'amour de la débauche ne lui permet pas de jouir de ces avantages, & les détruit dans leur source.

Les nombreux ouvrages de cet auteur sont aujourd'hui, pour la plupart, ignorés. Il en est cependant qui méritent d'être distingués, tels que *l'histoire secrette de la conjuration des Passy contre les Médicis; la fausse comtesse d'Isamberg; Ildegeste, reine de Norwège; les nouvelles Africaines; le gage touché, & le voyage de Falaise* que nous imprimons. Lenoble a aussi donné quelques poésies, dont nous ne citerons que ses *fables* & les comédies d'*Arlequin Esope* & des *deux Arlequins.* Ces deux pièces ont été jouées sur le théâtre de l'ancienne comédie italienne, & sont d'un bon comique, quoique durement versifiées.

Le *Voyage de Mantes* par lequel nous terminons ce volume, est le meilleur ouvrage d'un auteur très-peu connu, qui se nommoit René de Bonneval, & qui est mort à Paris en janvier 1760. Ce petit roman a de la gaieté, & ne sera pas déplacé à la suite de ceux que nous venons de donner. Les autres ouvrages que nous connoissons de cet auteur, sont *Momus au cercle des Dieux*, une *critique du poëme de la Henriade*, une *critique des lettres philosophiques*, & des *élémens d'éducation*.

VOYAGE
DE
CAMPAGNE.

PREMIÈRE PARTIE.

Vous me demandez, madame, le récit du voyage que j'ai fait à Sélincourt ; il m'a été trop agréable, pour que le souvenir ne m'en plaise pas ; toute ma peur est seulement de le faire trop long ; mais, puisque vous le voulez exact, il faut bien, s'il vous plaît, qu'à l'exemple de nos romanciers, je vous apprenne les conversations que nous y avons eues, & les histoires qu'on y a contées.

Nous partîmes de Paris au commencement de cet été, la marquise d'Arcire, madame d'Orselis & moi, pour aller passer deux mois

A

à la terre du comte de Sélincourt : la paix laissant à nos guerriers le loisir de prendre du repos, rien ne leur paroît plus nouveau & plus doux que les plaisirs de la campagne. Vous savez, madame, que cette terre doit une de ses grandes beautés à la rivière de Seine, sur le bord de laquelle elle est située : vous n'ignorez pas aussi qu'elle a des avenues magnifiques, des eaux admirables, de beaux jardins, des bois, dont les rayons du soleil ont peine à pénétrer l'aimable obscurité ; que les appartemens du château sont superbes, tant pour leur grandeur, que pour les meubles dont ils sont ornés. Vous savez encore, madame, que la chère qu'on y fait est délicate & bien entendue, & que l'ordre brille par-tout dans ce lieu délicieux : mais une chose dont vous ne vous souviendrez peut-être pas, quoique vous l'ayiez mieux sçu qu'une autre, c'est que le comte est très-aimable, qu'il a de grands cheveux blonds & naturellement frisés, dont la quantité prodigieuse lui descend jusqu'à la ceinture ; qu'il a le visage agréable, & que son air est galant & noble ; pour de l'esprit, il en a infiniment ; mais il se rend un peu trop maître des conversations ; il ne répond pas juste à la pensée d'autrui ; il ne brille que sur la sienne ; il parle trop haut, décide trop librement des réputations : toujours perfuadé qu'on ne peut fe tromper en jugeant des chofes au pis, il n'admet guère de vertu que celle qui veut trop paroître; fon humeur eft inégale; fouvent moral dans la dernière févérité, il paffe en un moment dans un relâchement qui étonne; d'autres fois gai avec excès, il paffe tout d'un coup dans une triftefse qui ne lui fournit que des objets funeftes : avec tout cela, il plaît infiniment.

Il fut un tems, madame, où ces louanges, accompagnées des vérités qui les fuivent, n'auroient pas été de votre goût; vous auriez voulu un portrait fans ombre : aujourd'hui j'ai befoin de ces mêmes vérités, pour vous faire fupporter ce que je dis en fa faveur.

Puifque j'ai commencé à peindre, je vous dois donner une légère idée de tous les acteurs de la fcène.

La marquife d'Arcire eft belle, jeune, fpirituelle & douce.

Une plus longue peinture vous ennuyeroit, & peut-être que voulant oublier que Sélincourt fût un amant infidèle, vous vous fouviendrez trop bien que la comtefse eft une rivale préférée.

Madame d'Orfelis eft une belle femme, trait pour trait; elle a même beaucoup d'efprit, mais son humeur a de grands rapports avec celle du comte ; & si l'amour s'étoit avisé de de les unir, leurs conversations auroient eu un air plus militaire qu'amoureux.

Pour moi, madame, je ne juge pas à propos de me peindre ; vous me connoissez trop, & mon histoire, que je conterai en racourci, donnera toute l'idée qu'il faut de ma personne. Lorsque nous arrivâmes à Sélincourt, le comte avoit avec lui le chevalier de Chanteuil : c'est un brun qui a de beaux cheveux, une taille fine, de grands yeux dont le feu sort, comme s'ils étoient allumés ; des dents comme des perles, de l'honneur & de la probité ; un esprit agréable, une humeur égale & douce ; les passions toujours vives, & souvent courtes ; mais il a beau être inconstant, sa sagesse lui fait ménager la maîtresse qu'il a quittée, autant que la favorite.

Le duc de....... oncle de Sélincourt, qui est un vieux seigneur très-poli, & qui étoit alors chez le comte, mettoit les dames en droit d'y rester ; & nous ne songeâmes d'abord qu'à nous divertir. On vint au-devant de nous dans les avenues ; nous descendîmes à une porte grillée, qui donnoit dans le parc ; toutes les eaux jouoient. Le soleil venoit de se coucher ; c'est, à mon gré, le plus beau moment de la journée : il n'y a pas une petite fleur qui ne jette une odeur aimable, pas un oiseau qui ne chante: les esprits mêmes se trouvent plus libres que pendant le chaud du jour.

Après nous être promenés jusqu'à nous fatiguer, nous passâmes des ponts qui traversent de grands fossés pleins d'une eau vive, pour nous rendre dans le château ; chacun choisit son appartement ; pour moi, je ne voulus qu'une jolie chambre qui donne sur un parterre d'eau, le plus agréable du monde. Le comte étoit ce jour-là beau comme l'Amour, & amoureux comme un Espagnol : la marquise laissoit voir une joie dans ses yeux, dont la cause n'étoit ignorée de personne de nous. La contrainte fut bannie. On reprit l'après-souper le chemin des jardins: nos amans eurent là le plaisir de se parler pendant une heure ; & le chevalier perdit sa liberté en moins de tems auprès de la belle Orselis. Il n'y eut pas jusqu'au vieux duc de . . . . . . qui ne voulût entrer en lice. J'étois découverte ; & soit par compassion ou par goût, il me dit des douceurs de la vieille cour, qui auroient pu faire quelque effet, si je ne l'avois vu qu'à l'ombre.

Après avoir fait quelques tours ainsi séparés, on se rejoignit autour d'un grand fond d'eau, dont les bords étoient ornés de gazons : la conversation devint générale ; on parla sur diverses matières ; enfin, insensiblement on tomba sur le choix que nous avions fait des appartemens que nous voulions habiter. Pour moi, dis-je, le mien paroît le mieux entendu : je suis séparée de tout le monde : le bruit de l'eau & le chant des oiseaux ne pourront me réveiller que doucement, &, si je ne dors pas, rien n'est plus propre à entretenir une agréable rêverie. Oui, dit le comte ; mais si je vous disois que dans cette chambre on entend souvent des esprits, & que ceux qui y ont couché une nuit, en veulent sortir le lendemain. Je vous répondrois, lui repartis-je, ce que répondit une dame illustre dans une pareille occasion, & j'aurois, peut-être, autant de fermeté qu'elle en eut alors : on voulut savoir qui étoit la dame & le reste de l'histoire.

HISTOIRE

DE MADAME DESHOULIÈRES
ET DE GROSBLANC.

Puisque vous le voulez, repris-je, je vais vous en faire le récit : je l'ai appris de madame Deshoulières elle-même, à qui la chose est arrivée : elle alla voir une de ses amies, femme de qualité, qui vivoit dans une terre à quinze ou vingt lieues de Paris : on lui offrit toutes les chambres de la maison, à la réserve d'une où l'on entendoit, disoit-on, des choses étranges, & ce devoit être la mère du maître, qui, étant morte depuis un an, faisoit tout ce tintamare : c'étoit justement ce que madame Deshoulières cherchoit depuis long-tems ; la force de son esprit la rendoit un peu incrédule pour tout ce que l'on conte sur ce chapitre. On eût beau lui représenter son état présent, car elle étoit grosse, elle voulut voir l'esprit, & ne permit pas même à une femme à elle de coucher dans une garde-robe. On la plaignit ; on la blâma ; mais il fallut la servir à sa mode. La chambre dont il est question étoit grande, vaste, les embrasures des fenêtres profondes, & la cheminée à l'antique. Elle se mit dans son lit, se fit allumer un grand feu, fit mettre une grosse chandelle dans un flambeau : chandelle n'est pas noble ; mais c'est une circonstance essentielle à l'aventure : & prenant un livre, selon sa coutume, elle dit à la femme qui la servoit, de bien fermer sa porte : cela fut exécuté. Sa lecture finie, elle éteignit sa lumière, & s'endormit. A peine commençoit-elle à goûter les charmes du sommeil, qu'elle fut éveillée par un bruit qui se fit à cette même porte : elle s'ouvrit ; quelque chose marcha assez fort : madame Deshoulières assura qu'elle ne pouvoit avoir peur ; qu'en vain voudroit-on l'épouvanter, qu'elle éclairciroit l'aventure de l'esprit. Elle avoit beau parler, personne ne répondoit ; on marchoit toujours, & on fit tomber si rudement un grand paravant mal assuré, qui étoit au pied de son lit, que les rideaux, dont les anneaux étoient fort larges, & qui passoient dans des tringles fort menues, firent un bruit fort aigu, qui auroit effrayé toute autre personne que notre héroïne : mais elle a juré depuis, qu'elle n'eut pas le moindre battement de cœur.

Elle harangua encore l'ame qu'elle croyoit quelque domestique amoureux ; mais le silencieux esprit ne répondit pas un mot ; au con-

traire, passant dans la ruelle, il fit tomber le guéridon, qui étant très-haut, & le flambeau qui étoit dessus très-lourd, fit un épouvantable fracas; ce fracas fut suivi d'une petite agitation que l'esprit donnoit au flambeau contre les carreaux de la chambre; cela ne laissoit pas d'être impatientant par sa longueur; enfin, fatigué de tant d'exercices, il vint s'appuyer sur le pied du lit: ce fut là où madame Deshoulieres fit paroître sa fermeté. Ah! s'écria-t-elle, je saurai qui vous êtes, puisque vous venez si près de moi. Alors, portant ses deux mains à l'endroit où elle avoit entendu le spectre, elle se saisit de deux oreilles fort velues, qu'elle résolut de tenir jusqu'au jour, pour éclaircir le mystère. Jamais rien de si docile que le porteur d'oreilles; jamais rien de si patient que madame Deshoulières; car les nuits étoient fort longues, & la situation gênante, & ce ne fut qu'à la clarté de l'aurore, qu'elle apperçut que l'esprit étoit un grand chien de la maison, nommé Grosblanc, bon-homme, s'il en fut jamais, qui bien-loin de lui savoir mauvais gré de l'avoir arrêté si long-tems, lui léchoit les mains, pour l'en remercier. Elle fit un grand éclat de rire, laissa Grosblanc se coucher sur des chaises, & s'endormit de tout son cœur. Le maître & la maîtresse de la maison n'avoient pas fermé l'œil de la nuit: l'idée d'une femme grosse, livrée à des apparitions épouvantables, les avoit agités si cruellement, qu'ils allèrent de bonne-heure voir si elle n'étoit point morte, ou du moins accouchée. Les bonnes gens ouvrirent la porte tout doucement, & n'osoient presque lui parler, dans l'appréhension d'une entreprise qui leur avoit paru téméraire : mais madame Deshoulières ouvrant les rideaux de son lit, leur fit voir un visage si gai, qu'ils commencèrent à dire qu'elle étoit plus heureuse que sage, d'être tirée d'un si grand péril. Elle leur fit un récit fort éloquent de tout ce qui lui étoit arrivé : les cheveux leur en dressoient à la tête, quand leur ayant montré Grosblanc : voyez, dit-elle au mari, voyez Grosblanc que vous prenez depuis si long-tems pour l'ame de madame votre mère. Voilà l'auteur de tant d'allarmes. Ce gentilhomme regardoit sa femme & son chien, honteux, interdit, ne sachant s'il devoit se fâcher, ou rire : mais madame Deshoulières avoit une certaine fermeté, qui la faisoit penser comme un honnête homme. Non, non, monsieur, lui dit-elle, vous ne resterez pas davantage dans l'erreur ; je vois qu'elle vous est chère ; vous ne pouvez vous résoudre à croire une vérité qui détruit l'illusion par laquelle vous avez été si long-tems abusé: mais j'acheverai mon ouvrage, & je vais vous faire voir, ajouta-t-elle, que tout ce qui s'est passé cette nuit est très-naturel. Alors se levant, elle alla examiner la porte, dont la serrure étoit si mauvaise, que quoiqu'on l'eût fermée à la clef, le moindre mouvement suffisoit pour l'ouvrir. Voilà déja, reprit-elle, pourquoi Grosblanc, qui apparemment n'aime pas à coucher à l'air, choisit cette chambre plutôt qu'une autre; le reste est aisé à imaginer: il a trouvé le paravant; il l'a jetté sur mon lit, le gueridon est tombé par le même hasard: Grosblanc a trouvé du goût à la chandelle, & ne faisant sauter le flambeau que pour l'en tirer, il a voulu venir sur le lit; mais il m'en demandoit auparavant la permission; & voilà, ajouta-t-elle en finissant, comme des bagatelles passent souvent pour des choses importantes.

Voilà, madame, comme j'achevai l'histoire de madame Deshoulières, qui fut trouvée héroïque de sa part, & très-plaisante de celle de Grosblanc. C'est ainsi, dit madame d'Orselis, que la plupart des apparitions se terminent, quand on les approfondit: cependant, reprit la marquise, j'ai ouï parler d'un gentilhomme d'auprès de Blois, dont l'aïeul se promène familièrement dans les avenues &

dans les jardins de son château, & qui se montre très-souvent aux fenêtres. C'est, sans doute, de M. de Donnery que vous voulez parler, ajouta le chevalier : il est mon parent, & j'ai entendu conter cent fois que, depuis les maîtres jusqu'aux domestiques, on est si accoutumé à voir cet esprit, qui d'ailleurs ne fait de mal à personne, qu'on n'en a pas la moindre frayeur : rien n'a été oublié pour le mettre en repos ; mais voyant sa résistance, il a été décidé qu'on lui laisseroit son habitation dans le château de la Sourdière ; c'est ainsi que cette terre se nomme.

HISTOIRE
DE THIBERGEAU.

OH ! vraiment, dit le duc de.....si nous nous mettons sur les contes, je vous en dirai & des plus beaux. Savez-vous, ajouta t-il, celui de la Motte-Thibergeau ? C'est une maison connue, & fort ancienne dans le Vendômois, ou dans l'Anjou ; je ne me souviens pas dans laquelle de ces deux provinces. On dit, qu'un cadet de ce nom étant prêt de partir, pour aller en campagne, & n'ayant point d'argent pour faire son équipage, fut averti par des paysans, qu'un certain château en réputation d'être habité par des diables, avoit appartenu à ses aïeux ; qu'il n'avoit été abandonné que par les ravages qu'ils y faisoient, & qu'on croyoit qu'il y avoit quelque trésor caché. Un cadet sans argent auroit écouté une tradition moins apparente : Thibergeau ne douta pas de la vérité de celle-ci, & résolut d'aller passer une nuit dans ce vieux château. Il prit deux pistolets, une bonne épée, se fit faire du feu, fit allumer des flambeaux ; renvoyant un domestique, qui lui avoit rendu tous ces services, demeura sur une mauvaise chaise, qu'il s'étoit fait apporter dans une grande salle capable d'effrayer par son délabrement. Dès que la nuit fut venue, il vit entrer deux grands laquais bien vêtus des livrées de sa maison, qui tenoient une grande manne, & qui mirent un couvert & un buffet fort propre, la vaisselle étoit légère, mais en grand nombre, & aux armes de Thibergeau. Il regardoit du coin de l'œil à quoi cela aboutiroit, lorsqu'il vit entrer trois hommes de bonne mine, l'un habillé de bleu & les deux autres de rouge : ils se mirent à table avec un profond silence, & commencèrent à manger de bon appétit. L'un d'eux se tournant vers notre aventurier :

viens souper, Thibergeau, lui dit-il. Je n'ai pas faim, monsieur, reprit Thibergeau. Hé! viens sans te faire presser, ajouta un des hommes rouges. Il est jeûne, repartit le cadet, qui commençoit à avoir grand'peur & qui s'armoit de tems en tems, à la sourdine, du signe de la croix. » Va, va, Thibergeau, » ajouta le troisième, double jeûne, double » morceau : » c'est de-là, mesdames, qu'est venu ce proverbe. Thibergeau si bien convié, ne laissa pas de refuser encore. On le laissa en repos le reste du souper, & quand la table fut levée : suis-nous, dit l'un de ces hommes extraordinaires, ou tu pourras t'en repentir. Les jambes manquèrent à Thibergeau, aussi bien que l'appétit : mais il rappella tout son courage, & se résolut à obéir. Il les suivit jusques dans la cave, où les fantômes disparurent avec un furieux bruit. Thibergeau fit fouiller à l'endroit où avoit cessé l'apparition, & trouva des trésors d'un prix infini, & de la vaisselle d'argent & de vermeil, dont on a même gardé quelques assiettes dans sa maison, pour donner plus de poids à la tradition : elle passe pour constante dans la province ; & si c'est une chimère, il n'y en a pas une autorisée par plus de circonstances propres à la persuader : il y a même eu un arrêt du parlement autenthiquement rendu, pour adju- à Thibergeau la vaiſſelle d'argent, dont ſes frères lui demandoient le partage.

Le duc s'arrêta à ces mots. En vérité; lui dis-je, monſieur le duc, vous m'avez fait peur! Je trouve Thibergeau encore plus brave que madame Deshoulières : mais elle a ſon ſexe pour elle qui ajoute bien à ſa valeur. Il étoit ſi tard quand j'achevai de parler, que la compagnie ſe ſépara & ſongea à s'aller mettre au lit; je vous dirai en paſſant, madame, que je n'entendis rien toute la nuit, & que s'il revient d'ordinaire des eſprits dans cette chambre, je ne leur parus pas apparemment digne de leur colère. On ſe leva fort tard; on dîna délicieuſement dans la ſalle voiſine de l'orangerie, où des fontaines entretiennent le frais. Le duc de.... madame d'Orſelis, & le chevalier jouèrent après le dîner une re- priſe d'ombre, tandis que le comte & la marquiſe s'entretenoient apparemment de leurs feux : je regardai jouer, & je vis que Chanteuil favoriſoit beaucoup madame d'Or- ſelis, & lui faiſoit gagner tous les codilles qu'il pouvoit. On monta enſuite en caroſſe pour s'aller promener ſur le bord de la rivière.

On vit un bateau couvert de feuilles & de branches de chevrefeuille qui n'étoit là que pour nous : on y trouva des carreaux pour s'asseoir commodément & des rafraîchissemens, un autre bateau suivoit avec les haut-bois du comte. Vous savez, madame, qu'il en a de très-bons ; c'est de tous les instrumens le plus agréable sur l'eau. On ne fit mettre à bord que lorsqu'il fut tems d'aller souper ; la troupe se trouva augmentée d'un homme que vous connoissez si peu, qu'il est à propos de vous faire son portrait.

Il est grand, un peu gros, quoique jeune ; sa jambe est belle, son air de petit-maître, hardi, fier, téméraire ; il porte une perruque brune, il a de grands yeux noirs, beaux à la perfection, le nez un peu aquilin, la bouche assez grande, mais rouge & agréable ; il a les plus belles dents du monde : il a orné son esprit de tout ce qui ne lui a coûté ni peine, ni soins : il en a naturellement, & de l'imagination encore au-delà : sa tête étant pleine de comédie, d'opéra & de vers, il fait des citations justes, & sait si bien mettre à profit ces talens, qu'on ne peut s'ennuyer avec lui. Que vous dirai-je enfin, madame ? le marquis de Brésy est un homme très-aimable, & son arrivée fit plaisir à tout le monde. Ma foi, mon ami, dit-il au comte en entrant, la bonne compagnie m'attire ici ; ce lieu me

paroît

paroît fort différent des toiles où nous avons habité les autres années; & pourvu que les dames ne me prennent point en aversion, je n'en partirai qu'avec elles. Sélincourt le reçut à bras ouverts, & la marquise en fut regardée bien favorablement; elle n'est point coquette; en vain lui auroit-il prodigué ses regards, si le comte par l'effet de quelque caprice que l'on ne connut point alors, ne se fût avisé de me parler quelques jours après sur un autre ton qu'à l'ordinaire. Je n'y fis d'abord aucune attention; ensuite l'expérience du monde ne put me laisser ignorer, que s'il ne m'aimoit, il voulut du moins me le faire croire; car pendant quelques jours il eut des soins & des applications qu'on n'a guère pour une personne indifférente. Je suis amie de la marquise: cette aventure m'embarrassa: si je vais, disois-je en moi-même, révéler ce secret à madame d'Arcire, elle fera des reproches à son amant; il me trouvera indiscrète ou vaine; il me haïra; & la discorde s'emparant des esprits, chacun se séparera, & on dira dans le monde, que les femmes ne peuvent vivre ensemble. Je conclus de ce petit raisonnement, que c'étoit à la marquise à s'appercevoir des coquetteries de son amant, & que je devois écouter les protestations du comte, sans les

B

croire & fans les rebuter. Voilà un milieu difficile à attraper ; mais comme j'étois de sang froid, j'y réussis parfaitement. D'autre part, Brefy ignorant les intérêts de nous tous, & n'étant pas d'humeur à se donner beaucoup de peine pour les dames, suivit le penchant qui le portoit à vouloir plaire à la marquise ; & la marquise de son côté, n'ayant que trop apperçu les soins que Sélincourt avoit pour moi, trouva plus commode d'écouter un homme aimable qui lui rendoit des soins, que de faire des reproches à un amant qui la vouloit abandonner ; peut-être ce parti étoit-il plus de son goût, peut-être aussi espéroit-elle de faire revenir son infidèle par cette conduite : ce ne seroit pas le premier que ce secret auroit rappellé.

Le chevalier & madame d'Orselis paroissoient avoir déja une passion dans les formes ; elle se contraignit dans ce commencement, & ne fit voir que le brillant de son esprit à son nouvel adorateur, qui en étoit enchanté. Lui, de sa part, ne montrant que sa vivacité, & gardant son inconstance pour une autre saison, avançoit considérablement ses affaires : & vous voyez bien, madame, qu'ils se trompoient tous deux. Le duc continuoit à me dire des douceurs, sans respect aucun de son neveu, qui n'étoit pas bien effrayé de ce rival; il propofoit pourtant des chofes affez folides; & pour peu qu'on eût eu le cœur intéreffé, on lui auroit fait faire du chemin.

Quelques jours après que le marquis de Bréfy fut arrivé, on alla fe promener dans une forêt voifine; on y trouva une collation magnifique, fous une feuillée galante; les haut-bois nous y vinrent trouver. Je n'aimois pas le comte; je croyois qu'il n'étoit pas fort amoureux de moi; mais la préférence flattant mon amour propre, fa feule apparence me fuffifoit, & j'avois ce jour-là un penchant à la joie, qui, fi je l'ofe dire, ne me rendoit pas ennuyeufe. Sélincourt, malgré qu'il en eût, commençoit d'être fort fâché de la liaifon qu'il croyoit fe former entre madame d'Arcire & le marquis; il en redoubloit fes foins auprès de moi; mais à parler naturellement, fa jaloufie l'animoit bien plus que mes yeux. La marquife, qui avoit un amant à conferver & un à faire revenir, n'étoit pas fans occupation; il falloit du brillant pour mettre à bien ces deux entreprifes, auffi n'en eut-elle jamais tant. Pour Bréfy, il n'avoit qu'un objet: mais il en paroiffoit fi occupé, qu'il ne parut que trop agréable.

Le vieux duc, qui me vouloit plaire, prodigua, pour ainfi dire, l'encens & la politeffe;

B ij

& quoique le chevalier & la belle Orſelis ne ſongeaſſent guère à nous tous, ils paroiſſoient ſi contens, qu'on avoit envie de ſuivre leur exemple.

Dans de telles diſpoſitions, vous devez juger, madame, que la converſation ne devoit pas languir : il y eut au commencement quelques traits piquans dans la converſation, avec une apparente douceur qui ne permettoit d'y répondre que ſur le même ton ; mais ſur la fin de la collation, le comte me baiſa la main, en recevant de moi des fraiſes qu'il m'avoit demandées. La marquiſe me dit en riant, que j'étois apparemment comme madame de..... dont M. de Buſſy dit qu'elle n'avoit jamais refuſé la main, parce qu'elle ne croyoit pas que ce fût une grande faveur. Cette attaque me fit rougir, car je vis bien qu'elle rouloit ſur ce que je n'ai pas la main belle ; mais, me remettant promptement : il eſt vrai, dis-je en riant auſſi, que ma main ne peut faire grand plaiſir à baiſer ; mais ces converſations ſecrettes que vous avez avec M. le marquis, comment les appellez-vous ? Il faut décider ici, & avouer la faveur, ou renoncer à l'eſprit. Cette repartie embarraſſa fort la marquiſe. Le comte ſaiſit l'occaſion de lancer auſſi ſon trait, & dit que, ſelon toutes les apparences, madame d'Arcire ne renonceroit point à son esprit, & qu'il n'y avoit point de dame qui n'aimât mieux être soupçonnée d'avoir une passion, que d'être attaquée par son esprit ou par sa beauté. Brésy, qui vit que sa maîtresse commençoit à s'embarrasser, vint à son secours, & lui dit qu'en tout cas, si ces entretiens étoient une faveur, comme il en vouloit bien convenir, par l'agrément qu'on y trouvoit, c'en étoit une si innocente, que si elle ne lui en faisoit jamais de plus grandes, il n'auroit pas lieu de se vanter de ses bontés.

Vous avez un air si prévenant & un mérite si supérieur aux autres, lui repartit le comte, qu'en effet madame est dans son tort, de n'avoir pas déja fait plus de chemin; mais avec un peu de patience, ajouta-t-il fièrement, vous ferez des progrès tels....... Ah! interrompis-je, monsieur le comte, ne mêlons point d'aigreur à nos railleries; nous ne nous quittons point; rien ne peut être suspect dans nos actions; ne troublons point l'innocence de nos plaisirs; & pour remettre le calme dans nos esprits, dansons sur le gazon comme les bergères au son des haut-bois. Le comte, honteux d'avoir marqué de la jalousie, & voulant en donner à son tour, me prit d'un air galant pour aller danser, & tout reprit une face riante

Je fis grand plaisir à madame d'Arcire ; ce n'est pas que le dépit du comte ne la fît triompher ; mais elle est sage ; elle craignoit une querelle entre deux braves gens, qui auroient poussé la chose trop loin. On dansa long tems, & fort bien. Le vieux duc fit des merveilles, & cabriola même pour me prouver sa santé.

Le bal fini, on s'assit en rond ; & comme la nuit approchoit, & qu'il étoit précisément cette heure où tout prend une forme indécise, où les arbres paroissoient des géans, & les hommes des ombres, n'est-il pas vrai, dit le duc en me montrant un gros buisson à quinze ou vingt pas de là, que si vous étiez seule, ce buisson vous paroîtroit un groupe d'esprits ? Je conviens, repris-je, que mes yeux y pourroient être trompés ; mais je crois avoir assez prouvé mon assurance, pour n'être pas seule apostrophée sur la poltronnerie. Pour moi, dit madame d'Arcire, j'avoue que j'ai quelquefois peur, & que je n'aimerois point à me trouver seule ici. Brésy lui dit là-dessus quelque chose à l'oreille : Sélincourt le remarqua ; & je commençai au plus vîte une histoire pour détourner encore des remarques qui auroient pu aller trop loin.

HISTOIRE D'UN FOLLET

passionné pour les chevaux.

Je vous assure, dis-je, que je suis hardie sur les visions, parce que je n'en ai jamais eu; mais je mourrois de mort subite, si je voyois quelque chose; à moins, ajoutai-je, que l'apparition ne fût de la nature de celle d'un homme de ma connoissance. Ce n'étoit pas un personnage fort important; il voyageoit sur un petit cheval blanc, qui portoit aussi sa valise: quelques affaires l'obligèrent à séjourner dans la principale hôtellerie d'un bourg.

Le jour qu'il en voulut partir, on ne trouva plus son cheval dans l'écurie; on le cherchoit de tous les côtés, lorsqu'on vit paroître sa tête par la fenêtre du grenier au foin, où on n'arrivoit que par une échelle. L'hôte se mit à rire, malgré le chagrin de mon homme qui ne pouvoit deviner pourquoi & comment on avoit guindé son palefroi si haut. Il fut enfin éclairci du fait: c'étoit un follet fort familier dans la maison, sujet à s'entêter de certains chevaux. La physionomie de celui-ci lui avoit aparemment plû, & les bottes qu'avoit son maître lui faisant comprendre qu'il alloit le séparer de sa nouvelle passion, il avoit trouvé moyen de le mettre en sûreté. On pourroit même tirer une petite morale de ceci, & dire que follet à part, rien n'est impossible à l'amour.

Ah! pour cela, mademoiselle, s'écria le comte, votre morale est un peu tirée aux cheveux; car l'amour tout puissant qu'il est, ne pourra jamais, sans diablerie, faire entrer un cheval par la fenêtre d'un grenier au foin. Mais, ajouta-t-il, je vous demande pardon; je vous ai interrompue mal-à-propos; l'aventure est plaisante, quand elle ne seroit pas vraie. Achevez-la, s'il vous plaît. Il ne me sera pas difficile, repris-je. L'hôte assura le voyageur qu'il falloit quitter les bottes, & prendre l'air d'un homme établi dans le lieu. Ce conseil fut suivi; & la même puissance qui avoit fait monter le cheval au grenier, le fit descendre à l'écurie. On ne perdit pas un moment; on lui mit la selle & la bride, & son maître s'en alla bien aise d'avoir dupé l'esprit: mais ce fut lui-même, qui en demeura la dupe, car le pauvre petit cheval blanc dépérit à vue d'œil pendant quelques jours, & mourut enfin sur la route.

Voilà, madame, la petite narration que je fis, qui, n'ayant rien en elle d'effrayant, est si véritable, qu'elle ne doit pas laisser de persuader les incrédules.

HISTOIRE D'UN FOLLET
appellé Monsieur.

Le duc dit, qu'il avoit entendu parler d'un château en Touraine, où il y avoit un follet, qu'on appelloit Monsieur. On n'en avoit jamais pu voir le visage ; mais il avoit une grosse chevelure crêpée d'un blond doré, & portoit toujours un habit de taffetas d'Angleterre, noir, qui faisoit beaucoup de bruit. Monsieur étoit un goguenard, ajouta-t-il, il alloit tirer les sièges des domestiques, quand ils étoient au-tour du feu, & lorsqu'il en avoit fait tomber quelqu'un, il faisoit de longs éclats de rire, & tâchoit d'en attraper un autre. Il ne s'attaquoit point au maître, ni à la maîtresse, pour faire de ces sortes de railleries, mais il se promenoit souvent avec eux & rioit de tout son cœur, quand on disoit quelque chose de divertissant. On crut au commencement, que Monsieur demandoit des prières ; on lui en fit faire de toutes les façons : on fit même venir des capucins. Monsieur se fit voir à eux ; mais il ne répondit pas un mot à toutes leurs questions. Enfin on crut, qu'une ame pure lui feroit rompre le silence : le seigneur du château avoit un fils très-aimable & très-aimé, qui n'ayant que sept ans, parut fort propre à leur dessein : il étoit accoutumé à voir Monsieur, & n'en avoit nulle frayeur. On lui demanda cependant, s'il pourroit bien coucher seul dans une chambre où Monsieur pourroit venir ; qu'on lui allumeroit des bougies, & qu'on lui donneroit du bonbon. L'enfant assura qu'on ne pouvoit lui faire plus de plaisir. Tout fut executé suivant le projet ; mais le succès en fut tragique. On trouva le petit-homme le lendemain matin avec une grosse fièvre & fort abattu. Tout ce qu'on put tirer de lui, fut que Monsieur étoit entré dans sa chambre ; qu'il avoit commencé par éteindre les bougies avec le vent de son manteau de taffetas. L'enfant voulut alors continuer sa narration, mais il lui prit des convulsions fort dangereuses, qui l'en empêchèrent. Il mourut quelques jours après ; & Monsieur après ce bel exploit, n'a plus paru au château de Montison.

Le duc n'eut pas plutôt fini sa tragique histoire, qu'on se mit à plaindre un père & une mère qui ont été cause de la mort de leur fils par une piété mal entendue.

Madame d'Orselis voulut aussi dire son mot; mais comme elle n'avoit pas cessé d'écouter Chanteuil, ou de lui parler, je ne pus m'empêcher de rire, ni de lui dire même qu'elle avoit une sorte d'esprit comme César ; & que d'écouter un homme qui fait plaisir, sans perdre ce que les autres disent, me paroissoit même au-dessus de dicter à quatre secretaires. Ce fut une plaisanterie qui m'échappa ; car vous savez, madame, que la belle Orselis est très-redoutable, tant par son esprit que par la hauteur de sa voix : elle rougit, & se déconcerta un moment ; mais c'est le propre des commencemens de passion, de donner de la douceur : aussi, contre son ordinaire, elle me répondit, qu'elle ne pouvoit nier, que le chevalier ayant l'esprit agréable, elle ne prît plaisir à sa conversation ; mais qu'elle n'oublioit pas pour cela le reste du monde : & pour vous montrer que je dis vrai, je vous conterai une aventure ce soir, qui m'a un peu guérie de la peur des esprits ; mais il faudra pour cela, ajouta-t-elle en riant, que je prenne les choses de plus haut, & que je vous apprenne presque toute mon histoire. J'aurai peut-être la malice de vous ennuyer par un long récit, pour vous punir de la guerre que vous me faites. On l'assura qu'elle pouvoit disposer de nos attentions tant qu'il lui plairoit, sans qu'elle pût nous causer un moment d'ennui. A ces mots, on remonta en carosse pour se rendre au château de Sélincourt.

On servit le souper dès que nous fûmes arrivés; & comme nous nous couchions fort tard, on fit une petite bassette avant que d'entendre l'histoire de madame d'Orselis. Elle prit ensuite ainsi la parole.

HISTOIRE
DE MADAME D'ORSELIS.

Vous connoissez ma maison & ma figure; c'est un grand soulagement pour celle qui conte ses aventures : mais ce que vous ignorez peut-être, c'est que j'ai fait des passions dès onze ans. Il est vrai que le premier qui s'avisa de me trouver belle, étoit un homme si fort au-dessous de moi, qu'il n'eut jamais la hardiesse de me dire ses sentimens ; mais il se dépiqua de son silence respectueux par des extravagances si outrées, que la jalousie lui fit faire quatre ans de suite, que ma mère fut contrainte de lui défendre sa maison, quoique d'ailleurs il fut fort divertissant. Il proposa à trois hommes qu'il croyoit mes amans, de s'aller battre dans les pays étrangers pour éviter les suites qu'ont les duels en France depuis le règne de Louis le grand. Il y en eut deux qui ne voulurent pas porter si loin leur colère, avec qui il fit deux combats, tant bons que mauvais; enfin il étoit comme un forcené, & on fit fort bien de le chasser. Parmi un assez grand nombre d'adorateurs qui se présentoient pour le mariage, il y en avoit un qui étoit un homme de qualité, d'esprit, de valeur & de distinction. Cette conquête flattoit ma vanité. Jamais passion ne fut si ardente & si durable que la sienne; mais il y en avoit un autre jeune & beau comme l'amour, & très-amoureux aussi. Si le premier avoit eu la figure de celui-ci, ou que celui-ci eût eu l'esprit de l'autre, c'étoit une affaire faite, mon cœur étoit pris; mais comme ils avoient chacun un endroit foible, ou que mon heure n'étoit pas venue, je me contentai de me réjouir les yeux avec l'un, & l'imagination avec l'autre. Il se passa plusieurs incidens fort extraordinaires, causés par des amans de traverse, & par des vues qui prenoient à ma famille sur mon établissement, & qui étoient souvent mal dirigées. Mais je vous ferai grace de ces bagatelles pour en venir à une chose plus grave.

Je fus mariée à seize ans à monsieur d'Orselis; vous n'ignorez ni sa naissance, ni son bien : mais je ne crois pas que vous ayez connu sa personne, parce qu'il faisoit son principal séjour en province : il avoit une belle taille, de belles jambes, les dents fort blanches, des cheveux bruns fort laids, les yeux grands, enfoncés, le regard funeste, le teint jaune & basanné, la forme du visage désagréable, & quatre plis marqués dans les joues, comme si on avoit voulu y faire des sillons : il avoit de l'esprit ; mais une tristesse profonde, un penchant à la colère, que sa raison ne pouvoit modérer : jaloux au-delà de l'imagination, soupçonneux, porté à croire le mal ; mais avec tout cela fort honnête homme, libéral & magnifique. Il avoit une passion effrenée pour moi, qui lui persuadoit qu'on ne pouvoit me voir sans m'adorer. Cette idée me rendit la plus malheureuse personne du monde ; il fut jaloux, non pas depuis le sceptre jusqu'à la houlette ; mais de tout l'espace qui remplit ces deux extrémités ; jamais je n'eus un quart-d'heure de repos : toujours dans l'ardeur de sa passion ou dans les fureurs de sa jalousie, j'étois contrainte de souffrir des témoignages de tendresse d'un homme que je n'aimois pas, ou d'écouter des reproches que je n'avois pas mérités. Il seroit trop ennuyeux de vous dire ce que j'endurai dans ce triste mariage ; mais souffrez que je vous en dise un trait.

Le chevalier de . . . . . . colonel de dragons, passa dans la ville où j'étois alors avec son régiment ; il me vint voir, comme une de celles dont la maison étoit la meilleure : je ne le connoissois point ; il me présenta deux de ses capitaines qui étoient de jolis garçons, polis & doucereux. Monsieur d'Orselis étoit présent : il fut assez gracieux ce jour-là, il leur offrit à souper ; le chevalier de . . . . . s'en défendit, & jamais je n'avois reçu de visite qui m'eût été moins funeste ; mais je n'étois pas destinée à me coucher sans chagrin. Monsieur d'Orselis me proposa le soir d'aller chez la gouvernante : il étoit de si bonne humeur, que je ne voulus pas le contrarier. On fut surpris d'une pareille débauche ; & on se mettoit en devoir de jouer quelque reprise, lorsqu'on entendit un grand bruit, & qu'on vit entrer une troupe de masques bizarrement habillés, mais en gens du monde, & bien différemment de ceux que nous voyons quelquefois; ces masques avoient à leur suite tous les violons de la ville, & les hautbois du chevalier qui étoient excellens; cela n'avoit pas méchant air. L'on ne doute pas des personnages; mais ce qu'il y eut de cruel pour moi, ce fut la préference qu'on me donna.

La gouvernante n'étoit pas de figure à danser: il y avoit bien d'autres femmes; & leur dépit ne fut pas moindre que la rage de monsieur d'Orselis, quand le chevalier me donna la première courante. Je me doutai bien du retour qu'auroit cet honneur; je dansai en tremblant, quoique je ne sois pas naturellement timide, & j'allai prendre monsieur d'Orselis d'une manière fort obligeante. Il me dit avec un visage tout changé, qu'il avoit mal au pied, & me refusa tout net. J'allai honteusement prendre un des masques, & je revins me placer auprès de monsieur d'Orselis. Vous êtes bien indulgente, madame, me dit-il, de vous laisser serrer la main comme on vient de faire. Moi, monsieur, lui dis-je, serrer la main ? vous rêvez. Il secoua la tête, & me quitta pour m'aller lorgner du coin de la cheminée. Un de ces jeunes gens qui étoient venus me voir, voyant mon mari loin de moi, vint me conter

de

de ces fadeurs qu'on dit dans ces occasions avec ce petit jargon de marionnette. Surpris de ce que je ne répondois rien, il s'écria qu'il étoit bien malheureux d'avoir passé les mers pour venir trouver une ingrate. Autre badinerie de mascarade: mais ces mots frappèrent les oreilles de monsieur d'Orselis. Il crut que cet homme avoit passé les mers, comme s'il l'avoit vu; & s'approcha de moi: vous presse-t-on trop, madame, me dit-il ? Je ne sais, lui dis-je, monsieur, ce que vous voulez dire: on ne presse point les femmes comme moi. J'y pourrois mettre ordre en tout cas, repartit-il d'un ton de défi. Oh ! dit le masque d'un air ironique, il ne fait pas bon ici pour moi: on m'extermineroit infailliblement. Il s'éloigna de moi en disant ces mots. Mon mari sentit cette raillerie jusqu'au vif, & je ne sais comment il ne fit point le dom-Quichotte en cette occasion. Il se passa encore d'autres circonstances que j'obmets, pour vous dire que, quand nous fûmes entrés, je fus traitée comme si j'avois été trouvée en faute; &, ce qui mit le comble à ses soupçons, c'est que ces mêmes gens qui avoient refusé de souper chez lui, étoient venus à sa porte, savoir si j'y étois; & n'allèrent chez la gouvernante, que lorsqu'on leur eut appris que nous y étions

C

allés. Je n'ai vêcu que deux ans avec monsieur d'Orselis, & je pourrois commencer dès le lendemain de mes nôces l'histoire de sa jalousie jusqu'au jour qu'il tomba malade pour mourir. Je ne me souviens pas d'avoir passé un jour heureux avec lui : toujours soupçonnée & innocente, les applaudissemens qu'on me donnoit m'étoient à charge, quand je pensois qu'on en feroit la matière de mes chagrins. Sa maladie fut courte : il ne parla que de moi, dès qu'il sentit les approches de la mort. Son seul regret étoit de me quitter : j'étois jeune, je n'aimois rien. Le spectacle d'un homme mourant, désarmé de cette fureur qui l'avoit rendu formidable, ne se fait point voir impunément à une personne qui n'a point le cœur mauvais. Dès qu'il fut mort, je ne le regardai plus comme ce mari terrible qui m'avoit tourmentée sans sujet & sans mesure. Je le vis comme un homme malheureux, qui agité d'un amour violent, n'avoit pu résister à une autre passion cent fois plus cruelle, que la nature ne lui avoit donnée que pour son tourment. Enfin, mesdames, je pleurai, & je fus affligée très-sincèrement ; des femmes de mes amies qui me vinrent voir dans cette cérémonie lugubre, où des appartemens tendus de noir ne paroissent jamais assez sombres, à moins qu'on ne s'y casse le col, ces femmes, dis-je, imprudentes au dernier point, se vinrent réjouir avec moi, de ce que j'avois perdu mon tyran. Ce fut avec un étonnement étrange qu'elles me virent répandre un torrent de larmes : il faut cependant convenir que mon affliction ne fut pas longue, & qu'elle se peut nommer plutôt pitié que douleur. J'étois élevée dans des préjugés très-sevères sur ce qui regarde la réputation ; plus je me trouvai jeune, plus mon mari avoit été désagréable, plus je crus qu'il falloit garder de mesures. J'étois alors à Paris : on est souvent exposé dans ce lieu, à la tentation de voir trop de monde ; je craignois de n'avoir pas la force de faire toujours fermer ma porte à bien des gens qui s'y présentoient. Je pris le parti d'aller passer tout l'été à une terre de ma famille avec mes seuls domestiques. Je lisois, je me promenois, j'écrivois à mes amies, je passois enfin une vie douce dont je ne m'ennuyois point, lorsque j'entendis plusieurs nuits de suite des bruits au-dessus de ma tête qui ne me parurent pas naturels : c'étoient des coups frappés à distances égales, c'étoient des courses précipitées, c'étoit enfin tout ce qu'il falloit pour effrayer une plus hardie que moi ; car j'étois très-poltronne en ce tems-là. Je tins pourtant assez bonne contenance pendant quelques jours, & je voulus croire que c'étoient des bêtes qui entroient par les fenêtres des chambres qui étoient au-dessus de la mienne : ce qui m'étonnoit, c'est que quand il me venoit compagnie de Paris, le bruit cessoit, & on ne recommençoit le manège nocturne, que lorsque je me retrouvois seule. J'avois quelquefois assez peur ; mais je ne songeois pas pour cela à partir ; & c'étoit apparemment à quoi l'esprit visoit. Une nuit, nuit la plus terrible de ma vie, j'entendis à la porte qui fermoit mon antichambre, un vacarme si prodigieux, que j'aurois eu lieu de craindre les voleurs, plutôt que les ames, si auparavant on avoit donné le signal par trois coups épouvantables qu'on avoit frappés au-dessus de ma tête ; mes femmes étoient couchées dans une chambre à côté de la mienne, j'en appellai une qui mouroit de frayeur : j'avois heureusement de la lumière, sans quoi elle n'auroit pas eu la force de se lever ; je lui ordonnai de rappeller tout son courage, & de crier au feu par la fenêtre pour faire venir mes gens : le premier qui s'éveilla fut mon cocher, qui vint sous mes fenêtres, armé du croissant avec quoi on tond les palissades. On n'a jamais su pourquoi il s'étoit muni d'une arme offensive pour accourir au secours de gens qu'il croyoit dans le feu ; quoiqu'il en soit, je fus un peu rassurée quand j'entendis un homme parler ; la difficulté étoit de le faire entrer : personne n'avoit la force d'aller ouvrir la porte du vestibule ; car nous n'étions que des femmes dans le corps de logis : enfin, mon cocher imagina de se servir encore de l'échelle des jardins. Il monta fièrement, comme s'il fût allé à l'assaut. Tandis qu'il étoit sur l'échelle, le même bruit se fit à la porte dont j'ai parlé. Ha, ha, dit-il, vous parlez de feu, & ce sont des voleurs ; il n'importe, qu'ils viennent, ils verront beau jeu. Cette humeur belliqueuse lui étoit inspirée par mes laquais, qui, s'étant habillés à la hâte, le venoient soutenir dans cette grande aventure. Ils entrèrent tous par mes fenêtres ; & l'esprit voulant apparemment briller devant eux, fit trembler avec une rumeur endiablée, une cloison qui séparoit ma chambre d'une autre. A ce bruit succéda un calme profond ; mais il ne passa pas jusques dans mon ame. Elle étoit agitée de la plus violente peur qui fût jamais, tremblante dans mon lit, à peine osois-je tirer ma tête de dessous ma couverture. Une de mes femmes s'approchoit de moi en me plaignant, & m'assuroit que crainte de m'effrayer elle n'avoit pas voulu me dire tout ce qu'elle avoit vu & entendu ; que le bout-de-l'an de monsieur d'Orfelis approchoit, qu'il demandoit apparemment des prières; qu'il avançoit peu à peu sa marche, que peut-être l'autre nuit viendroit il me parler à moi-même, & cent autres visions qui m'auroient fait rire dans un autre tems, & qui trouvant déja mon imagination tristement frappée, y firent une impression qui tenoit du délire. J'ordonnai à mes gens d'aller chercher un abbé qui n'étoit qu'à une lieue de chez moi; il étoit ami de ma famille, & le mien en particulier : j'espérois un grand soulagement de ses conseils. Il arriva peu de tems après ; il étoit déja grand jour. Ah! mon pauvre abbé, lui dis-je, ne suis-je pas bien malheureuse! Les sortes d'esprits passent pour des fables, je suis choisie pour en éprouver la vérité. Mon air étoit si affligé, & mon ton si sanglottant, que j'esperois du moins un peu de consolation : mais l'impitoyable abbé se moqua de moi ; & s'approchant de mon oreille, il m'assura qu'une de mes femmes avoit infailliblement un amant à Paris qu'elle vouloit revoir. Je le pensai battre à ce discours. Je ne voulois être ni visionnaire, ni dupe : je crus pouvoir lui prouver, que les bruits qui s'étoient faits, ne partoient point de forces humaines, & je conclus qu'il falloit envoyer chercher des capucins pour venir veiller dans ma chambre. A cela, il me dit que les prières étoient toujours bonnes. Je descendis dans une salle, pour n'être pas dans un lieu où j'avois de si cruelles appréhensions. Je dis à la même femme qui avoit crié au feu, qu'elle allât querir de quoi me coëffer. Elle revint un moment après plus morte que vive; & se laissant tomber à mes pieds : ah ! madame, me dit-elle, je n'en puis plus ; je viens de votre chambre, nous avons fait votre lit, tout étoit propre & arrangé, je remonte dans l'instant, je trouve vos matelas, votre lit de plume, votre traversin de-çà & de-là roulés comme de grands corps morts dans vos couvertures, je vois votre toilette toute renversée, votre miroir à bas, la glace contre terre. Ah ! m'écriai-je douloureusement à cette circonstance, il est donc bien vrai que monsieur d'Orselis ne veut plus que je me pare, & qu'il me tourmente encore après sa mort par les effets de sa jalousie ! L'abbé ne put s'empêcher de sourire ; mais il monta pour voir tout ce désordre: il vit que la peinture étoit juste. Il en fut étonné ; & d'autant plus que la femme qui la lui avoit faite ne lui étoit point du tout suspecte, & qu'elle l'assura que personne n'avoit monté depuis que ma chambre étoit faite. De grandes griffes noires se trouvèrent imprimées sur ma porte; enfin la chose fut poussée loin: & comme je n'avois pas trop de tout mon domestique pour me rassurer, cette autre femme qui m'avoit menacée de la vision de M. d'Orselis, me dit encore, qu'assurément je ne devois pas rester dans un lieu où il viendroit infailliblement me parler. Ce fut envain que l'abbé me proposa de veiller dans ma chambre, & de soutenir les approches de l'esprit. La mesure de ma peur étoit comblée; je fis mettre mes chevaux à mon carrosse, je m'en allai à Paris, où je menai l'abbé, n'étant pas bien sûre que l'esprit ne s'apparût à moi en chemin. Il se moqua bien de moi, & d'un vœu que je fis d'aller à pied faire un petit pelerinage, pour qu'il plût à l'ame de monsieur d'Orselis de me laisser en repos. Dès que je fus arrivée à Paris, l'abbé qui étoit resté dans la cour, monta pour me venir dire qu'il venoit de voir l'esprit; que c'étoit un grand garçon bien fait qui courtisoit à ma porte cette femme dont j'avois suivi les conseils. Ce n'étoit pas encore le tems de me faire entendre raison: j'exécutai mon vœu le lendemain aux dépens de mes pieds. Plusieurs personnes à qui je confiai mon aventure, m'ayant soutenu qu'elle n'avoit rien d'effectif, je commençai à déférer à leurs raisons, je voulus bien retourner à cette terre avec deux ou trois femmes & un homme très-incrédule sur les apparitions : je n'y menai point la femme contre laquelle on avoit quelque soupçon. Tout fut tranquille, pas le moindre bruit, pas le moindre sujet de peur ; ainsi rassurée, je retournai à Paris, je parlai à cette femme en maîtresse, convaincue de son insolence. Elle nia avec hardiesse ; mais comme je n'ai rien vu depuis, & qu'il y avoit des causes très-naturelles à tout ce que j'avois entendu, j'ai voulu me tenir pour dit, qu'il n'y avoit point d'esprits, & que tout ce qu'on en conte est faux.

C'est plutôt fait, madame, lui dis-je lorsque je vis qu'elle avoit fini son récit ; mais ou la peur avoit bien grossi les objets, ou ce que vous entendîtes étoit fort extraordinaire. Il pourroit bien être, reprit madame d'Orselis, qu'en effet mon imagination prévenue ait un peu exagéré à mes oreilles ce qui me parut si terrible ; mais cette femme couchant assez près de la porte où se fit le bruit, cette porte ayant de gros verroux, les barres des fenêtres étant près de son lit, dont elle pouvoit disposer à son gré, & étant la seule de sang-froid, elle put faire tout ce qu'il lui plût, sans que personne la soupçonnât. Ce que dit madame d'Orfelis est vrai, dit le comte; l'amour fait bien faire d'autres entreprises; & la peur qui est dans son espèce une passion aussi forte, ne laisse point à la raison le loisir de faire ses fonctions; & il arrive souvent qu'on s'affectionne aux sentimens qu'elle inspire, ainsi qu'à de plus agréables: mais, ajouta-t-il, madame d'Orfelis ne nous a rien dit de ce qui s'est passé depuis cette lugubre année de deuil; car je ne puis croire que son cœur fasse ici son coup d'essai. Vous tirez aussi sur moi, monsieur le comte? répondit-elle: croyez-vous qu'il ne faille pas exercer l'hospitalité en tout. Il ne suffit pas de nous faire une chère délicate, d'avoir soin de nos plaisirs, d'aller au-devant de tout ce qui peut nous être agréable; il faut encore ménager une pauvre hotesse par l'esprit & par les sentimens: je vous regarde à l'heure qu'il est comme un homme qui a bien de la générosité dans l'ame, & pas la moindre compassion dans le cœur; mais, ajouta-t-elle en riant, je ne me trouve point aujourd'hui en humeur de me fâcher, & je vous avouerai que j'ai trouvé en mon chemin un homme qui m'a aimée éperduement, que j'ai aimé de même, que selon les règles cette union ne devoit jamais finir: mais ne m'en demandez pas davantage; car toute ma philosophie ne pourroit m'empêcher de mêler des emportemens de colère dans mon récit ; & j'ai de plus encore assez de délicatesse pour ne pouvoir entendre sans chagrin les noms que mérite cet homme par les procédés qu'il a eus avec moi, & que vous lui donneriez infailliblement.

La belle Orselis soupira en achevant ces mots ; & Chanteuil se sentant frapper au cœur par une douleur qui augmentoit son amour, dit qu'il seroit injuste de faire de la peine à une dame qui venoit de leur faire un récit agréable, & qui avoit donné l'exemple au reste de la compagnie de conter une partie de ses aventures. Pour moi, ajoutai-je, je le ferai quand on voudra, pourvu que nous allions nous coucher auparavant. Tout le monde y consentit : mais il faut que je vous dise, madame, que pendant tout le souper Brésy donna dans la belle passion. La marquise y répondit par une vivacité de regards qui lui fournit de grandes espérances ; mais pour moi, dont le cœur n'étoit point prévenu, je démêlai aisément que sa coquetterie n'étoit qu'un moyen pour faire revenir Sélincourt : celui-ci me disoit mille choses équivoques dont j'aurois pû me faire l'application ; mais il lui échappoit de tems-en-tems des regards sur madame d'Arcire, dont le dépit étoit le conducteur. Ce n'est pas un sentiment qui annonce l'indifférence. Il me fit le lendemain une déclaration dans les formes : je ne jugeai pas à propos de m'en offenser ; mais je lui dis bien sincèrement, que je l'estimois trop pour ne lui pas conseiller de retourner à son devoir ; que je voyois le motif de ses empressemens pour moi ; que je croyois qu'il avoit réussi ; que la marquise n'étoit ni tiéde, ni infidèle ; qu'il devoit cesser une feinte qui ne pouvoit avoir que de fâcheuses suites, car, ajoutai-je, ou votre maîtresse donnera de plus en plus des espérances au marquis, ou elle vous le donnera pour successeur : si c'est le premier, le caractère de l'homme vous est connu ; il ne les perdra pas sans que sa vanité en souffre ; il inventera une aventure, plutôt que de paroître avoir été dupé : & si c'est l'autre, vous êtes perdu, comte ; car vous aimez éperduement ; & vous feriez d'autant plus à plaindre, que vous ne pourriez raisonnablement vous en prendre qu'à vous. Mais, répliqua-t-il, me trouveriez-vous bien digne de compassion, si vous vouliez me consoler ? & n'avez-vous pas tout ce qu'il faut ? Je l'interrompis à ces mots, pour lui faire voir que madame d'Arcire se levoit pour passer dans son appartement ; que le marquis vouloit l'accompagner,

& qu'elle ne le vouloit pas. Je tâchai d'obliger Sélincourt à la suivre ; mais il est glorieux, & nous n'étions pas encore à la fin des troubles. Vous serez sans doute étonnée, madame, que le comte souffrît si patiemment, en apparence, un rival déclaré dans sa propre maison : mais il n'avoit pas absolument lieu de se plaindre de Brésy ; ils étoient amis depuis long-tems ; il lui avoit fait un mystère de son attachement pour la marquise : on n'est point obligé de deviner. Le comte qui véritablemant n'avoit feint de m'aimer que dans les vues que je vous ai dites, & pour donner une sorte d'émulation à madame d'Arcire, que le calme lui avoit ôtée, n'eut pas sitôt reçu la représaille, que le dépit & la gloire se mêlant, il aima mieux continuer à me témoigner de l'amour, que de faire le personnage de jaloux dans un lieu dont il faisoit si bien les honneurs. Quelques jours après la conversation que j'eus avec lui, on passa toute l'après-dînée dans les appartemens parce qu'il ne fit pas beau. On joua à la bassette, on dansa. Il vint une compagnie du voisinage, moitié ville, moitié campagne, qui ne laissa pas de nous amuser. Après qu'on eut épuisé les plaisirs ordinaires, on se jetta dans la conversation : les dames campagnardes qui vouloient nous faire voir qu'elles

avoient les livres à la mode, ne manquèren
pas de la tourner sur les nouveaux contes de
Fées, elles en décidèrent à leur manière. I
y eut une jeune personne qui nous assura que
c'étoit des bagatelles que ces choses-là, &
que pour elles les lectures sérieuses faisoient
ses plus grandes délices. Notre petite troupe
n'étoit pas trop ignorante : nous voulûmes voir
quel usage elle faisoit de ces livres graves ;
mais elle nous parla avec une pédanterie si
choquante, des grimaces si affectées, & son
érudition avoit tant d'embrouillement, qu'après
nous être réjouis de sa sottise autant qu'elle le
méritoit, madame d'Arcire avoua qu'elle aimoit
passionnément les contes ; qu'elle soutenoit que
c'étoit avoir le grand goût que de les lire avec
plaisir. Ce n'est pas, ajouta-t-elle, que je n'admette point d'autres lectures ; au contraire,
je ne conte celle-ci que comme un amusement : mais il faut convenir que quand ces
sortes d'ouvrages sont conduits avec l'ordre
que l'art y met ; que les passions y sont tendres, & que l'imagination s'y joue d'un air
brillant & délicat ; il faut, dis-je, convenir
que les heures passent comme des momens dans
cette douce occupation : & qu'à peine le tems
seroit-il plus court avec un amant aimé.

Le comte avoit grande envie de la contrarier ; & le marquis de l'applaudir ; mais destinée comme j'étois à calmer les orages, je pris la parole, pour dire que j'en savois un depuis long-tems qui avoit autrefois été conté à un hôtel fameux, dans un tems où l'esprit étoit un peu plus à la mode qu'à présent ; qu'il y avoit assez d'art dans ce conte ; que si on vouloit j'en ferois part à la compagnie, pourvu qu'on voulût bien me permettre de ne suivre pas mon texte scrupuleusement, & que je pusse y mettre quelques embellissemens que j'y croyois nécessaires. Tout le monde taupa à ma proposition : nous avions notre troupe provinciale pour deux jours ; il étoit question d'interrompre un peu l'ennui qu'elle nous causoit : je pris donc la parole en ces termes :

LE PÈRE ET SES QUATRE FILS.

CONTE.

Dans une des parties du monde vivoit un grand seigneur, fatigué du bruit & du fracas de la cour : il avoit montré sa valeur & sa magnificence jusqu'à un âge fort avancé. Le desir de revoir quatre fils qu'il avoit eus d'une femme qu'il avoit fort aimée, qui étoit morte bientôt après la naiſſance du dernier, le fit retourner dans le château que ſes pères avoient habité, avant que les récompenſes l'euſſent dédommagé de ſes ſervices. Il trouva ſes enfans en âge de ſonger à leur fortune : ils étoient bien faits, ils avoient de l'eſprit ; mais le ſéjour de la campagne leur avoit donné un certain air contraint & timide, dont il n'imagina qu'un moyen pour les en défaire. Il les fit venir tous quatre dans ſa chambre : il leur dit que ſon revenu n'étoit pas aſſez conſidérable pour les rendre heureux ; qu'il trouvoit beaucoup d'injuſtice à mieux partager l'aîné que les cadets, puiſqu'ils étoient d'un même ſang ; qu'il alloit leur donner à chacun une part de ſon bien, leur faire faire à chacun un équipage convenable à leur condition ; & qu'il ordonnoit à ſon fils aîné d'aller chercher à faire ſa fortune dans l'Aſie ; au ſecond, d'aller en Afrique ; au troiſième, en Amérique, & au quatrième en Europe ; que ſa ſanté étant aſſez bonne pour eſpérer de les voir venir tous plus riches, & encore plus honnêtes-gens qu'ils n'étoient : il leur donnoit rendez-vous dans ſept ans ; & que ſi le ciel diſpoſoit de ſa vie, ils trouveroient tout en ſi bon ordre, qu'ils auroient lieu de bénir & d'aimer ſa mémoire.

Les

Les quatre fils assurèrent un si bon père de leurs respects & de leur obéissance ; ils partirent peu de tems après, & suivirent les ordres qui leur étoient prescrits : leurs avantures ont été inconnues, mais ils ne manquèrent pas de se rendre au bout de sept ans au château de leur père.

Ils le trouvèrent en bonne santé ; ce fut une joie sensible pour ces cinq personnes, de se revoir après une si longue absence : le pere qui avoit nom Mondor, demanda à son fils aîné qu'on nommoit Haraguan, le récit de son voyage, & à quoi il s'étoit perfectionné. Il lui avoua avec quelque honte, qu'il avoit eu pour principal ami en Asie un grand Négromancien, & qu'il étoit devenu très-habile dans cet art.

C'est-à-dire, répartit Mondor, qu'à nommer la chose par son nom, vous êtes un peu sorcier. Et vous, mon fils, dit-il au puîné, vous êtes-vous exercé à une science moins sombre ? Seigneur, reprit Facinety, je suis devenu le plus excellent escamoteur de l'univers. Joueur de gobelets, ajouta le père : ne fardons point les choses. Alors se tournant vers le troisième : parlez à votre tour, lui dit-il, Tirandor. Pour moi, seigneur, je me vante de tirer plus juste qu'homme du monde. Encore, dit

D

Mondor; ceci est-il un peu plus honorable? Et vous, ajouta-t-il, en regardant le cadet? Ah! seigneur, dit-il en se jettant à ses pieds, c'est à moi à vous demander mille pardons: je suis devenu artisan, sans aucun respect pour ma naissance; mais si la perfection diminue ma faute, vous m'en accorderez, sans doute, le pardon. Le triste père se mit à rêver profondément; ses yeux étoient tous changés: on voyoit bien qu'il commençoit à se repentir d'avoir fait voyager ses enfans; mais comme il avoit du courage, il se remit promptement; & les regardant avec un visage plus serain: vous n'avez sans doute pas choisi des états dignes de vous ni de moi; mais il faut savoir prendre son parti, & tâcher que l'usage que vous en ferez, rectifie ce qu'il y a eu de bas dans ce choix: il y a, ajouta-t-il, dans la forêt voisine de quoi me faire voir si vous ne croyez point être plus habiles que vous ne l'êtes: en effet, un oiseau qui ne fait son nid que tous les cent ans, est venu le bâtir cette année sur un de ces arbres: il est inconnu à tout le monde; jamais personne ne l'a trouvé: si vous m'y menez, dit-il à son aîné, vous n'aurez pas perdu votre tems en Asie.

Aussi-tôt Haraguan fit quelques cercles avec

sa baguette magique, & sortant avec Mondor, il le conduisit juste au pied de l'arbre, où étoit le nid. Cela n'est pas mal, dit le père : mais Facinety, il faut ici faire un tour de votre métier; montez sur les branches, & allez tirer l'œuf de dessous la mère sans qu'elle s'en apperçoive. Facinety plus léger qu'un faucon, vola plutôt qu'il ne monta; & dérobant l'œuf sans que la mère le soupçonnât, il le tint en l'air au haut de l'arbre, pour marque de sa victoire. Ce n'est pas assez, ajouta le père; il faut Tirandor, que vous tiriez une flèche si juste, que vous cassiez l'œuf sans blesser la main de votre frère. Tirandor ne manqua pas son coup, l'espérance de l'oiseau fut détruite, & cet œuf tomba en mille pièces. Artidas, continua Mondor, il faut ici prouver l'adresse de vos mains. Artidas ne tarda pas un moment à rétablir si parfaitement le bel œuf, que les yeux les plus clairs-voyans n'auroient jamais pu en remarquer les défauts. Le père parut content des épreuves que les fils venoient de faire de leur habileté : il les ramena chez lui; & leur parlant avec l'autorité qui sied bien dans un chef de famille : vous avez, leur dit-il, choisi de terribles métiers; mais il faut aussi convenir que vous y excellez, & qu'il faut qu'un autre théâtre qu'un château de campagne en soit témoin.

Le roi a perdu sa fille unique; elle étoit plus belle que le jour, elle avoit de l'esprit, elle étoit souhaitée de tous les rois voisins; mais son cœur sembloit ne s'être déterminé pour personne : un jour qu'elle se promenoit sur la terrasse du palais, elle apperçut un dragon-volant d'une grandeur si prodigieuse, qu'elle voulut prendre sa course pour se sauver dans les appartemens; mais le dragon qui avoit de bons yeux, & qui malgré son poids étoit d'une légèrete incroyable, l'eut prise entre ses horribles griffes, avant qu'on eût pu penser à sa sûreté. Ce fut une terrible nouvelle pour le roi son père; il envoya des troupes de tous côtés; il fit équipper des flottes pour parcourir toutes les îles de la mer; tous ses soins ont été inutiles. Il y a un an que la princesse est perdue, sans que personne ait pu en avoir de nouvelles : si vous pouvez, ajouta-t-il en parlant à Haraguan, découvrir où elle est par la force de votre art, ce service ajoutera infiniment à ceux que j'ai rendus à l'état dans mes belles années ; & je vous en verrai cueillir les fruits, avec toute la joie d'un tendre père. Haraguan promit d'exécuter cette belle entreprise : on prépara un équipage en très-peu de jours. Mondor mena sa famille à la cour ; il se présenta au roi, qui le reçut comme un brave & fidèle sujet qu'il vouloit récompenser ; & ces quatre fils, comme de jeunes seigneurs de grande espérance. Sire, dit Mondor au roi, votre majesté ne sèche point ses pleurs ; leur cause ne m'est que trop connue ; je ne puis voir mon roi affligé sans tâcher d'y trouver un remède. Et quel remède, répliqua le roi, pouvez-vous apporter à ma douleur ? Je n'ai rien obmis pour retrouver ma fille, je n'y ai point réussi, rien ne peut me consoler. Ce ne sont pas aussi de vaines plaintes, Sire, que je viens vous offrir, reprit Mondor ; vous voyez en l'aîné de mes fils un sujet capable de rendre un grand service à son roi ; ordonnez seulement qu'on équippe un vaisseau, & je vous promets le retour de la princesse avant deux mois. Le triste roi plia les épaules, & regarda Mondor en pitié ; mais le vieillard ne se rebutant point, on crut qu'étant homme très-sensé, il pouvoit en effet tenir ce qu'il promettoit. On fit donc équipper un vaisseau ; la famille s'y embarqua, & après un mois de navigation, on découvrit une île où Haraguan assura qu'étoit la princesse ; on apperçut même bien-tôt après le monstrueux dragon qui dormoit sur le bord de la mer, & la triste Isaline

(c'étoit le nom de la princesse) embarrassée dans cinquante tours de sa queue qui avoit trois cents aunes de long : elle paroissoit regarder avec tendresse & vivacité un jeune pêcheur qui voguoit autour de l'île, & qui paroissoit avoir un intérêt pressant à y aborder; mais elle lui montroit le vaisseau, elle joignoit les mains. Le beau pêcheur dont l'habit étoit propre & galant, obéissoit à regret à ses ordres : les yeux de ces deux personnes découvroient assez leurs sentimens; mais Mondor ne voulant point perdre tems, fit entrer Facinety dans la chaloupe, ordonna qu'on la mît en mer, & lui dit d'aller développer la princesse de la queue du dragon, tandis qu'il dormoit, & de l'apporter dans le vaisseau. Cet ordre qui auroit épouvanté tout autre que cet adroit escamoteur, trouva en lui une disposition prompte à faire voir les effets de son art ; il entra dans l'île & enleva la princesse en si peu de tems, qu'un éclair ne dure pas moins que cette expédition ; content d'emporter une si belle proie, il la posa dans le vaisseau, sans que la jeune Isaline parût sensible à ce service. Le jeune pêcheur cependant faisoit des cris si perçans, que le dragon s'éveilla, & volant jusques dessus le vaisseau, il effraya toute la chiourme par son horrible figure : ce dragon n'avoit qu'un feul endroit vulnérable, & cet endroit étoit fi petit, qu'à peine une flêche pouvoit-elle y entrer; mais Tirandor en décocha une fi jufte, que le monftre fut privé de la clarté du jour. Il eft vrai que fa mort penfa être funefte à nos voyageurs ; il tomba la tête la première fur le vaiffeau, & le perçant d'outre en outre, il faifoit eau en fi grande abondance, que tout ce que put faire Artidas, ce fut de le radouber affez promptement pour n'être pas fubmergé ; mais il eft vrai que ce fut avec tant d'adreffe qu'on ne vit jamais par où le dragon avoit paffé.

Tous ces évènemens fe paffèrent en fi peu de tems, qu'Ifaline étonnée & confufe, ne favoit avec quelles gens elle étoit. Mondor fe fit connoître à elle : il lui apprit que c'étoit avec la permiffion du roi qu'elle avoit reçu les fervices de fes fils. La princeffe l'en remercia d'un air mélancolique ; & paffant fur le tillac, elle tourna fes beaux yeux du côté de l'île, comme ayant regret de la quitter. On ne douta pas que le beau pêcheur n'eût part à fes regrets : cela paroiffoit pourtant mal afforti ; les quatre frères ne pouvoient comprendre la bizarrerie d'un tel goût; ils ignoroient que rien n'est trop éloigné quand l'amour est entre deux.

Haranguan fier de sa profonde science, fut le premier qui voulut faire valoir le mérite du service qu'il avoit rendu à la princesse ; il en demanda la récompense du ton d'un homme accoutumé à faire trembler le ténébreux séjour, & plus sujet à parler aux démons qu'à une belle princesse ; aussi fut-il reçu avec colère. Facinety s'y prit d'une manière plus subtile : il chercha des détours, il choisit le moment qu'il crut le plus favorable ; mais s'il fut écouté avec plus de patience, ce ne fut pas avec moins d'insensibilité. Tirandor accoutumé à ne manquer jamais son coup, crut n'avoir qu'à paroître pour vaincre ; mais il connut la différence qu'il y a de tirer au blanc, ou d'attrapper un cœur fier & prévenu. Pour Artidas, ses espérances n'étoient pas moindres ; mais il fit sa déclaration par des démonstrations de mathématique. Isaline en rit, mais il ne fut pas plus heureux que ses frères. On arriva peu après à la cour ; le roi étoit sur le port, il apperçut sa fille de loin qui se tenoit debout sur le tillac pour se faire voir : sa tristesse ne diminua point la sensible joie du roi ; elle ne fut pas sitôt auprès de lui, qu'il la tint embrassée pendant une heure, sans pouvoir dire une parole ; chacun prenoit part à la joie d'un si bon père. Il ne se sépara de sa chère fille, que pour remercier Mondor & ses fils de l'importance d'un tel service, & pour leur offrir tout ce qui dépendoit de lui, pour marque de sa reconnoissance. Sire, dit hardiment Mondor, nous sommes vos sujets ; mais ma maison est illustre & ancienne : ce ne seroit pas la première fois qu'un grand roi auroit choisi un gendre parmi la noblesse de son royaume ; décidez, Sire, de mes quatre fils ; le zèle qu'ils ont eu pour votre majesté est assez égal, leur mérite l'est aussi, & mon amitié n'agit pas plus pour l'un que pour l'autre. Le roi trouva de l'audace à ces paroles ; mais elle ne put lui déplaire ; & regardant Mondor avec bonté : je croyois lui répliqua-t-il, que des récompenses partagées entre vous & vos enfans, suffiroient pour vous prouver ma reconnoissance ; mais puisque vous consentez qu'un seul soit heureux, j'en suis d'accord : quoique ma fille en doive être le prix, il faudra la consulter auparavant que de choisir ; allez vous reposer & goûter à loisir la joie d'être père de tels enfans.

Quelques jours se passèrent sans que la

princesse parût se vouloir déterminer ; elle étoit triste & solitaire. Le roi son père lui demandoit comment elle avoit passé l'année de son séjour avec le dragon : tranquillement, seigneur, lui répondoit-elle ; toute ma douleur étoit de ne vous point voir ; mais je crus à la fin que vous m'oublieriez, & que vous choisiriez une femme aimable, qui vous donneroit des successeurs. Le dragon d'ailleurs n'exerçoit aucune cruauté sur moi : j'avois une petite cabane de feuillée, je cueillois moi-même les fleurs dont mon lit étoit composé; il ne fait jamais trop froid dans l'île que j'habitois ; je me promenois les soirs sur les bords de la mer ; je dormois tranquillement les nuits, & je m'occupois les jours à rêver. Mais quelle rêverie, interrompit le roi, pouvoit vous amuser agréablement ? vous n'espériez point la fin de vos malheurs, vous étiez sous la puissance d'un affreux dragon, & vous ne voyiez personne. Isaline rougit à ces mots, & baissa les yeux ; puis les relevant sur le visage du roi son père : seigneur, lui dit-elle, vous savez que l'espérance est un don de la nature, qu'elle nous l'a fait pour notre consolation, & qu'elle ne meurt qu'avec nous ; le dragon n'exigeoit de moi, que de l'accompagner quelques heures sur le bord de la mer, lorſqu'il vouloit aller dormir ; & j'avois la complaiſance de ne le pas refuſer : je regardois pêcher pendant ce tems-là, & ces momens n'étoient pas les plus déſagréables de ma vie. Ah ! ma fille, s'écria le roi qui la vit rougir extraordinairement en cet endroit, qu'entends-je ? vous avez paſſé un an ſans ennui dans une île déſerte ! la vue d'un monſtre ne vous y faiſoit point d'horreur, & vos plus doux momens étoient quand vous voyiez pêcher ! miſérable pêcheur, ajouta-t-il, que tu me vendras cher le plaiſir d'avoir déſennuyé une princeſſe inconſidérée ! Le roi renvoya ſa fille dans ſon appartement : il envoya chercher Mondor ; il lui fit répéter ce qu'il avoit vu de ce pêcheur, qu'il ne lui avoit déja que trop fidélement rapporté. Ce fut un coup de foudre pour ce père infortuné : il ne douta pas que ſa fille n'eût laiſſé ſurprendre ſon cœur à un indigne amour ; & il réſolut de contraindre Iſaline à choiſir un des quatre ſeigneurs. D'autre part, la triſte princeſſe ne pouvant contenir dans ſon cœur ſa douleur & ſa tendreſſe, elle en fit confidence à une de ſes femmes qu'elle aimoit beaucoup. On me va faire un crime, lui dit-elle, des ſentimens qui m'ont empêché de me déſeſpérer : ce roi, ce père n'auroit plus de fille, ſi le jeune Delfirio ne s'étoit fait voir à moi avec tous ses charmes : qu'il en a, ma chère Céphise, ajouta-t-elle en pleurant ; quel cœur auroit pu lui résister ! il brilleroit au milieu de la plus florissante cour. Jugez des impressions qu'il fit sur mon esprit dans une île inhabitée ; mais il ne songe peut-être plus à moi ! le volage se sera rebuté par les difficultés. Céphise, qui étoit bien aise de divertir un peu la princesse de ses déplaisirs, la pria de lui conter ses aventures ; elle le fit en ces termes :

Tu sais, ma chère Céphise, comme je fus enlevée par ce dragon formidable : je crus en être dévorée un moment après, & j'y étois résolue, lorsqu'il me posa doucement dans une île très-agréable, mais absolument déserte ; il étoit encore jour quand j'y arrivai. Le serpent aîlé reprit son vol, & me laissa seule. Je n'avois d'autre pensée que la mort. Que m'importe, disois-je en moi-même, comment je périsse ! il vaut encore mieux servir de pâture au monstre, que de traîner une vie malheureuse, & exposée à la faim & aux injures de l'air. Je me promenois en roulant ces affreuses pensées dans mon esprit, lorsque j'apperçus sur la mer une petite barque simple, mais jolie, & un jeune homme qui pêchoit. Adonis, le bel Adonis, n'eut jamais tant de charmes ; il avoit de grands cheveux noirs comme du jais, de beaux yeux, une bouche agréable, des dents merveilleuses, une taille parfaite : il jettoit la ligne avec une grace qui donnoit envie de pêcher ; & il étoit si heureux, qu'il ne la jettoit point inutilement : son habit n'étoit que de toile jaune fort fine, & garni de dentelles. Il m'apperçut comme je le regardois dans ma désolation. La magnificence de mes habits, plutôt que ma beauté, attira sans doute ses yeux. Grande princesse, me dit-il, quelle étoile fatale vous a conduite sur ces bords ? Je lui contai mon aventure : il en parut touché ; il sauta légérement à bord d'un air galant & adroit, mais encore plus empressé ; il alla couper des branches d'arbres ; il en composa une cabane très-propre ; il prit de la mousse & des gazons ; il m'en fit un petit lit très commode ; il le joncha de mille fleurs : il m'assura que le dragon n'étoit cruel qu'à ceux dont il croyoit avoir reçu quelqu'outrage ; & il me demanda la permission de me venir voir tous les jours. Je la lui accordai sans peine. Le métier qu'il exerçoit ne me donnoit aucun mépris pour lui. Quel prince lui pourroit disputer l'avantage de la beauté, des graces & de l'esprit ? Le dragon ne parut point du reste du jour. Mon beau pêcheur revint le lendemain à la porte de ma cabane, écouter si j'étois éveillée. Il entra respectueusement, dès que je lui eus fait signe qu'il le pouvoit. Avez-vous dormi, adorable princesse, me dit-il? Vos yeux, ces yeux si dangereux, qui ôtent le repos à tous les mortels, ont-ils goûté le charme du sommeil? Oui, Delfirio, lui dis je, j'ai dormi ; & je crois même que quand je ne l'aurois pas fait, je devrois vous le dire, après les soins que vous avez pris pour me faire un lit commode & agréable. Il soupira, & ne répondit rien ; mais il alla à quelques pas de ma cabane prendre d'entre les mains d'un petit pêcheur une grande manne d'ozier, travaillée fort joliment : il l'ouvrit en ma présence ; j'y vis du linge d'une propreté surprenante, des habits simples & galans, plus convenables à mon état présent, que ceux que j'avois alors sur moi, & une toilette avec tout ce qui est nécessaire pour une femme. Ses soins me parurent dignes d'être récompensés. Je le priai de se promener un moment ; je me déshabillai pendant ce tems-là ; je mis une des robes qu'il m'avoit apportées ; & le rappellant bientôt après, je pris toutes mes pierreries, & je les lui présentai d'un air très-reconnoissant. Il recula quelques pas. Je crus d'abord que c'étoit par étonnement ; mais un sentiment plus noble lui causa ce mouvement : il s'indigna de ce qui auroit transporté un autre de joie ; que vous dirai-je, ma chère Céphise, il me vainquit en générosité, & je lui donnai en récompense un portrait de moi, que je portois à mon bras. Il le reçut comme celui de Venus. Ses transports étoient vifs ; mais l'air de grandeur ne l'abandonnoit jamais, & tout étoit gracieux en lui. Je crus, le premier jour, n'être touchée que pour n'être pas ingrate ; mais je connus, bientôt après, que l'amour tire ses coups juste par-tout ; qu'il n'est point de désert impénétrable à ses traits, & que la différence des conditions n'est qu'un foible obstacle, quand on aime véritablement. Enfin, je souffris qu'il me parlât en amant passionné : je lui répondis presque de même. Il m'apportoit tous les jours de petits repas rustiques, mais propres & bien entendus : nous les mangions ensemble. Le dragon venoit souvent dans son île, & ne paroissoit point fâché de notre union ; quelquefois il me prenoit doucement avec une de ses griffes, pour me mener avec lui sur le bord de la mer : il y dormoit paisiblement. Delfirio sautoit alors dans sa barque, & chantoit des airs tendres pour me divertir ; car il a la voix admirable. Cette vie me paroissoit si aimable & si tranquille, que bien loin de songer à mon retour, je n'avois d'autre vue que celle de m'établir dans l'île. La condition de Delfirio étoit ce qui s'y oppofoit ; mais à la fin, tâchant de me défaire des préjugés, je conclus que je pouvois bien donner la main à qui j'avois donné mon cœur. Delfirio, de fon côté, avoit autant de refpect que d'amour : il vouloit m'amener à fon but par degré; mais un jour qu'il me vit plus tendre qu'à l'ordinaire, & que mes yeux lui annonçoient fon entière victoire, il fut fi bien profiter des momens, que ne pouvant plus lui réfifter, & fatiguée de me combattre moi-même, je lui tendis la main; & la lui ferrant avec ardeur : Delfirio, lui dis-je, vous m'aimez, vous connoiffez trop que je vous aime : on ne me trouvera jamais dans cette île folitaire ; les dieux feuls feront témoins de notre union, & je ne dois pas craindre leurs reproches, puifqu'ils n'ont jamais dédaigné les mortelles, lorfqu'elles leur ont paru belles. Et que m'importe après tout, ajoutai-je, du jugement des hommes quand ils fauront mon choix ! De tout l'univers, je ne veux que vous. Delfirio, tranfporté d'amour & de joie, m'embraffa les genoux, & fit toutes les actions d'un homme tranfporté d'une fuprême félicité. Nous prîmes Neptune, Thétis, & tous les dieux & les déeffes de la mer à témoins de la

foi

foi que nous allions nous donner : nous nous tournâmes avec nos regards vers ceux qui habitent le brillant Olimpe, & nous eûmes lieu de croire en être entendus, puisque dans la plus belle soirée du monde, nous entendîmes un coup de tonnerre à notre droite, & que nous vîmes la mer s'agiter un peu, quoique fort tranquille auparavant. Voilà, ma chère Céphise, comme nos nôces furent célébrées. Nous ne pûmes douter que les Amours ne s'y fussent trouvés ; car depuis cet heureux jour, nos chaînes nous ont paru plus fortes, quoique plus légères ; & chaque heure a été marquée par quelque nouvelle preuve d'ardeur, jusqu'au moment fatal de notre séparation. Hélas ! le malheureux Delfirio vouloit aborder le vaisseau dans lequel on m'enleva : il ne douta pas un moment, dès qu'il l'apperçut, du zèle cruel qui l'amenoit : mais qu'auroit-il pu faire seul & sans armes ? Je meurs de douleur, quand je pense à la triste vie qu'il mène à présent ; & je crains encore plus qu'il ne goûte un repos funeste à mon amour. Admire, Céphise, admire, ajouta la princesse, à quel point il m'occupe cet amour, puisque j'ai omis une circonstance qui peut seule me justifier, puisque mon malheur m'a conduite en un lieu où je suis soumise à la censure des hommes

E

Dès le lendemain de notre mariage, il m'apprit qu'il étoit fils de roi ; que des prédictions difficiles à comprendre, mais terribles, avoient obligé le roi son père à l'éloigner, & à lui faire prendre l'habit & les occupations d'un pêcheur ; qu'il avoit de tems en tems des nouvelles du roi son père, & affez d'argent pour vivre heureux ; qu'il n'avoit plus qu'un mois à refter dans cet état, après lequel il pouvoit revoir fa patrie ; mais que, puifqu'une vie tranquille me plaifoit autant qu'à lui, il n'y retourneroit jamais. Eh bien, madame, dit Céphife après que la princeffe eut ceffé de parler, doutez-vous que votre aimable époux n'aille dans le royaume de son père, & qu'il ne vienne enfuite demander à notre monarque un bien qui lui appartient fi légitimement ? Ifaline l'efpéroit bien ; mais la crainte ne laiffoit pas de trouver place dans fon ame : elle n'eut pas long-tems à combattre cette trifte paffion. Dès le lendemain, on eut avis qu'un prince beau comme le jour, fils du roi Papindara, étoit arrivé à la cour pour développer de grands myftères : c'étoit le charmant Delfirio. Il demanda une audience fecrette au roi : il lui apprit fa naiffance, fon amour & fon mariage avec Ifaline. Son aventure fut crue & admirée. Le roi, qui étoit très-bon père, en penfa mourir de joie ; & Mondor, qui étoit glorieux, fut prêt à en mourir de chagrin. Haranguan s'en consola, parce qu'il fut récompensé magnifiquement, & qu'il eut une des maisons de plaisance du roi père d'Isaline, pour exercer sa noire science. Fancinety espéra d'escamoter tant de femmes qu'il voudroit, dans les bras mêmes des amans jaloux. Tirandor, aimant mieux la guerre & la chasse, que l'amour, ne daigna pas même se plaindre : & Artidas prit sa disgrace si fort en gré, qu'il imagina même des jeux & des machines à surprendre les plus ingénieux, pour la célébration des noces de la princesse, qu'on voulut refaire avec magnificence ; ce fut même Artidas qui inventa les boîtes à double-fonds pour mettre des portraits : il en présenta une à Isaline, & il lui dit que rien ne le pourroit si bien venger de Delfirio, que de voir cette boîte remplie par un autre portrait que le sien. Ces trois cadets reçurent des graces du roi capables de les dédommager de toute autre perte que de celle de la princesse. Mondor eut aussi lieu d'être content ; & je souhaite, mesdames, que vous le soyez de moi, après un si long récit, où j'ai mis assez de mon invention pour n'être pas bien sûre d'avoir réussi.

Lorsque j'eus fini mon conte, chacun s'empressa à me donner des louanges que je n'avois sans doute pas méritées, & on voulut savoir ce que j'y avois ajouté. Premiérement, répondis-je, je l'ai narré à ma manière ; j'y ai ôté une simplicité qui le rendoit très-court. Toute l'aventure d'Isaline & de Delfirio, leurs noms & ceux du reste des acteurs, tout cela est de moi, & je ne crois pas me vanter beaucoup en l'avouant : il n'y a point de ce merveilleux qu'on voit dans tous les autres contes de cette espèce ; mais aussi est-il considérablement plus court. J'ai voulu en retrancher les Fées, pour voir si je pourrois rendre mes amans heureux, sans le secours de ces bonnes dames, qui sont justement les dieux de la machine que les anciens condamnent.

Le comte sourit quand j'achevai ces mots. Je vous assure, me dit-il, que vous placez votre érudition à merveille, & que vous ne lisez pas en vain. Ne vous moquez point de moi, lui repartis-je ; je suis peut-être aussi redoutable par mes propres pensées, que par cette érudition que vous me reprochez, & je pourrois me venger de votre raillerie. Selincourt me demanda grace : la conversation se rendit générale. Cette même campagnarde qui avoit tant blâmé les contes de Fées, me loua de n'en avoir pas mis dans celui du dragon : je n'en demeurai pas plus fière. Le marquis dit que c'étoit une chose digne de remarque, que les meilleurs esprits & les plus solides, que ces gens qui censurent toutes les bagatelles, ne pouvoient s'empêcher d'achever une lecture de cette espèce, dès qu'ils avoient mis les yeux dessus. Cela vient sans doute, dit madame d'Arcire, du merveilleux qu'on y rencontre, qui souvent est bien plus agréable que le vrai. Pour moi, dit madame d'Orselis, je crois que l'imagination qui brille de tous côtés dans ces sortes d'ouvrages, réjouit celle du lecteur ; & qu'il n'y a point de sévérité qu'elle ne déride, pour parler ainsi. J'en fais un autre jugement, ajoutai-je ; & je suis persuadée, que le vrai qu'on y démêle, couvert d'un voile agréable, est ce qui plaît aux gens sensés: la vérité est belle par-tout ; mais présentez-la nue & sans ornement, elle a quelque chose de trop dur ; & si le comte me le permet, je vous ferai souvenir de cet ancien, qui ayant à dire des vérités fâcheuses, mais nécessaires à une république fameuse, fit assembler le peuple, pour leur annoncer tristement des choses tristes en elles-mêmes. Il fit bailler ou fuir tous ses auditeurs : & ce ne fut qu'en se servant d'une fable, dont l'image n'avoit rien de funeste, quoique le sens signifiât la même chose, qu'il rassembla l'auditoire fugitif, & qu'il le rendit même plus nombreux. Ce que dit mademoiselle de Busansai est vrai, dit le marquis ; mais il faut pourtant avouer, qu'on aime naturellement les choses surnaturelles. Une marque de ce que j'avance, est qu'il n'y a personne qui n'écoute les histoires d'esprits, quoiqu'on n'y ajoute point de foi ; & moi-même, ajouta-t-il d'un air moqueur, je m'y amuse un peu plus qu'un autre, quoique je le croye un peu moins. Notre campagnarde soutint que, sans nier l'immortalité de l'ame, on ne pouvoit être absolument incrédule sur ces sortes de choses. Ceux & celles de sa troupe appuyèrent son délire par des raisons où ils s'embrouillèrent beaucoup : ensuite ils passèrent aux exemples. Ils nous citèrent mille aventures arrivées dans leurs châteaux qui nous parurent absurdes, & dont nous attribuâmes l'origine au délâbrement de leurs demeures, & à la foiblesse de leur esprit. Le duc de..... avoit gardé un profond silence pendant cette tumultueuse conversation ; mais se réveillant enfin : mesdames, dit-il, je ne suis pas plus sot qu'un autre ; on ne me persuade pas aisément les extravagances qu'on débite sur les ames en peine ; mais quand je vois des gens à bonne tête me dire qu'ils ont vu, je trouve qu'il seroit injurieux pour eux, & ridicule à moi, de les traiter de visionnaires. Tout le monde connoît, ajouta-t-il, mademoiselle de C..... on sait qu'elle n'a ni petitesse dans l'esprit, ni manque de fermeté: elle m'a pourtant conté elle-même, qu'un de ses amis partant pour l'armée, (vous entendez, mesdames, ce que veut dire ami en langage de femme;) cet ami donc, en prenant congé d'elle, l'assura que s'il perdoit la vie cette campagne, il lui apparoîtroit en blanc, supposé que le ciel lui fît miséricorde, ou dans un feu s'il étoit condamné. Mademoiselle de C...... consentit à cette idée; il se passa plusieurs mois, pendant lesquels elle reçut trop souvent des nouvelles de son ami, pour redouter rien de funeste: mais un jour qu'elle lisoit, appuyée sur une petite table, elle vit une main sans corps, qui posoit une boîte d'or sur cette table : la main disparut. Celle de mademoiselle de C.... prit en tremblant la boîte fatale: elle l'ouvrit, & trouva qu'elle renfermoit un cœur, tel que celui d'un cadavre qu'on vient d'ouvrir. L'horreur d'une pareille vision lui fit détourner la vue d'un autre côté: elle entendit en même-tems du bruit dans la cheminée, comme si le feu y eut été; & elle en vit descendre un feu sombre & bleuâtre, qui consumoit un corps qu'elle ne connut que trop pour celui de son malheureux ami ; la douleur & l'appréhension la firent évanouir. Une de ses femmes qui étoit à l'autre bout de sa chambre, & qui n'avoit rien vu, accourut pour la secourir, & la fit revenir en peu de momens : elle ordonna des prières sans nombre, quoiqu'elle les crût inutiles par l'espèce de l'apparition. Elle sut dès le jour même, que cet homme avoit reçu un coup mortel à un siège, dont il étoit mort peu de jours après ; & la boîte & le cœur qui lui sont demeurés, ne peuvent laisser douter de la réalité de cette aventure.

Le marquis se mit à rire inconsiderément. Quoi ! monsieur le duc, s'écria-t-il, ce sont-là de ces choses que vous voulez qu'on croye ? ne voyez-vous pas qu'une imagination frappée par la promesse de cet ami, étoit capable de lui fournir des visions encore plus épouvantables & que pour n'être pas traitée de folle, elle a fait enchasser le cœur d'un de ces animaux qui ont les parties nobles faites comme nous, pour donner plus de vraissemblance à son récit. Chacun rit de la plaisanterie du marquis ; & sans vouloir rien approfondir, on badina jusqu'au souper sur diverses matières.

La marquise fut plus vive ce soir-là qu'elle n'avoit encore été : elle me fit la meilleure mine du monde. Jamais Bréſy n'avoit crû avoir ſi avancé, & jamais le comte ne penſa avoir plus de beſoin de me mettre dans ſes intérêts pour aider à la dépiquer ; mais il avoit beau ſe contraindre, le dépit ſe faiſoit voir dans ſes yeux ; & je craignis pluſieurs fois, que malgré cet ancien droit d'hoſpitalité, il ne querellât le marquis ſur des prétextes légers. La compagnie champêtre s'en alla le lendemain après le dîner ; le comte ne pouvoit preſque plus ſe contraindre ; Bréſy n'étoit pas moins fier : madame d'Arcire en craignoit les ſuites ſans y mettre ordre, parce que ſa beauté étoit d'autant plus célèbrée, que le trouble augmentoit toujours.

Enfin, madame, il ſeroit étonnant que deux braves gens euſſent été jaloux l'un de l'autre impunément ; mais le comte étoit chez lui, le marquis étoit chez le comte ; tous deux obligés à des égards, tous deux glorieux, tous deux préſumant valoir infiniment plus que l'autre ; l'un armé d'un dépit qui l'obligeoit à ne pas ſe tenir pour offenſé, & l'autre flatté d'une eſpérance qui ne lui permettoit pas de s'éloigner : ils ſe licencioient ſeulement à ſe lancer quelques traits de raillerie ; mais cela n'alloit point juſqu'à ſe quereller. Il eſt vrai que le comte ayant fait un grand effort ſur lui-même, reprit bientôt le parti de feindre une passion pour moi : il proposa le soir une partie d'aller souper le lendemain dans une de ces jolies maisons, dont les maîtres sont ravis de donner les entrées, quand il n'y sont pas ; celle-là qui est à ..... n'a pas un arbre qui ne soit entouré de fleurs ; des boulingrins y sont de dix sables de différentes couleurs ; les fontaines n'y sont ornées que de gazons ; mais la manière dont-ils sont tenus les fait préferer aux marbres ; les parterres sont pleins de jets-d'eau qui vont toujours ; la vue d'une terrasse qui borne le jardin, est un tableau dont les points de vue sont admirables. Enfin, M. de R.... est un homme de goût en toutes choses, & il n'est pas moins louable par la situation qu'il a choisie, que pour les ornemens étrangers dont il a embelli sa jolie maison : ce fut donc en ce lieu que nous choisîmes notre promenade. On imagina d'y aller par eau, parce que cette maison est précisément sur le bord de la Seine. Les hautbois étoient dans un batteau qui suivoit le nôtre : ils étoient l'un & l'autre galamment couverts. Le tems étoit merveilleux, tout sembloit respirer la joie ; Chanteuil & la belle Orselis laissoient briller une joie charmante dans leurs yeux ; Bréfy avoit beaucoup d'amour dans les siens ; la marquise vouloit y répondre ;

le duc de..... mettoit en ufage toutes les ga-
lanteries de fon tems pour féduire mon cœur,
& le comte jouoit à merveille l'amant déclaré
auprès de moi. Vous favez, madame, que
la préference a quelque chofe de doux :
j'avois un grand penchant à la joie, & la converfation qui fut d'abord générale, ne fut affu-
rément pas mauvaife ; mais infenfiblement l'harmonie des hautbois, & le bruit de l'onde,
infpirent un petit filence rêveur : & un moment après, d'Orfelis ayant dit quelque chofe
bas à Chanteuil, le marquis fe crut en droit
de parler du même ton à madame d'Arcire.
Sélincourt en fit autant avec moi, & le duc
qui n'étoit amoureux que pour être de bonne
compagnie, alla fe placer à l'autre bout du
batteau, dès qu'il me vit occupée par fon
neveu : je ne l'étois pas de forte que je ne
m'apperçuffe que la marquife laiffoit échapper
des regards fur nous, qui ne prouvoient pas
une grande attention à ce que lui difoit Bréfy.
Je vis auffi qu'il s'en apperçut, & qui lui en
marqua du dépit. En vérité, dis-je au comte,
vous caufez un furieux défordre dans cette petite fociété : vous aimez la marquife, j'en fuis
fure ; elle n'a le cœur fenfible que pour vous :
quel plaifir prenez-vous à vous contraindre,
pour me prouver des feux que je crois mal

allumés, & tourmenter une femme aimable qui vous aime ? Si vous ne vous êtiez point avisés, ajoutai-je en riant, de faire le coquet mal-à-propos, vous jouiriez en repos des plaisirs d'un amour tranquille ; & le marquis, qui en arrivant ici, ignoroit nos divers intérêts, & qui me crut en liaison avec vous, se feroit peut-être tourné de mon côté, s'il m'avoit cru libre : je l'aurois peut-être écouté favorablement : vous seriez à présent heureux ; au lieu que les cartes sont brouillées qu'on en doit craindre la catastrophe, & que le mieux qui en puisse arriver, c'est que je reste sans conquêtes. Le ton dont j'achevai ce discours, ne permit pas à Sélincourt de me répondre fort sérieusement ; aussi après avoir avoué que le calme éternel dans une aventure amoureuse lui causoit beaucoup d'ennui, & que quelque prix qu'il lui en pût coûter, il aimoit assez quelque peu de trouble, il m'assura qu'il me trouvoit très-aimable ; mais que le premier motif qu'il avoit eu de s'attacher à moi, avoit été de donner de la jalousie à la marquise ; qu'ensuite la manière dont elle avoit reçu le marquis l'avoit déterminé, ou à la piquer jusqu'au vif pour la faire revenir à lui, ou à tâcher à m'aimer sincèrement, pour le dédommager d'avoir une amante infidèle. Il faut, lui répondis-je en riant encore, que vous me croyez bien philosophe, pour m'apprendre si tranquillement vos motifs d'amour. Si j'étois une femme ordinaire, je deviendrois votre ennemie irréconciliable, rien ne s'excuse si difficilement, que ce qui attaque la beauté; mais je vous pardonne vos petites ruses de guerre, & je n'en serai pas moins de vos amies, ajoutai-je en lui tendant la main. Le comte qui étoit galant, baisa la main que je lui tendois avec un air de reconnoissance, & accompagna cette action de quelques mots assez doux. Je jettai par hazard les yeux sur madame d'Arcire dans ce moment; je vis dans les siens de la jalousie, de la colère & de la douleur, & je remarquai qu'elle baissa une grande coëffe qu'elle avoit sur la tête, & qu'elle s'appuya contre le batteau. On arriva peu de tems après.

Il faisoit fort chaud: on passa quelques heures dans un grand salon qui donne sur la rivière. Madame d'Arcire eut toujours sa coëffe baissée, & prit pour prétexte qu'elle avoit fort mal à la tête: le marquis fit l'empressé autour d'elle. Le comte s'en approcha pour lui en témoigner son chagrin; mais elle le reçut avec cette fierté qui est toujours une faveur dans une femme polie: elle se contraignit pourtant pour parler un peu, chacun se mit de la conversation : mais comme il y avoit de l'embarras dans la plupart des esprits je m'avisai de faire souvenir la compagnie, que l'on devoit à l'exemple de madame d'Orfelis, faire une petite histoire de sa vie ou du moins en conter quelques traits. On vouloit que je commençasse ; je dis que je n'étois pas en humeur de parler long-tems ; mais je proposai de tirer au sort : il tomba sur le chevalier de Chanteuil, qui prit ainsi la parole.

HISTOIRE DU CHEVALIER DE CHANTEUIL.

Je ne vous ennuirai pas, mesdames, de tout ce qui m'est arrivé en ma vie ; cela seroit triste ou froid : j'ai été souvent malheureux, souvent quitté ; & quoiqu'on m'ait accusé d'inconstance, j'appelle avec raison de ce jugement, & vous en allez voir une preuve dans une aventure, qui sans être chargée de grands évènemens, est pourtant des plus singulières.

Il y a quatre ans, qu'après avoir vu longtems une dame comme mon amie, je m'avisai de l'aimer comme une maitresse. Cette femme que j'appellerai madame d'Arsilly, est très-aimable par sa personne & par son esprit, je m'accoutumai à lui trouver des charmes que je ne trouvois plus dans les autres ; son humeur me paroissoit douce & égale, la vivacité de son imagination lui donnoit du penchant à la jalousie : ce fut à cette passion que je dus mon bonheur ; j'avois en vain changé de style & de manière auprès d'elle : elle ne pouvoit me regarder que comme un ami. Une belle fille qui alloit souvent chez elle, & que je m'avisai de louer, la détermina à faire un peu plus de chemin en ma faveur pour ne me pas perdre. Je fus heureux, mesdames, & je puis le dire sans indiscrétion, puisque mon bonheur ne consista que dans la tendresse de ses sentimens ; mais heureux de la manière du monde la plus charmante. Madame d'Arsilly étoit tendre, appliquée, fidèle, défiante autant qu'il le falloit ; rien ne lui manquoit de tout ce qui met le comble à la félicité. Il y avoit trois mois que j'étois le plus fortuné des hommes, & je ne croyois pas qu'il y eût trois jours, lorsqu'il fallut partir pour faire la campagne : triste devoir ! importune gloire ! que les approches de cette séparation nous furent cruelles ! Je vais partir ; dis-je un jour à madame d'Arsilly : on ne peut en cette vie goûter des plaisirs durables ! Je vais partir, ajoutai-je, & vous allez rester exposée aux dangers & aux malheurs de l'absence ; il m'est doux de penser que vous partagerez les uns & les autres avec moi. Oui, madame, j'ai la cruauté de souhaiter que vous souffriez ; mais qui m'assurera, que vous ne vous lasserez point d'un amant qui ne peut être à vos pieds qu'une partie de l'année ? qui pendant six mois ne peut faire d'autres vœux pour vous, que ceux qu'on rend à la divinité ? Ne ferez-vous point quelque choix fatal ?... Ah ! me répondit madame d'Arsilly, arrêtez un discours qui m'outrage ; je vous ai trop prouvé que je vous aime, pour que les paroles me coûtent quelque chose. Après cela, elle me dit tout ce qui peut mettre le calme dans un cœur, & je me séparai d'elle plus amoureux que le premier jour.

Vous avez bien fait, interrompit madame d'Orsélis, de nous faire grace du reste de cette conversation ; celles de cette espèce sont toujours trop courtes au gré des amans, & toujours trop longues au gré des auditeurs. L'aigreur de cette interruption impatienta le chevalier : je tâcherai, dit-il, de me corriger : l'autorité avec laquelle vous me parlez me fait trop d'honneur ; cependant, madame, ajouta-t-il, t-il, les endroits intéressans de l'histoire ne sont guères plus importans; il n'y a ni royaume renversé, ni bataille gagnée ou perdue, ni ville affiègée. S'il vous faut de ces évènemens, je cours risque de vous ennuyer; mais si la singularité des sentimens a quelque mérite auprès de vous, je poursuivrai ma narration: trop heureux d'occuper votre attention un moment.

Un sourire un peu moqueur qui accompagna ces dernières paroles, me fit juger qu'il y auroit bien-tôt entr'eux de ces querelles qui augmente l'amour lorsqu'elles sont rares, & qui le détruisent à coup-sûr quand elles arrivent trop souvent. Chanteuil reprit ainsi son discours: toute la campagne se passa en témoignage d'amour réciproque; & à mon re-retour je retrouvai ma maîtresse plus belle & plus tendre qu'à mon départ; jamais on n'a mieux senti que nous le fîmes le plaisir de se revoir. Une des femmes de madame d'Arsilly me fit entrer à une heure véritablement un peu indue. On ne s'attendoit à me voir que trois ou quatre jours après: il faut avouer que je fus bien reçu. Après une conversation de trois ou quatre heures, j'allai un peu me parer, pour venir en cérémonie rendre ma visite de retour. Il y avoit assez de monde chez madame d'Arfilly : je lui fis un compliment férieux qui penfa lui faire perdre contenance ; elle fut heureufe d'avoir madame de V..... dont l'efprit plein de traits lui fournit des prétextes de rire. Une partie de l'hyver fe paffa dans de parfaites délices; je voyois tous les jours ce que j'aimois : une de fes amies nous recevoit fouvent chez elle ; nous avions le plaifir de faire de petits foupers en bonne compagnie, dont on banniffoit la contrainte. Mais rien n'eft ftable fous le foleil ; j'avois aimé madame de Vaubry, madame d'Arfilly ne l'ignoroit pas. Cette dernière fut que j'avois foupé chez l'autre : c'en fut affez pour m'accufer d'un renouement. Le myftère que je voulus lui en faire l'irrita ; elle me perfécuta pendant un mois, de reproches mal fondés. Je n'étois plus qu'ami de madame de Vaubry ; mais je ne voulois point la facrifier aux caprices d'une rivale jaloufe fans fujet : je réfolus de la voir toujours de tems en tems, & de m'en cacher comme d'une mauvaife action.

Mais madame d'Arfilly n'eft pas de celles que l'on trompe aifément. Une femme à elle, fut chargée de féduire un de mes gens pour favoir mes marches ; il ne fut que trop complaifant. Un jour que nous devions fouper chez cette amie dont je vous ai parlé, on vint avertir madame d'Arfilly que j'avois soupé la veille chez sa rivale; je n'étois point encore arrivé: un coup de foudre n'est point pareil à l'effet que fit ce récit trop fidèle: elle en fit confidence à son amie. Je fus condamné sans appel, & ma maîtresse me reçut très-mal; je m'approchai d'elle, je profitai de la liberté que j'avois en ce lieu de lui parler bas; elle me répondit deux ou trois de ces monosillabes équivoques, dont les dames se servent quand elles sont fâchées; j'en fus au désespoir, le souper se passa fort tristement. Madame d'Arfilly étant d'ordinaire l'ame de nos plaisirs, on ne put en goûter, parce qu'elle eut tout le soir l'humeur très-aigre; j'obtins à peine la liberté de la ramener chez elle. J'y entrai pourtant de son aveu; ce fut alors qu'elle me dit tout ce que la rage fait dire quand elle est maîtresse des sens. Madame de Vaubry y fut traitée en concurrente mortellement haïe. Je l'assurai de mon innocence; je lui avouai que j'avois vu cette femme, mais que c'étoit le procédé d'un honnête-homme, qui ne devoit jamais rompre avec une femme qui avoit été sa maîtresse, lorsqu'il n'en avoit point de véritable sujet: je pris enfin si bien le moment heureux, où un cœur tendre s'adoucit après un violent dépit, que je fis ma paix avec des charmes inexprimables. Nous n'eûmes plus de querelles au sujet de madame de Vaubry, parce qu'elle partit de Paris. J'aimois madame d'Arsilly autant qu'on peut aimer ; elle ne m'en devoit guères : nos jours se passoient dans une paix & une union qui n'ôtoit rien à notre vivacité ; car il faut dire à sa louange, qu'avec beaucoup d'esprit, elle a encore une imagination qui la rend une des plus amusantes personnes du monde, quand elle est avec des gens qui lui plaisent.

Si nous eûmes quelques petites brouilleries, elles ne servirent qu'à redoubler nos feux. Jusqu'ici, mesdames, vous n'avez vu que des fleurs, voici présentement les épines : je crus remarquer vers la fin de l'hyver un peu de tiédeur dans les manières de la charmante d'Arsilly ; elle rêvoit souvent, elle regardoit à ses pendules l'heure qu'il étoit : quand je pensois m'en plaindre elle me donnoit de mauvaises raisons ; toujours distraite ou chagrine, elle trouvoit le secret de me faire bâiller en sa présence ; alors sa gloire souffroit. Elle me faisoit une guerre piquante de mon ennui qui m'impatientoit à mon tour : je sortois de chez elle irrité ; & quand j'avois eu le tems de faire réflexion à ce que je perdois si elle ne m'aimoit plus, la rage s'emparoit de mon cœur ;

je faisois des actions que la passion seule peut faire pardonner.

Un jour, le plus cruel des jours de ma vie, j'arrivai chez elle : un léger mal de tête l'arrêtoit au lit ; elle me reçut d'un air à me glacer. Je me mis auprès d'elle, je pris une de ses mains : qu'avez-vous, madame ? lui dis-je : qu'ai-je fait, qu'ai-je pensé qui ait pu vous déplaire ? êtes vous lasse de mon ardeur ? quelqu'un est-il assez heureux pour occuper ma place ? répondez-moi madame, répondez-moi ; votre silence me fait envisager toutes sortes de malheurs : le plus affreux seroit sans doute d'avoir un rival préféré ; mais qui est ce rival ? où peut-il se cacher ? les yeux d'un amant jaloux ne sont-ils point assez clair-voyans ? ah ! madame, ajoutai-je, vous me faites mourir ! Que voulez-vous que je vous dise ? me dit-elle en me regardant avec de grands yeux distraits qui portèrent jusques au fond de mon ame le trouble & la fureur. Ce que je veux que vous me disiez ? lui repartis-je ; ne vous ai-je point assez expliqué mes allarmes ? Vous n'avez donc, reprit-elle qu'à prendre votre parti : je vous aimois, je croyois vous aimer toujours ; cependant il ne m'est plus possible. Ah ! madame, lui dis-je avec un saisissement de cœur affreux, est-ce vous qui me parlez ainsi ? qui l'auroit jamais pu penser ? d'où me vient une si cruelle disgrace ? je la regardois en lui parlant de la sorte, d'une façon à fléchir un tigre : elle eut même la gloire de tirer des larmes de mes yeux ; mais les siens demeurèrent secs : la dureté & l'indifférence parurent dans toutes ses actions : peu touchée de mon désespoir qui éclatoit avec violence, elle me tendit la main, & me dit d'un air à faire mourir de rage : ne vous affligez donc point ainsi, chevalier. Ah ! laissez-moi, lui dis-je, madame, en repoussant sa main ; je ne veux point de votre pitié, apprenez-moi seulement ce qui cause votre changement.

Vous savez, me dit-elle, que vous m'avez donné une horrible jalousie contre madame de Vaubry ; il y en a que cette passion anime ; pour moi elle me guérit tôt ou tard. Quelle joie n'eus-je point à ce discours trompeur ! j'avois, à mon avis, de quoi lui prouver ma fidélité ; mais bien-tôt me servant d'un reste de raison : non, non, madame, lui répondis-je ; vous ne pouvez m'abuser ; vous avez connu les sentimens que j'ai pour madame de Vaubry : il s'est passé un tems heureux depuis cet orage, où sûre de mon cœur, je l'étois aussi du vôtre. Cruelle, ajoutai-je, vous joignez le mensonge à la perfidie ! à ces mots je voulus fortir : j'écoutai vainement si elle ne me rappelloit point ; je revins pour l'accabler encore de reproches ; & sa froideur qui étoit extrême, me faisoit faire des actions d'enragé.

Dès que je fus chez moi, je m'abandonnai à mes divers mouvemens : je fulminai, je tonnai ; mais j'aimois toujours avec une ardeur sans égale : & ma foiblesse fut si grande, que je retournai dès le lendemain chez mon infidelle. Je la trouvai belle & parée ; elle me reçut sans honte & sans embarras. Chevalier me dit-elle, vous avez bien fait de revenir ; il ne faut point donner de scène. Si vous aviez cessé vos visites, cela auroit donné une nouvelle matière de parler, & ma réputation en auroit souffert. C'est donc là, m'écriai-je, le soin qui vous occupe, tandis que vous me désesperez ? vous avez mal choisi votre chevalier, madame, ajoutai-je : que m'importe ce qu'on dira de vous ? je mourrai peut-être aujourd'hui. Après cela je me jettai à ses pieds ; je fis des bassesses outrées, je lui demandai de me tromper par compassion. Je ne puis, chevalier, me dit-elle, ma sincérité l'emporte toujours sur mes autres sentimens : tâchez à vous consoler, je ne me sens nulle disposition à vous donner d'autres soulagemens. En vérité, monsieur le chevalier, interrompis je, madame d'Arsilly étoit une folle, & vous un parfait amant dont elle étoit très-indigne. Pourquoi, ajouta la belle Orselis? je trouve qu'il faut suivre son goût. Il y a de la tyrannie à faire de l'amour, qui doit être un grand plaisir, une contrainte ennuyeuse & un assujettissement qui le feroit redouter. Madame d'Arcire ne dit pas un mot ; le comte & le marquis gardèrent un profond silence; le duc dormoit ; & Chanteuil nous ayant prié de suspendre notre jugement jusqu'à la fin, reprit son discours ainsi.

Quelques jours se passèrent, pendant lesquels je vis rarement madame d'Arsilly; mais portant par-tout ma douleur, j'ennuyois tous ceux avec qui je me trouvois ; sitôt que je voyois seulement la livrée de madame d'Arsilly, il me prenoit des battemens de cœur, qui me duroient le reste du jour : l'état étoit violent, il étoit impossible qu'il n'y arrivât quelque changement. On joua dans ce tems-là un opéra, où des gens importans s'intéressent. Je m'y laissai conduire ; je vis de loin madame d'Arsilly sur l'amphithéâtre, vive, gaie, coquette même. Le duc de ..... étoit derrière elle, qui sans doute ne l'ennuyoit pas. La jalousie & le dépit se mêlant ensemble, me firent résoudre à me venger ; & pour ne pas demeurer en reste, je liai conversation avec une jolie femme qui étoit vis-à-vis de mon infidèle. Elle tourna quelquefois les yeux vers ce nouveau spectacle : c'en étoit un pour elle à quoi elle ne s'attendoit pas ; & comme les dames ne veulent rien perdre, je remarquai quelque trouble dans ses regards.

La personne que j'entretenois n'eut pas lieu de me trouver fort spirituel ; lorsque je lui avois dit quelque douceur à l'aventure, je regardois malgré moi madame d'Arsilly & son nouvel amant. Voilà donc, disois-je en moi-même, la cause de son changement : je sais à qui m'en prendre, je sais qui je dois haïr : ah ! reprenois-je, je ne dois ma haine qu'à celle qui me trahit. Vous jugez bien, mesdames, qu'un homme qui parle ainsi en soi-même, ne doit pas avoir une conversation bien suivie ; mais on aimoit autant cela que rien : on avoit peut-être comme moi des raisons pour faire l'agréable. J'allai le lendemain à la comédie j'y retrouvai madame d'Arsilly ; le duc de...... ne manqua pas de s'y rendre : il se fit ouvrir sa loge. J'y retrouvai aussi ma maîtresse de la veille, & je fis contre le mieux qu'il me fut possible ; j'étois cependant prié ce soir-là d'un souper où devoit être madame d'Arsilly, chez une femme qui ne savoit point notre brouillerie : je crus remarquer dans ses discours & dans son air une joie affectée ; elle rougit toutes les fois que je prononçois le nom de cette femme que le hasard m'avoit fait rencontrer : elle me regardoit quelquefois d'une manière à lui faire avouer ma faute ; mais je fus maître de moi jusqu'après le souper. Chacun se rangea auprès du feu suivant son goût. Madame d'Arsillly ne me parut point fâchée que je me misse auprès d'elle : je lui dis des choses capables d'émouvoir des rochers ; mes yeux étoient pleins de larmes, je m'apperçus que les siens en répandoient à leur tour. Chevalier, me dit-elle, conservez-vous pour moi ; excusez ma bizarrerie : il est vrai que j'ai une funeste passion dans le cœur ; mais je vous reviendrai un jour : vous êtes honnête homme, je vous estime, je n'ai qu'un goût passager pour celui que vous jugez avec raison que je vous préfère : encore une fois, ne vous engagez point.

Elle étoit si belle & si touchante en me parlant ; la honte & les remords étoient si bien peints sur son visage, que ne pouvant me jetter à ses pieds, je baissai ma tête jusques sur mes genoux, pour lui rendre graces d'une déclaration si bizarre, dont la passion que j'avois pour elle me faisoit contenter. Ah ! madame, lui dis-je, achevez, rompez des liens indignes de vous. La personne du duc de.......... est aimable : il a de l'esprit ; mais il a des mœurs & des maximes bien étranges : vous vous repentirez un jour de me l'avoir préferé un moment.

Vous savez, interrompit-elle, que la raison ne règle point l'amour : je me suis dit à moi-même, plus que vous ne pouvez me dire ; mais, chevalier, j'aime plus qu'on n'a jamais aimé ; plaignez-moi. A ces mots je ne me possédai plus ; & la regardant d'un air irrité : perdez-vous, madame, perdez-vous, lui dis-je, je n'y veux plus prendre d'intérêt : vous êtes une copie bien imparfaite de la princesse de Clèves : votre crime est plus entier & plus outrageant, & votre remords ne l'égale pas : goûtez avec le duc de ..... des plaisirs dont vous aurez le tems de vous repentir. Laissez-moi me dégager de vos fers ; ne venez plus avec des manières empoisonneés, me promettre un retour qui ne devra plus m'être agréable, quand votre cœur aura été prophané par l'image d'un homme tel que le duc de.... aussi-bien ce n'est que par gloire que vous voulez m'arrêter ; vous voudriez me faire servir au triomphe de mon rival ; ah ! que plutôt..... A ces mots l'ayant vu redoubler ses soupirs & ses larmes, je me sentis désarmer; je trouvai son procédé aussi beau qu'il m'avoit paru extraordinaire, & j'eus la foiblesse quand je la ramenai chez elle, d'y entrer, & d'y rester jusques à quatre heures du matin, sans tirer rien de plus doux que l'assurance d'un retour.

Voyez, mesdames, comme on est fou quand on aime : je sortis content de chez l'inconstante d'Arsilly ; je lui trouvai un mérite d'héroïne ; je l'aimai plus que jamais. J'y retournai le lendemain au soir ; mais je la trouvai froide, inquiète ; ses réponses étoient distraites ; je la querellai avec des transports à faire trembler; elle n'en fut point émue ce jour-là : pleine de sa passion, & charmée d'avoir vu son dernier amant plus amoureux qu'à l'ordinaire, tout autre objet lui paroissoit méprisable. Ma fureur me fit chercher ma maîtresse de l'opéra ; je la retrouvai ; je la suivis en tous lieux. Madame d'Arsilly en fut témoin, car elle ne manquoit ni spectacles, ni promenades, pour avoir le plaisir de voir le duc de..... Quelques jours après, je reçus un billet d'elle, que j'ai retenu par cœur. Il étoit tel :

» Vous voulez donc m'abandonner, & mes
» égaremens au lieu de vous donner de la

» pitié, n'ont excité que votre courroux ;
» ne pardonne-t-on jamais rien au caprice de
» l'étoile ? elle n'a agi que trop bifarrement
» fur moi : j'ai été entraînée à vous faire
» une efpèce d'infidélité, où les yeux feuls
» ont eu part, tandis que mon cœur fe con-
» fervoit à vous. Mais vous, chevalier, vous
» aimez madame de...., parce que vous la
» voulez aimer : c'eft de fang-froid que vous
» m'offenfez, & j'aurai peut-être la douleur
» de vous trouver véritablement engagé,
» quand je vous propofe un retour fincère
» & durable. »

Je fis cette réponfe au billet de madame d'Arfilly.

» Ces délicates diftinctions dont je connois
» le faux & l'artifice, ne devroient trouver
» en moi qu'un juge févère, prêt à vous
» renvoyer à un amant léger & indifcret ;
» mais je vous aime : ce mot feul juftifiera
» ma foibleffe ; trop heureux de vous retrouver,
» je me garderai bien de vous faire des re-
» proches qui rappelleroient l'idée d'un rival
» trop aimé, & j'irai recevoir cet après-dînée
» le retour d'un cœur noirci de perfidies,
» avec la même foumiffion que fi j'étois dans
» mon tort. »

Avouez, mesdames, que vous me trouvez bien fou : je l'étois plus qu'on ne peut se l'imaginer ; transporté de joie, pénétré de reconnoissance, je courus, je volai aux pieds de madame d'Arsilly : elle étoit plus belle que l'amour ; la rougeur que lui causoit sa honte, me la fit trouver adorable : ce fut dans ces précieux momens que j'éprouvai qu'il faut passer par les peines, pour arriver aux plaisirs.

Nous jouîmes d'une tranquillité qui ne fut troublée que par les discours étranges que tint le duc de… sur sa courte aventure avec madame d'Arsilly ; & par la liaison qui se fit entre lui & la dame que j'avois abandonnée ; ils nous tourmentèrent l'un & l'autre de toutes les façons : j'étois si amoureux, que je fus prêt plusieurs fois à me battre pour les intérêts de ma maîtresse ; mais des amis communs arrêtèrent le cours de nos desseins. Je n'avois jamais trouvé madame d'Arsilly si charmante : elle tâchoit de son côté à effacer des impressions qu'elle croyoit m'être restées ; mais je n'étois pas né pour la fixer. Quelques jours avant mon départ pour l'armée, je la retrouvai dans ses froideurs ; je m'en pris à l'inégalité du sexe : elle eut encore la sincérité de m'avouer que c'étoit une seconde révolte de son cœur qui se déclaroit tout de nouveau pour le duc de…. Je me sentis cette fois-là plus d'indignation & de mépris que de colère; je partis pour l'armée avec assez de tranquillité, sans prendre la peine de la quereller: je fus quatre mois sans lui donner de mes nouvelles, & j'aurois poussé l'indifférence plus loin, si je n'avois appris qu'elle avoit eu une furieuse maladie; je me crus obligé de lui en faire compliment : je fus blessé dans ce tems-là : elle me rendit ma civilité, & à mon retour, je ne sai comment cela se fit, mais nous renouâmes une troisième fois : je lui donnai même des preuves de mon attachement, dont toute autre qu'elle auroit été touchée : mais dans cette dernière reprise, son amour ayant été jusqu'à un certain point, ne put se soutenir de la même force, & dégénéra comme dans les autres. Je ne sais si ma passion étoit usée, ou si ma raison agit ; mais je rompis avec elle, sans cesser pourtant d'être de ses amis, & je me mis en situation de me voir avec plus de gloire dans d'autres chaînes que les siennes.

Le chevalier de Chanteuil en achevant son récit, regarda tendrement madame d'Orselis, pour réparer ce qu'il lui avoit dit d'un peu trop dur lorsqu'elle l'avoit interrompu. Sans mentir, s'écria le comte quand il vit que Chanteuil ne parloit plus, madame d'Arsilly est une personne bien particulière; vous avez exercé une patience d'une étrange pratique tandis que vous avez été à son service. Bon, dit madame d'Orfels, les hommes n'aiment pas l'uniformité. Si cela est, ajouta le chevalier, quiconque aura l'honneur de vous servir ne s'ennuira point avec vous. Il n'y eut personne qui ne sourit de voir qu'il commençoit à démêler le caractère de sa nouvelle maîtresse: elle en rougit de colère; mais comme elle a bien de l'esprit & qu'elle ne vouloit pas rebuter un homme qui l'empêchoit de s'ennuyer, elle répondit d'un ton assez badin; & se tournant vers madame d'Arcire: & vous madame, lui dit-elle, ne nous direz-vous rien de tout ce qui vous est arrivé? Si l'on ne commence à vivre, reprit-elle, que lorsque le cœur est touché, mon histoire seroit trop courte. Elle tourna de longs regards vers le marquis en achevant ce peu de paroles, qui ne pouvoient convenir au comte, puisqu'il y avoit deux ans que cette affaire duroit. Elles parurent d'un furieux poids dans la bouche d'une femme raisonnable: Brésy en demeura comme enchanté; le comte en sourit aigrement; & je proposai la promenade pour tirer tout le monde d'embarras. Chacun se divisa à sa fantaisie: le comte voulut se promener avec moi;

moi ; madame d'Arcire nous regarda avec trouble ; le chevalier & madame d'Orselis passèrent dans une allée de charmes ; Brésy voulut suivre la marquise ; mais honteuse du discours qu'elle venoit de faire, & craignant peut-être les remercimens d'un homme qu'elle ne vouloit point qu'il lui eût obligation, elle lui dit que son mal de tête demandoit du repos & qu'elle ne pouvoit le prendre que seule. Il resta avec le vieux duc, & je dis au comte que je voulois absolument m'éclaircir avec la marquise ; qu'elle me croyoit sa rivale ; que c'étoit tout le nœud de l'intrigue ; qu'elle deviendroit à la fin tragique, & que je ne serois point en repos que je ne l'eusse détrompée.

Vous ne connoissez guère votre sexe, reprit-il, si vous ne comprenez pas que le seul moyen de faire revenir madame d'Arcire, est de lui causer de la jalousie : vous en venez de voir un exemple dans l'aventure du chevalier. Oui, mais, repris-je, elle me haïra ; je n'ai que faire d'être votre victime. Allez, me dit Sélincourt en riant, vous serez comprise dans le traité de paix. En nous entretenant ainsi, nous tournâmes insensiblement nos pas vers le bois : je ne l'avois jamais vû, & comme il est délicieux par des fontaines de

diverses figures, & par des statues de mar...
merveilleuses qui en terminent toutes l...
allées, je parcourus avec le comte une partie
de cet agréable endroit; mais en traversant
d'un côté à l'autre, j'apperçus la marquise
couchée sur un lit de gazon qui tenoit à la
palissade du côté où nous étions. Venez,
comte, dis-je tout bas à Sélincourt, voyez
une aventure de roman; venez voir votre
maîtresse dans une attitude désolée. Il s'approcha
en effet; & regardant au travers de la palissade, il vit qu'elle badinoit avec une canne
dans une fontaine qui étoit à ses pieds, &
qu'elle tenoit de l'autre main un petit portrait,
dont il ne put connoître les traits, à cause de
l'épaisseur des branches. Le visage de la marquise n'étoit pas tourné vers nous. Je dis au
comte, sans craindre d'être entendue, qu'il
allât se jetter à ses pieds, & qu'une personne
qui s'écartoit pour venir regarder le portrait
d'un amant qui contrefait l'infidèle, méritoit
bien qu'on prît soin de calmer son cœur. Ah!
me dit le comte, cruelle personne, où m'avez-
vous amené? Vous ne savez pas ma douleur,
je suis plus capable d'aller arracher mainte-
nant la vie à Brésy; c'est sans doute son portrait qui cause tant d'application à ma perfide;
elle n'a jamais eu mon portrait, elle a tou-

jours refusé de le recevoir, elle n'est scrupuleuse que pour moi. Je demeurai fort surprise à ces paroles ; & appercevant des tablettes sur le lit de gazon, je les pris à travers les branches le plus subtilement qu'il me fut possible. Le comte s'en saisit d'abord : voici de quoi nous éclaircir, me dit-il. Alors nous nous éloignâmes doucement de ce lieu ; & feuilletant les tablettes, nous y trouvâmes ces vers.

O vous qui d'un oubli payez ma tendre flamme,
Vous qui malgré votre manque de foi,
Regnerez toujours sur mon ame,
Pour un moment encor souvenez vous de moi.
Pour ce moment, oubliez....

Il n'y avoit que ce fragment dans les tablettes ; elles étoient même mouillées en quelques endroits. Eh bien, dis-je, Sélincourt, n'êtes-vous pas honteux de votre jalousie ? A qui ces paroles peuvent-elles s'adresser qu'à vous ? Est-il possible, interrompit-il impatiemment, que vous puissiez vous méprendre à une apparence si grossière ? Madame d'Arcire est délicate au point, que pour peu que Brésy vous ait regardée, ou la belle Orselis, elle aura trouvé matière de soupçons & de plaintes. Que vous êtes entêtée de vos jugemens, ajouta-t-il, en voyant que je n'étois pas bien persuadée! Ne voyez-vous pas briller dans ces vers le feu d'une nouvelle passion? Le portrait ne doit-il pas vous convaincre? & la foiblesse de votre sexe vous est-elle inconnue? Je ne sais, repris-je, ce que c'est que tout ceci; je n'y vois que des obscurités. Et moi, reprit encore le comte, je n'y vois que des clartés trop funestes à mon amour. Je l'adore, je ne puis aimer qu'elle, son prix redouble quand je la perds: Ah! infidèle, ajouta-t-il d'un ton plus élevé, falloit-il me faire une faveur en venant chez moi pour me donner ensuite la mort? mais je ne mourrai pas le premier; mon rival que vous me préférez si injustement, éprouvera auparavant ma fureur, & je veux vous ôter les moyens de me trahir, quand la douleur m'aura privé du jour. A ces mots, il voulut partir pour aller sans doute chercher Brésy; mais il le vit passer avec le duc de.... assez près de-là. Marquis, lui cria-t-il d'un ton altéré, je voudrois vous dire un mot; monsieur le duc le voudra bien, ajouta-t-il en parlant à son oncle qui les laissa aller; mais moi qui craignis mortellement quelque procédé, je m'approchai du duc: je lui dis en peu de mots mes allarmes, & je le chargeai de ne les point perdre de vue.

J'ai su depuis, que le comte en abordant

Brésy, lui demanda s'il avoit donné son portrait à la marquise d'Arcire; mais ce fut d'un air si fier, que le marquis ne lui répondit pas juste. Il n'est pas question de biaiser, repartit le comte, il faut que je sache positivement la vérité de ce fait. Je n'ai guère accoutumé d'être questionné, reprit froidement Brésy; les questions m'importunent plus que la morale ne m'endort, & puis je ne crois pas que cet éclaircissement soit nécessaire.

Il me l'est au point, dit le comte, qu'il faut que je l'aie, ou votre vie à la place. Brésy répondit, que ce n'étoit guère la mode que les combats, mais qu'il ne la suivoit que dans les habits, & mettant promptement la main à l'épée, le comte en fit autant, & il alloit se passer une scène sanglante, si le duc qui les avoit toujours suivis, ne fût allé se mettre entre deux : Que faites-vous, Sélincourt ? s'écria-t-il d'un air d'autorité qu'il pouvoit prendre avec son neveu; d'où vous vient cette fureur ? avez-vous oubliez les suites fâcheuses de ces sortes de combats ? mettez-moi, ajouta-t-il, vos intérêts entre les mains, je les démêlerai d'une façon moins terrible avec monsieur le marquis. L'action & le discours du duc de...... avoit d'abord arrêté l'ardeur des deux rivaux : sa naissance & son âge le mettoient en droit de faire le maréchal de France. Ils demeurèrent un peu honteux de leur emportement, & le comte, comme le moins maître de lui, & le plus affligé, rentra dans le bois au moment que nous allions en sortir la marquise & moi.

J'étois allé la trouver aussi-tôt que j'eus prié le duc de veiller aux actions de nos amans : je la vis si occupée de sa rêverie, que le bruit que je fis en arrivant ne l'en put retirer. Voilà le comte, lui dis-je, qui se désespère; j'appréhende une querelle; il est avec Brésy, & c'est vous, madame, qui causez tout ce désordre. Moi! dit madame d'Arcire toute effrayée, que m'annoncez vous? & ce que vous me dites, ne doit-il point m'être suspect? Ce n'est pas le tems de douter, madame, lui dis-je, deux braves gens se battent peut-être à l'heure qu'il est pour l'amour de vous. La marquise frémit à ces mots; & courant du côté où je la conduisois, nous rencontrâmes Sélincourt seul, mais dans une fureur qui le fit retourner d'abord qu'il nous apperçut. La marquise le suivit, & lui coupa bien-tôt chemin: Où courez-vous? lui dit-elle d'un air doux & languissant, & en lui tendant la main d'une façon gracieuse. Je vais, reprit-il chercher une seconde fois Brésy, pour le faire mourir de ma main ou pour mourir de la sienne. Le duc de... nous a séparés, mais rien ne peut plus m'arrêter. Demeurez, lui répondit madame d'Arcire ; votre injustice est extrême, vous voulez tuer un homme qui ne vous a point fait de tort dans mon cœur, tandis que je laisse vivre une cruelle amie qui m'arrache le vôtre. J'étois si proche de la marquise lorsqu'elle acheva ces mots, que j'ouvris les bras en l'embrassant tendrement. Que nous serions tous heureux, lui dis-je, si Brésy n'a pas plus fait de tort au comte que je vous en ai fait auprès de lui ! Madame d'Arcire est naturellement bonne & douce : ses larmes couvrirent ses joues dans ce moment ? & me rendant mes caresses : Ah ! ma chère, me dit-elle, que vous m'avez causé de chagrins ! Je voulus lui répondre ; mais Sélincourt m'interrompit pour lui demander l'explication du portrait. Voyez, lui dit-elle en lui donnant la boëte qui le renfermoit ; voyez injuste que vous êtes, quel rival vous vouliez exterminer ! Le comte regardant avec précipitation cette fatale peinture, il reconnut son portrait si ressemblant, que se jettant aux genoux de la marquise, & les embrassant avec ardeur, il eut un saisissement de joie qui ne lui permit de parler de très-long-tems. Vous jugez bien, madame, quel effet doit produire un dénouement pareil : on s'expliqua en tumulte, on s'y dit de ces choses confuses, qui prouvent mieux que l'éloquence les sentimens d'une tendre passion : & après que j'eus appris de la marquise, qu'elle avoit fait faire le portrait de Sélincourt avec un secret extraordinaire, pour ne lui pas faire une si grande faveur que celle de le recevoir de lui ; quand j'eus, dis-je, su cette particularité de sa bouche, je me retirai pour leur laisser la liberté de parler sans témoins. Ils rejoignirent quelque tems après la compagnie. Le comte s'avança de bonne grace au-devant de Brésy, à qui j'avois déjà dit une partie de ce qui venoit de se passer.

Marquis, lui dit-il, une erreur qui me faisoit mourir de rage a causé tantôt mon emportement avec vous ; je n'aime pas naturellement à faire le spadassin ; mais la tête m'avoit tourné : & comme vous êtes un des hommes du monde le plus raisonnable, & fort de mes amis, j'espère que cette aventure serrera les nœuds de notre amitié, au lieu de la détruire. Ma foi, répartit Brésy, monsieur le comte, je ne vois dans tout ceci que moi de maltraité : vous m'avez querellé, j'ai servi à vous faire connoître à quel point on vous préfère ; votre générosité n'est pas d'une pratique difficile : mais, ajouta-t-il en riant, si mon personnage n'est pas avantageux, il faut du moins le soutenir avec fermeté. A ces mots, il embrassa de tout son cœur Sélincourt. Madame d'Arcire qui ne pouvoit plus faire un secret de sa tendresse après un tel éclat, avoua, en rougissant, qu'elle estimoit le comte à un point, qu'elle ne feroit nulle difficulté de prendre avec lui un engagement pour toute sa vie. Puis se tournant vers le marquis : Ne me sachez point mauvais gré, lui dit-elle, de vous avoir un peu trop amusé; le dépit & la jalousie font quelquefois bien faire pis; & puis il n'y a pas grand mal qu'on en ait usé une fois avec vous, comme vous en avez usé avec tant d'autres.

Brésy qui vit que cette intelligence n'étoit pas l'ouvrage d'un jour, & qu'elle alloit devenir sérieuse, prit son parti en galant homme qui n'est pas trop en droit de se fâcher.

La déclaration que venoit de faire la marquise, ne pouvoit être qu'agréable à son amant & au duc de..... Elle est belle, jeune & riche, il n'y a rien de mieux assorti. Votre vengeance approche, madame, ils seront mariés dans peu de tems.

Vous voyez, madame, que nous avons donné dans le grand, pendant notre voyage, & que nous ne nous sommes pas toujours amusés à la bagatelle : j'aurois bien voulu pouvoir entonner la trompette, pour vous conter cette aventure : Elle est tragique au moins, madame, quoiqu'il n'y ait pas eu de sang répandu; mais je n'aime pas à prendre des tons que je ne puisse soutenir.

Dès ce jour-là Bréfy m'adressa ses vœux; ainsi je n'étois pas destinée à l'oisiveté : Il est glorieux; il me dit de petites choses de son attachement auprès de madame d'Arcire, qui me prouvèrent, ou qu'il est fort vain, ou que les femmes font bien du chemin quand elles veulent rappeller un amant par la jalousie. N'allez pourtant pas, madame, porter vos idées trop loin; mais des coquetteries me paroissent toujours trop dans l'exacte fidélité : Ne condamnons cependant personne, on y pourroit tomber à son tour; & puis ma morale est fort mal placée; car le comte retrouva de nouveaux charmes dans la marquise; & comme le marquis de Bréfy est fort aimable, je l'écoutai avec complaisance, si ce ne fut alors avec tendresse.

Nous ne quittâmes qu'à regret, & le plus tard que nous pûmes, l'aimable maison où nos amans s'étoient raccommodés : nous nous remîmes en bateau, quoique ce fut en remontant, pour nous en éloigner moins vîte; la nuit étoit merveilleuse; nous n'arrivâmes qu'au jour.

Il y en avoit déjà quelques-uns, que nous vivions tous dans une grande union, à la réserve de Chanteuil & de madame d'Orselis, qui mêlèrent un peu trop de troubles à leurs plaisirs, lorsque le comte nous proposa de chasser le lendemain. Le tems étoit propre pour cette partie : une pluie avoit un peu abattu la poussière & adouci les ardeurs du soleil ; nous avions tous des habits de chasse, galants & magnifiques : Sélincourt avoit une bonne meute pour le cerf, & des chevaux merveilleux. Je ne suis pas une cavalière bien déterminée ; mais je me tiens de bonne-grace : & si je n'avois pas eu un cheval ardent outre mesure, je me serois assez bien tirée d'affaire : mais il n'eut pas sitôt entendu ce bruit confus & agréable des chiens, des cors & des piqueurs, qu'il m'emporta devant tous les chasseurs ; & laissant le cerf & la chasse, il m'enfonça dans le bois sur la droite, avec une fougue que je n'eus pas la force ou l'adresse d'arrêter. Je me tins à l'arçon de toute ma force ; & j'aurois pu ratrapper l'étrier, & me raffermir après cette première bourasque, si une branche d'une grosseur considérable ne m'eût donné un coup dans le visage, qui me fit une douleur horrible, à laquelle je ne pus résister, & dont la violence me fit même tomber. Mes cheveux qu'on avoit ajuſtés avec art s'embarraſsèrent dans cette branche : j'en eus beaucoup d'arrachés avec une extrême douleur, mon chapeau étoit à vingt pas de moi ; je faiſois des cris perçans, lorſque j'apperçus Bréſy qui venoit à mon ſecours de toute la vîteſſe de ſon cheval : il avoit ſuivi mes pas en véritable chevalier, dès qu'il avoit vu mon déſordre ; mais il n'avoit pu me couper chemin, parce que mon cheval alloit tout au travers du bois : il arriva comme mon mal étoit à ſon plus haut point. Ah ! mademoiſelle, me dit-il, quel funeſte accident ! Que je ſuis malheureux, de n'avoir pû le prévenir ! Il avoit un air ſi affligé en parlant ainſi, & il voyoit avec tant de chagrin mes cheveux pendans à la funeſte branche, que je lui en eus une véritable obligation. Vous avez fait ce que vous avez pu, lui dis-je : cet accident-ci eſt de ceux qu'on ne peut prévoir ; il faudroit véritablement être ſtoïcienne, pour ſoutenir que ce que je ſens à l'heure qu'il eſt, n'eſt pas de la douleur. Ma philoſophie ne va pas ſi loin, ajoutai-je en riant ; mais je m'en ſens pourtant aſſez pour remonter à cheval, ſi vous voulez bien me rendre mon chapeau qui eſt dans les broſſailles. Je ne ſai, me répondit-il, ſi je dois vous rendre ce ſervice : Voici un endroit ſolitaire très-propre à vous déclarer des sentimens que vous me connoissez déja. Gardez-vous bien, interrompis-je promptement, de prendre un moment si malheureux pour une telle déclaration: il faut être dans une situation gaie & tranquille pour écouter de semblables choses sans colère; & j'ai connu un de mes amis, qui n'échoua auprès de sa maîtresse que pour avoir mal pris son tems. Brésy vit bien que je badinois; il alla chercher mon chapeau, il rajusta mes cheveux, il me donna de l'eau de la reine d'Hongrie, pour mettre sur les égratignures que j'avois au visage : & donnant vingt coups de gaule à mon cheval qui ne s'étoit point éloigné, il monta dessus, après m'avoir aidé à monter sur le sien, qu'il me garantit plus sage que l'autre. Nous rejoignîmes la chasse, & j'eus la gloire de me trouver encore à la mort du cerf, malgré l'état où j'étois. Chacun vint au-devant de moi pour prendre part à cet accident; je fus louée plus que je ne méritois de mon intrépidité. Il restoit encore tant de jour lorsque la chasse fut finie, que le comte proposa d'aller à une maison délicieuse, à une demi-lieue d'où nous étions alors. Celle-ci a des eaux admirables, tant plattes que jaillissantes: nous ne crûmes pas y trouver d'autres plaisirs que ceux de la promenade : mais le comte dont la paſſion étoit renouvellée, ne manquoit aucune occaſion de marquer la joie vive qu'il ſentoit de ſa réunion avec ſon aimable maîtreſſe. En approchant d'un labyrinthe, nous entendîmes accorder des inſtrumens, & en même-tems une belle voix chanta les paroles qui ſuivent :

> En quelque lieu que brillent vos beautés,
> Vous captivez les libertés :
> Un cœur deſſous vos loix adore ſon martyre.
> En vain le mien voulut ſe révolter ;
> Plus ſoumis que jamais, il revient ſous l'empire
> Seul glorieux, ſeul doux à ſupporter.

La marquiſe ne put douter que ce ne fût une galanterie du comte, elle lui dit quelque choſe tout bas. Une autre voix auſſi belle que la première, chanta un autre air : il y eut un chœur merveilleux, & tout cela nous parut un enchantement : mais nous ſûmes après que Sélincourt avoit fait venir d'excellens muſiciens de Paris, dont on n'étoit éloigné que d'une très-petite journée ; qu'il avoit fait les paroles, & qu'un homme des plus habiles pour la compoſition avoit fait les airs. On trouva enſuite une table couverte de tout ce qui peut ſatisfaire le goût : elle étoit au pied des belles caſcades de cette maiſon. Jamais les eſprits ne furent ſi diſpoſés à la joie ; &

jamais on n'eut un plaisir plus parfait : il ne fut point troublé ; on attendit pour s'en retourner, que la lune fût levée : elle retardoit beaucoup, mais on ne s'ennuyoit pas. On se promena en attendant dans une allée si sombre, que le soleil en son midi ne peut y darder ses rayons qu'à la dérobée. Nous étions trop bonne compagnie, pour que l'obscurité pût épouvanter aucun de nous : & nous ne songions qu'à nous réjouir, lorsque nous vîmes la figure d'un jardinier en camisole blanche, qui marchoit quelques pas devant nous, dans une des contre-allées. Sélincourt l'appella, pour savoir ce qu'il faisoit si tard dans les jardins ; le jardinier ne répondit rien, & disparut.

Nous courûmes tous pour le chercher dans le bois ; ce fut inutilement. Il reparut un moment après ; pour le coup, dîmes-nous, vous ne nous échapperez pas ; & nous allâmes fort vîte dans la contre-allée, avec aussi peu de succès. Le fantôme Jardinier nous fit faire ce manège jusqu'à quatre fois : nous en demeurâmes surpris, sans en être effrayés : & on nous a dit depuis, qu'il arrive souvent d'avoir de ces visions dans ce lieu, qui a autrefois appartenu à un ministre fameux. Je vous dis, madame, ce que j'ai vu ; & sept personnes peu susceptibles de prévention, ne s'imaginent guère une pareille chose, si elle n'est véritablement fondée. Nous étions si éloignés de la peur, que nous restâmes encore du tems dans le même endroit. Il seroit triste, leur dis-je, que cette figure de jardinier eût le même pouvoir, qu'une demoiselle qui se fait voir dans un canton de la Normandie, & qui fait voyager les gens jusqu'à les rendre malades, & quelquefois pis. Comment, dit madame d'Arcire, est-ce une fable que vous nous contez ? Non vraiment repris-je ; je l'ai entendu dire à des personnes dignes de foi. Cet esprit a une figure de femme bien faite, toujours montée sur un bon cheval. On ne l'appelle que la demoiselle dans le pays.

Un pauvre curé, dont la monture étoit enclouée, eut affaire dans le village voisin ; il y alla à pied ; le chemin n'étoit pas long : il rencontra la demoiselle, qui l'égara si bien, qu'on eût dit qu'il avoit marché sur l'herbe de fourvoiement. Il retrouva sa maison quand il plut à la voyageuse : mais il y arriva si las & l'esprit si troublé, qu'il se mit au lit avec une grosse fièvre. Il assura que l'inhumaine demoiselle rioit de très-bon cœur, quand elle voyoit un homme hors de mesure : le transport lui monta au cerveau, & il mourut en trois jours.

Oh !

Oh! pour cela, mademoiselle, dit le duc de.... vous êtes aussi cruelle que cette femme, d'avoir fait mourir le pauvre curé. Que vous auroit-il coûté de lui conserver la vie? je vous assure, repris-je, monsieur le duc, que je n'en étois point du tout la maîtresse. J'ai entendu conter cette histoire à une abbesse de mérite, que je nommerois bien, si on m'y forçoit; & qui étant dans le pays lorsque cette aventure arriva, doit sans doute en être crue.

Chacun demeura très-scandalisé d'un esprit si meurtrier. Le marquis me demanda si la demoiselle mettoit sa jambe sur l'arçon : Ne vous moquez point, lui dis-je, des gens qui s'égarent : que savez-vous si la route que vous tenez à présent est sure? Il y a des demoiselles qui font quelquefois faire plus de chemin qu'un follet; car il faut bien que c'en soit un. Brési voulut répondre : mais le comte qui étoit dans son envie de parler l'interrompit, pour dire qu'il n'étoit point trop incrédule, & que s'il avoit à suivre une secte de philosophes, ce seroit celle des cabalistes. Je sai bien, ajouta-t-il, qu'ils ne sont pas à la mode, & qu'il faut dire : *vive Descartes*, pour donner dans le grand goût : mais les bons cabalistes croyent avec soumission les choses qui prouvent

H

l'immortalité de l'ame ; & ils ont avec cela bien de bonnes raisons physiques, qui prouvent la possibilité des apparitions. Le marquis qui vit que la conversation s'alloit tourner sur le ton moral, qui faisoit tomber le comte dans la tristesse, nous avertit que la lune étoit levée il y avoit déjà quelques tems, & qu'il falloit en profiter. On suivit son avis ; on monta dans les carosses, que le comte avoit fait venir, & nous retournâmes au lieu de la scène.

Quelques jours après, un vieil abbé d'un esprit assez agréable, amena une femme qui aimoit Brésy à l'adoration : nous apprîmes cette circonstance dès le même soir, par ses manières & le chagrin qu'elle marquoit dès qu'il me disoit un mot. Elle étoit amie de Sélincourt, aussi bien que le vieil abbé, qui sortoit d'une grande maladie, & qui venoit achever d'être malade en ce lieu, comme le cousin Chonchon chez monsieur Bernard.

Nous fîmes dès le lendemain une promenade, à quelques lieues de Sélincourt : nous nous trouvâmes madame de Talmonte (c'étoit le nom de cette femme) & moi dans le carosse du marquis : il n'y avoit point de strapontin ; il se mit entre nous deux ; & comme son penchant le faisoit souvent tourner de mon côté, la jalouse Talmonte le poussoit rudement du coude : j'en sentois le contre-coup, & je riois de tout mon cœur de l'air dont Brésy recevoit ces témoignages de tendresse. Elle a la voix assez belle : tant que le chemin dura elle ne fit que chanter cet air de Bellerophon, qui commence par ces paroles :

Malgré tous mes malheurs, je serois trop heureuse
Si les mépris pouvoient guérir l'amour.

Vous savez, madame, qu'on rejouoit cet opera : mais elle s'en seroit souvenue de bien plus loin, pour l'application qu'elle en vouloit faire. Elle se gâtoit la poitrine à force de chanter pathétiquement, si on peut parler ainsi. Le marquis y répondoit mal ; mais je crus remarquer peu de tems après qu'elle avoit sa revanche. Je ne sai s'il est de ceux qui sont touchés de l'amour qu'on leur témoigne, ou si le peu d'espérance que je lui donnois lui fit accepter quelque parti plus solide : mais je vis madame de Talmonte assez contente d'elle & de lui ; & elle crut avoir une furieuse supériorité sur moi, quoique je parusse toujours la belle passion du marquis. Il ne faut point vous mentir, madame, je sentis qu'il ne m'étoit point indifférent : le peu de soins qu'il rendoit à cette femme, ne laissa pas de m'importuner ; & je résolus une petite vengeance qui me réuffit, comme je vous le dirai bientôt. D'autre part, le vieil abbé fentit dans ce lieu renaître fes jeunes défirs; il affura madame de Talmonte qu'elle trouveroit un cœur à fon fervice quand il lui plairoit. Vous jugez bien comme il fut reçu : elle en fit de même des plaifanteries. L'abbé en fut outré de colère; il démêla l'intrigue de l'ingrate, & la perfécuta de railleries, tant qu'elle refta avec nous.

Le marquis qui n'en étoit point amoureux, & dont la difcrétion n'eft pas extrême, entra dans tout en homme las de trop de témoignages d'ardeur, & fe réfolut à me faire un aveu de fes foibleffes & des égaremens de Talmonte. Je ne lui en fis aucuns reproches : mais un foir que nous étions fous un berceau de chevrefeuilles, & qu'on me fit fouvenir de la promeffe que j'avois faite, de conter quelques-unes de mes aventures, je faifis cette occafion, & je pris la parole en ces termes :

Je ne fuis pas trop fage, mefdames, de m'embarquer à vous dire ce que je devrois me cacher à moi-même : il n'eft guère féant à une demoifelle d'avouer qu'elle a eu le cœur touché : quoique fes fentimens ne foient point fortis de l'exacte bienféance, c'eft toujours trop d'en avoir fenti de femblables : mais heureufement je n'ai pas affaire à des juges trop sévères, continuai-je en souriant ; & je vous causerois trop d'ennui, si je ne vous faisois un récit que de mon indifférence.

J'ai donc aimé, mesdames, un homme très-aimable, au moins il me sembloit tel, & peut-être cela n'est il pas encore trop passé : il avoit acquis des droits sur mon cœur en assez peu de tems, parce que sa passion m'avoit paru fort sincère. A peine savoit-il encore l'inclination que j'avois pour lui, que je me vis traversée par une de ces femmes qui ne se rebutent pas aisément, & dont les mœurs n'étant pas fort sévères, croyent qu'il est permis de faire beaucoup pour conquérir un cœur rebelle. Cette femme-ci n'étoit pas laide ; elle avoit même quelque esprit. Alcandre ; car vous voulez bien que je nomme du premier nom qui me vient dans l'esprit, un homme dont je veux faire le véritable portrait; Alcandre donc soutint sans foiblesse les premiers assauts de sa nouvelle amante : il en railloit d'un air offensant : c'étoit à mes pieds qu'il venoit chercher un asyle contre ses poursuites. Je ne lui témoignai rien de ce qui se passoit dans mon cœur : je laissois marquer de la jalousie à une rivale, qui naturellement devoit en avoir plus que moi; & je faisois ma satyre à moi-même, quand je m'en surprenois le moindre mouvement; mais les hommes n'ont qu'une certaine mesure de constance.

Il faut, madame, que je m'interrompe, pour vous dire que le marquis ouvrit de grands yeux en m'écoutant, comme s'il eut pu pénétrer plutôt la fin de cette aventure; balancé entre la crainte d'avoir un rival aimé, l'espérance d'être le héros de l'aventure, & la douleur de m'avoir déplu, il ne savoit quelle contenance tenir. Je jouissois avec plaisir de son trouble, & je continuai ainsi mon récit. Voilà, mesdames, un commencement d'aventure, dont sans doute vous ne devinez pas le dénouement. Alcandre n'eut pas été quatre jours près de sa nouvelle maîtresse, que le remords de son infidélité le tourmenta vivement; il eut recours à un aveu sincère de sa faute. Il me le vint faire avec tant d'apparence de repentir, que je lui pardonnai une légèreté qui le rendra peut-être moins sujet à d'autres; mais comme j'en avois souffert & que je voulois un peu de vengeance pour mon soulagement, je choisis ma rivale pour son objet plutôt que mon amant. Je contai à cette femme sa propre histoire & la mienne sous des noms inconnus; elle en changea de couleur; mais je ne sai si sa conduite fut meilleure. Pour Alcandre, il me parut si content quand j'achevai ma narration, que je me fus bon gré de l'avoir tenu en suspens, & de voir que je n'avois pas fait un mauvais choix.

Il faut avouer, madame, que je fus bien méchante de conter ainsi devant cette femme un trait qui devoit lui faire tant de honte : mais pardonnez-le moi, j'y eus trop de plaisir, pour être capable d'en avoir du scrupule. Elle ne savoit comment prendre une telle allégorie : elle mordoit ses lèvres, elle se rengorgeoit, elle ouvroit la bouche pour parler ; mais des regards d'intelligence qu'elle vit entre le marquis & moi, lui firent voir qu'elle n'étoit pas la plus forte : & la pauvre femme outrée de rage, nous dit en soupant, qu'elle vouloit s'en retourner le lendemain. L'abbé n'étoit pas d'humeur à suivre ses caprices, & principalement celui-là ; mais cette femme qui se souvenoit d'avoir entendu dire à Bréfy qu'il avoit un tour à faire à Paris, se tourna de son côté, & lui demanda d'un ton outré & suppliant tout ensemble, s'il ne voudroit pas bien lui faire le plaisir de l'emmener. Ma foi non, madame, lui répondit-il ; j'ai encore un peu à faire en ce lieu. L'air dont il dit ce peu de mots fut si plaisant, que nous fimes tous un éclat de rire qui acheva de déconcerter l'amante désolée. Sélincourt qui étoit chez lui, se crut obligé à re-

H iv

prendre le premier ſon ſérieux : il la pria de reſter encore quelques jours. Je conjurai le marquis de ne la pas refuſer. Il me répondit en plaiſantant, & Talmonte n'aima pas trop mon interceſſion; mais comme je trouvois plaiſant de faire durer cette ſcène, je preſſai tant Bréſy, qu'enfin il ſe ſentit piqué de l'empreſſement que l'avois de l'envoyer avec une rivale, & qu'il s'engagea à la ramener. En effet, ce fut véritablement d'une façon qui ne devoit pas beaucoup la ſatisfaire ; elle ne laiſſa pas d'en triompher. Et puiſque je me ſuis engagée à vous dire naïvement tout ce qui nous eſt arrivé, je n'eus pas ſi-tôt réuſſi dans mon entrepriſe, que je m'en repentis. Bréſy vint auprès de moi : vous l'avez voulu, mademoiſelle, me dit-il, je remenerai madame de Talmonte, je partirai, ſi l'on veut, avec elle. Je m'étois flatté par la fin de votre récit, que je ne vous étois pas indifférent au point de me livrer à une pareille aventure ; mais ou vous m'avez voulu tromper, ou je me ſuis trompé moi-même. Vous ne ferez livré qu'à ce que vous voudrez, lui répondis-je en riant, quoique je n'en euſſe guère d'envie : on n'eſt foible que quand on veut. Ah ! mademoiſelle, reprit-il, quand on a le cœur un peu ſenſible ; on craint tout ; & je vois bien que vous avez plus d'amour propre que de tendreſſe. Laiſſez-moi, lui dis-je alors : je ne fai d'où vient que je vous fouffre me parler fur ce ton-là; mais, repris-je, je ne dois m'en prendre qu'à moi : une folie que j'ai imaginée pour me moquer d'une extravagante, vous a fait comprendre des chofes à quoi je ne penfois pas.

L'air dont je dis ces dernières paroles, devoit obliger infiniment Bréfy, ou l'offenfer mortellement. Je ne fus point quel effet elles avoient produit fur lui ; mais le lendemain je reçus un billet de ma mère qui me demandoit à Paris pour une cérémonie à laquelle elle fouhaitoit que je me trouvaffe, & elle me demandoit de l'aller trouver inceffamment dans l'équipage d'une de ces dames, avec une femme qui me fervoit. Le marquis, qui avoit eu le tems de faire réflexion pendant la nuit à tout ce que je lui avois dit, & qui étoit affez prévenu de fon mérite, ne douta pas que ce ne fût le dépit qui m'eût fait parler. Il m'en fut gré, & tâcha de me perfuader de partir avec Talmonte & lui. De mon côté, j'en mourois d'envie, & j'avois pour moi l'ordre de ma mère : je me fentois du goût pour Bréfy ; c'étoit même un parti fort proportionné pour moi. Cela pouvoit devenir une affaire férieufe ; mais j'avois fenti un chagrin fi piquant de ce qu'il avoit obéi à mes paroles plutôt qu'à mes sentimens, que je ne voulus pas me démentir. Il se mit à mes genoux pour me conjurer de lui accorder cette grace ; il me proposa, si je la lui refusois, de rester avec nous & de ne donner que son carrosse à Talmonte ; mais je fus inéxorable, bien fâchée pourtant de l'être. On est bien bizarre, madame, quand on fait tant que d'être un peu touchée ; car vous voyez bien que je ne savois précisément ce que je voulois. Enfin le moment du départ arriva, j'eus encore à soutenir plusieurs assauts. Madame d'Arcire me disoit que j'étois folle ; Sélincourt me plaisantoit ; le chevalier & madame d'Orsélis, qui étoient alors assez bien ensemble, condamnoient mon procédé.

La pauvre Talmonte faisoit pendant ce tems là un triste personnage ; mais l'espérance d'en faire bien-tôt un meilleur la consoloit d'avance. Elle eut même le courage de soutenir une dernière tentative du marquis pour me faire partir, ou pour m'obliger à consentir qu'il demeurât. Il étoit déja dans son carrosse avec elle ; il appella un valet de chambre à lui qui étoit à cheval ; il me l'envoya pour savoir ma dernière résolution. Allez, mademoiselle, me dit le comte, allez, vous reviendrez dans deux jours ; vous satisferez madame votre mère, vous obligerez Brésy,

& vous vous épargnerez le chagrin que vous allez avoir dès qu'ils feront à cent pas d'ici. Je fentois déja la vérité de cette prédiction ; mais je fus ferme jufqu'au bout, & je mandai fièrement, qu'il étoit fuperflu de faire tant de pas inutiles. Je donnai une lettre à un de fes gens, par laquelle je mandois à ma mère que je ne me portois pas trop bien, & que je la priois de me pardonner fi je ne lui obéiffois pas.

Il eft vrai, madame, qu'il me prit un chagrin extrême dès qu'ils ne furent plus à portée de revenir : j'en fouffris cruellement, & d'autant plus que je voulus me contraindre & que je le fis fi bien qu'on m'accufa plutôt d'infenfibilité que de foibleffe : mais à vous à qui je ne cache rien, j'avoue que je paffai deux mauvaifes nuits ; elles furent pourtant encore plus douces que les journées, parce qu'au moins je ne me contraignois pas.

Je pafferai légèrement fur ces deux jours d'abfence, on fe promena, on joua, & le troifième on vit arriver le marquis. Je ne faurois bien vous dire laquelle fe fit le mieux fentir dans mon cœur, de la joie ou de la honte ; ce fut un mélange confus qui ne laiffa pas d'avoir fa douceur. Bréfy avoit toute l'ardeur d'une véritable paffion, & toute la docilité d'un homme un peu coupable. On nous regardoit d'une façon à me faire perdre patience; mais enfin on eut pitié du marquis, & on lui laissa quelques momens pour s'expliquer avec moi. Nous nous raccommodâmes donc, madame, ou plutôt nous commençâmes notre intelligence ; car jusqu'à l'arrivée de madame de Talmonte, je ne croyois pas avoir fait tant de chemin : tant il est vrai que la jalousie détermine. Brésy me parla sur le ton qu'il faut prendre avec une fille de qualité qui est sage, mais qui n'étant point un enfant, veut connoître son mari avant que de l'épouser. Je me suis laissé aller au plaisir qu'on a de parler de soi, & je ne vous en dirai plus rien qu'en passant, jusqu'à la fin de votre voyage.

Sélincourt continuoit à goûter la félicité la plus parfaite : il pria madame d'Arcire d'achever les vers qu'elle avoit commencés dans ses tablettes; elle le fit sur le champ, aussi ne vous assurerai-je pas qu'ils soient fort bons.

O vous qui d'un oubli payez ma tendre flamme,
 Vous qui, malgré votre manque de foi,
  Régnerez toujours sur mon ame,
Pour un moment encor souvenez-vous de moi,
 Pour ce moment, oubliez la bergère

Qui depuis quelques jours captive votre cœur,
Sans que mon fier dépit éteigne mon ardeur,
  Sans que l'amour étouffe ma colère.
Si vous l'employez bien ce moment précieux,
Vous reviendrez à moi, mon amour m'en assure.
Ailleurs, pour les appas, vous pourrez trouver mieux;
Mais où trouverez-vous cette tendresse pure,
  Dont l'excès seul fait la mesure ?
  Ah ! Tircis, seule sous les cieux,
  Je puis, sans blesser l'innocence,
Vous donner des plaisirs par mes soins, ma constance,
  Durables & délicieux.

Il y a là un peu de vanité, dit madame d'Arcire en rendant les tablettes ; mais les poëtes sont accusés d'être vains. Cependant, je réponds que je n'avance rien que je ne puisse soutenir. Oui, charmante personne lui répondit Sélincourt en lui rendant mille graces, vous êtes la seule avec qui je puisse vivre heureux. Vous jugez bien, madame, qu'une conversation sur ce ton-là peut être longue sans être ennuyeuse ; aussi ne la finirent-ils que lorsqu'on vint leur dire que l'on s'alloit mettre à table. Le chevalier & madame d'Orselis étoient aussi dans un plein calme ; & j'écoutois fort volontiers tout ce que Brésy vouloit me dire. Le bon duc même ne laissoit pas de contribuer aux plaisirs ; il cherchoit à m'être agréable, & son amour n'étoit point encore assez violent pour le rendre jaloux ; & les rivaux jufques-là ne lui avoient donné qu'une légère émulation, fans jaloufie. Nous avions encore du tems à paffer chez Sélincourt : il cherchoit tous les jours de nouveaux plaifirs ; il nous en propofa un, qui ne pouvoit s'appeller ainfi, que par la fingularité des perfonnages qu'il vouloit nous faire voir. Nous étions tous dans cette difpofition à la joie qui rend tous les objets ou plus aimables, ou plus ridicules qu'ils ne font. On dîna un jour de bonne heure, pour avoir plus de tems. Nous partîmes dans deux carroffes, & nous arrivâmes après une heure de chemin, près d'un château à pont-levis. Il eft vrai que cela étoit affez inutile, parce que les foffés étoient prefque comblés. Madame de Richardin maîtreffe de ces lieux, logeoit dans un petit corps très-mal fait, une ame qui vifoit à l'élevation : tout ce qui repréfentoit la nobleffe la faifoit treffaillir de joie. Il fallut mettre pied à terre, avant que de paffer le pont, parce que la porte étoit fi baffe & fi étroite, que de mémoire d'homme on n'y avoit vu paffer aucune voiture. L'envie de rire nous prit dès la cour : le bâtiment eft à l'antique, avec quantité de tours. Mais l'incomparable madame de Richardin en faifoit encore bâtir de nouvelles, pour ajouter à l'antiquité, & pour perfuader qu'elle defcendoit des anciens poffeffeurs de ce château. Ce n'étoit pas une chofe aifée à perfuader : elle & fon mari l'avoient acheté depuis deux ou trois ans : ils avoient même ajouté à leur nom le *de* & le *din*, qui privé de ces ornemens, n'étoit plus que Richard, nom qui qui avoit été impofé au père de monfieur de Richardin, parce qu'il étoit en effet un marchand fort riche. Sélincourt nous rendit compte à la hâte de ces particularités. Nous compofâmes nos vifages pour faire notre entrée en gens fenfés : mais nous penfâmes perdre contenance, quand nous vîmes venir monfieur de Richardin au-devant de nous. C'étoit un petit homme noir & fec, avec des cheveux plats, un habit de pinchina, des fouliers cirés en pantoufles, & une cravate de tafetas noir, parce que fa femme difoit que cela lui donnoit un air guerrier. Mademoifelle de Richardin fuivoit fon père : elle eft deux pieds plus haute que lui, & pouvoit faire un beau piquier dans les Gardes-Françoifes : elle eft groffe à proportion ; fa peau eft d'un rouge brun, & fa voix eft un fauffet, par ordre de fa mère, pour lui donner un air plus jeune. A peine étions nous revenus de la furprife qu'un tel abord nous avoit caufé, que nous apperçûmes la véritable madame de Richardin couchée sur un lit de repos, dans le fond de la salle, habillée d'une robe de chambre gris-de-lin & argent. Cette attitude ne pouvoit cacher une bosse qui occupe son côté droit. Son visage est long, étroit & pointu ; ses yeux sont petits & creux, sa bouche plate, & toute sa personne est faite de façon à faire rire des gens plus graves que nous. Ses cheveux étoient ce jour-là relevés d'un air de portrait, pleins de rubans or & vert. Ses mains qui sont grandes & sèches, étoient chargées de bagues; & elle avoit une croix plus propre à mettre au chevet d'un lit, qu'à pendre au col. Il me prit une telle envie de rire, & je vis dans les yeux de toute notre troupe quelque chose de si plaisant, que je reçus un soulagement considérable, d'un faux-pas que fit le duc de... qui, après l'avoir fait chanceler, l'envoya à quelques pas de nous mordre la poussière. On courut à lui pour voir s'il n'étoit point blessé ; mais il n'en avoit eu que la peur : & alors nous prîmes ce prétexte pour rire de toute notre force. Madame de Richardin en fit fort bien son devoir, & nous montra ses dents fort noires & très-longues, qui achevèrent de la rendre si ridicule, que nous fûmes confirmés dans le

dessein

deſſein de la rendre tout-à-fait folle. Il n'y avoit qu'un pas à faire ; ſon amour propre eſt complet, on lui fait tout croire à la faveur de la louange. J'eus la hardieſſe de ſoutenir qu'elle avoit l'air auſſi grand qu'une déeſſe, ou même que madame la princeſſe de Conti. Bréſy aſſûra, qu'à peine dans tous les ſiécles paſſés on pourroit trouver une beauté digne de lui être comparée. Vous jugez bien que la pauvre Hélène qui n'en pouvoit mais, fut citée en cette occaſion. Pour moi, dit Sélincourt, qui ſuis aſſez heureux pour connoître madame de Richardin avant vous, j'ai toujours cru que Vénus ne pouvoit approcher de ſes charmes. Mais à qui trouverons-nous des mains, reprit madame d'Orſélis, pareilles à celles que nous voyons ? j'ai toujours oui dire, reprit madame de Richardin, en faiſant des mines incomparables, que je les ai aſſez faites comme celles de la reine-mère, qui les avoit ſans doute les plus belles de ſon royaume. Je ſuis aſſez vieux, dit le duc, pour les avoir vues ſouvent : elles n'approchoient pas des vôtres. Et les pieds, interrompit Chanteuil en voyant qu'elle en allongeoit un long & plat, chauſſé d'un bas de ſoie vert à coin d'or, & d'une mule argent & gris-de-lin ; & les pieds, répeta-t-il, Thétis en eut-elle jamais de semblables?

La petite folle pendant ce tems-là, regardoit le marquis avec une extrême attention: c'étoit un regard digne d'être peint. On ne sait si sa figure lui plut davantage que celle des autres, ou si sa louange étoit plus de son goût, mais il est certain qu'il fut préferé, & qu'après nos flatteries tumultueuses, ce fut à lui qu'elle adressa la parole. On m'a toujours flattée, dit-elle, de quelque beauté: on ne m'a disputé ni l'air ni les graces; mais, monsieur, une grande créature que voilà, ajouta-t-elle en montrant sa fille, a rendu quelquefois ma jeunesse équivoque; cependant, telle que vous la voyez, elle n'a que dix ans: j'ai été mariée à douze, & je l'eus la première année de mon mariage; mais une figure comme celle-là fait toujours tort, & il y a mille sortes de gens qui me croyent trente ans accomplis, parce qu'elle est ma fille. Votre fille, madame, s'écria Brésy en riant comme un fou! cela ne peut-être: mademoiselle paroît votre grande-mère. Je lui demande pardon de ma sincérité; mais peut-on être maître de ses paroles lorsqu'on ne l'est plus de son cœur? il acheva ces mots en la regardant avec des yeux languissans: la pauvre petite femme en fut pénétrée. Nous la vîmes se lever à notre grand étonnement ; car sa figure étoit encore bien plus irrégulière sur ses pieds que dessus un lit. Venez, monsieur le marquis, lui dit-elle, venez, passons dans mon cabinet, je veux vous faire voir mon portrait lorsque je fus mariée ; & j'ai aussi quelques petits ouvrages en vers qui vous prouveront que mon esprit n'en doit guère à ma personne. Le pauvre Brésy n'eut plus envie de rire à cette terrible proposition ; & prenant l'air le plus poli qu'il lui fut possible : je crois, madame, lui dit-il, que ces dames seront ravies de vous suivre. Ces dames sont les maîtresses, reprit-elle ; venez toujours. Mais, madame, lui dit-il à demi-bas, monsieur de Richardin, que dira-t-il ? Monsieur de Richardin, interrompit-elle impatiemment, n'a pas accoutumé de me gêner ; il parle avec monsieur le duc de leurs premières campagnes. Il étoit vrai qu'ils avoient lié conversation ; mais elle n'avoit garde de rouler sur la guerre ; le pauvre monsieur de Richardin n'en avoit jamais su que ce qu'il en avoit appris dans la gazette.

La manière dont madame de Richardin le prenoit, ne permit pas au marquis de se faire prier davantage, il fallut la suivre. Nous demeurâmes dans une surprise étrange de la manière d'agir de ce petit monstre. Il n'y avoit pas un demi quart-d'heure que le pauvre Bréfy étoit avec sa nouvelle conquête, quand nous l'entendîmes faire des cris de forcenée. Nous courûmes à la porte du cabinet, & nous vîmes le malheureux Bréfy assis dans un fauteuil avec un fort bon visage, mais dans une immobilité qui contre-faisoit l'évanouissement : la petite désesperée courut auprès de lui & s'empressa de le secourir. Il se leva brusquement, en nous faisant des excuses de l'état où il paroissoit devant des dames, & assura qu'il étoit assez sujet à ces accidens. Madame de Richardin demanda des rafraîchissemens pour lui : on crioit à pleine tête, personne ne paroissoit. Pourquoi n'avez-vous pas de sonnettes, lui dit le duc ? c'est, reprit-elle, que mes aïeux, qui, sans vanité étoient d'assez grands seigneurs, n'en avoient point, & qu'on doit toujours avoir des valets-de-chambre à portée de répondre. Vous voyez, ajouta Bréfy, que les valets-de-chambre sont fautifs, & que les cris que fait mademoiselle votre fille n'avancent rien. Ah! monsieur le marquis, reprit-elle, je vois bien que vous me condamnez à avoir des sonnettes : j'en aurai demain assûrement. Pendant ce tems, la pauvre fille couroit tout le château, car elle & son père craignoient fort monsieur de Richardin ; il vint à la fin une femme-de-chambre hâlée & honteuse, demander ce qu'on vouloit. Madame de Richardin fit en vain un grand vacarme, pour qu'on trouvât ses valets-de-chambre & son maître d'hôtel : il n'y en avoit jamais eu dans la maison ; & la malheureuse femme-de-chambre ignoroit autant la signification de ces noms-là, qu'Andrée de la comtesse d'Escarbagnas ignore celui de la soucoupe. Elle ouvroit de grands yeux, & ne répondoit pas un mot : madame de Richardin se répondit à elle-même, qu'ils étoient apparemment allés à une ville prochaine pour des provisions qu'elle avoit ordonnées, & ajouta qu'on apportât la collation telle qu'on la pourroit avoir. On vit bien-tôt après la même femme accompagnée d'un petit laquais vêtu de rouge, l'un & l'autre chargés d'un pâté de lièvre, & d'une grande jatte de lait. Mettons-nous à table : dit hardiment la maîtresse du château ; une autre fois on fera mieux. Vous serez peut-être surprise, madame, qu'une femme habillée à la campagne d'un habit argent & gris-de-lin, coëffée en cheveux &

avec des pierreries, fût si mal en domestique, & ne fît pas meilleure chère ; mais telle est notre héroïne : elle n'épargne rien pour tout ce qu'elle croit la devoir embellir, & ne se soucie point de tout le reste.

On se mit à table ; mais ce ne fut pas pour manger : il faut pourtant en excepter monsieur de Richardin & sa fille, qui, charmés de voir madame de Richardin occupée, mangeoient en gens affamés, qui vouloient profiter de l'occasion. Lorsque la collation fut ôtée, je proposai de jouer à de petits jeux; car je ne pouvois être sérieuse. Chacun imagina un jeu à sa mode ; mais, madame d'Arcire dit que, si on vouloit faire un proverbe, elle seroit une des actrices. On y consentit: nous nous attroupâmes pour nous concerter sur la manière dont il falloit le jouer. Quand nous fûmes convenus de tout, nous trouvâmes qu'il ne nous falloit que quatre acteurs. Ce fut moi, madame qui ouvris la scène avec le duc, qui eut la complaisance d'être des nôtres. Il représentoit le valet du chevalier : j'étois la suivante de la marquise, qui dans la pièce devoit être une vieille amoureuse : la suite vous instruira du reste. Imaginez-vous donc, s'il vous plaît, que vous me voyez à la place de la Beauval, & le duc de.... à la place de la Thorillière. J'eus nom Catos ; le duc eut nom Champagne; la marquise s'appella madame de Vieillardis, & Chanteuil se nommoit simplement le chevalier.

ACTEURS.

Madame DE VIEILLARDIS.
LE CHEVALIER.
CATOS.
CHAMPAGNE.

PROVERBE.

CATOS.

Monsieur Champagne, franchement vous avez un maître fort téméraire : croit-il dire impunément des douceurs à madame de Vieillardis ? Elle prend feu plus plus aisément qu'une autre. Son mari est son serviteur très-obéissant ; il ne songe pas à la contrarier ; &, quand il le hasarderoit, ce seroit peine perdue : elle a une pente à l'amour, que soixante ans, & vingt héritiers qu'elle a donnés à la maison de Vieillardis, n'ont fait qu'augmenter jusqu'ici.

CHAMPAGNE.

Oh ! je le crois bien, mademoiselle Catos : j'ai toujours entendu dire aux connoisseurs, que l'amour augmente en vieillissant dans le cœur des femmes : ce seroit une belle chose, s'il en étoit autant des hommes ; mais, malheureusement, cela n'est pas ainsi ; & cela fait que les vieilles amoureuses ne trouvent des amans que l'argent à la main.

CATOS.

Oui ; mais madame de Vieillardis croit avoir été faite par les Graces, & que l'ouvrage de ces déesses-là ne se gâte point. On l'encense tous les jours à brûle-pourpoint pour se moquer d'elle ; & son amour-propre lui garantit bon tout ce qu'on lui dit sur ce ton-là.

CHAMPAGNE.

Avouez, mademoiselle Catos, que c'est une terrible machine que la femme, & que....

CATOS.

Taisez vous, Champagne, je n'aime pas la physique ; mais, dès que j'entends parler de machines, je m'enfuis, ou je me bouche les oreilles.

CHAMPAGNE.

J'avois pourtant bien quelque petit discours physique à vous faire, & les mouvemens que je sens dans mon cœur, me serviroient à vous prouver que......

CATOS

Oh ! encore une fois, taisez-vous, aussi-bien voici madame.

Madame DE VIEILLARDIS.

Bon jour, mon pauvre Champagne : où est ton maître aujourd'hui ?

CHAMPAGNE.

Madame, je le croyois auprès de vous : il faut qu'il ait des affaires bien considérables, quand il s'en sépare un moment. Aussi a-t-il grande raison ; belle & jeune comme vous êtes, où pourroit-il être mieux ?

Madame DE VIEILLARDIS.

Hélas ! mon pauvre ami, les hommes sont bizarres. Il est vrai que je suis belle : c'est une chose assez visible ; & quand on n'a que trente ans, je crois qu'on peut encore passer pour jeune.

CATOS, *à part*.

Sa fille en a pourtant quarante-cinq.

Madame DE VIEILLARDIS.

Que dis-tu, Catos ?

CATOS.

Je dis, madame, que mademoiselle votre fille a le plus grand tort du monde d'en paroître quarante-cinq.

Madame DE VIEILLARDIS.

Et fy, Catos, ne parlons point d'elle ; c'est une chose que je n'ai jamais comprise, quand je la vois de la figure dont elle est ; car enfin, encore une fois, je n'ai que trente ans au plus ; c'est une vérité constante. Mais j'apperçois le chevalier. Approchez, approchez, petit fripon ; on ne vous a vu d'aujourd'hui.

LE CHEVALIER.

J'en suis le premier puni, madame, puisque je ne vous ai point vue; c'est une absence cruelle : & quand on rentre chez vous, on est toujours si ébloui des nouvelles graces qu'on vous retrouve, & du brillant de vos yeux, qu'on sent bien qu'il n'y a que l'habitude qui puisse faire soutenir l'un & l'autre.

Madame DE VIEILLARDIS.

On est pourtant assez gracieuse pour vous; on tâche à tempérer ce qu'il peut y avoir de trop éclatant dans les regards; mais l'amour y ajoute des feux, quand on en retranche les éclairs.

LE CHEVALIER.

Et toujours de l'esprit de plus en plus, madame ! Trop heureux de contempler à tous momens vos beautés, & de goûter les charmes de vos divines conversations ! Mais ne me refusez pas votre belle main, pour m'assurer que vous ne me retrancherez jamais la liberté de vous voir.

Madame DE VIEILLARDIS.

Tenez, Chevalier : vous peut-on refuser quelque chose?

LE CHEVALIER, *en baisant la main de madame Vieillardis.*

Quelle main ! Qui peut être, à l'heure qu'il

est, aussi heureux que moi ? Mais voilà une bague dont je suis jaloux : elle a le plaisir de toucher vos doigts : elle n'y restera pas assurément ; & je vais la faire passer dans les miens, pour la punir de trop de douceurs qu'elle a goûtées.

Madame DE VIEILLARDIS.

Petit badin, allez, je vous la donne : elle est de deux cens pistoles ; mais c'est une bagatelle, & j'ai à vous entretenir en particulier de choses plus intéressantes. Passons dans mon cabinet.

LE CHEVALIER, *à Champagne, en s'en allant.*

Ah ! Champagne, je meurs de peur.

CHAMPAGNE, *riant.*

A votre avis, mademoiselle Catos, de quoi madame de Vieillardis va-t-elle entretenir mon maître ?

CATOS.

Oh ! mais que sai-je ? de mariage, peut-être ; peut-être aussi de physique.

CHAMPAGNE.

Comment, de mariage ! & n'a-t-elle pas un mari ?

CATOS.

Oui, mais elle croit toujours qu'il va mourir: enfin ce sera toujours de quelque chose comme cela qu'elle l'entretiendra.

Madame DE VIEILLARDIS.

Catos, Champagne, au secours ; de l'eau de la reine d'Hongrie, du vinaigre.

CATOS.

Eh, mon Dieu ! qu'est-ce que tout ceci ?

Madame DE VIEILLARDIS.

Ce pauvre garçon m'aime avec une délicatesse si parfaite, qu'au seul aveu que je lui ai fait de la passion que j'ai pour lui, il s'est évanoui à mes pieds.

CATOS.

Oh ! ce n'est que cela ! je croyois que tout étoit perdu. Je ne m'étonne pas de ce mal subit ; il n'y a personne qu'une telle déclaration ne fasse tomber de son haut.

Madame DE VIEILLARDIS.

Je vais chercher d'un élixir excellent contre les foiblesses.

CHAMPAGNE.

Monsieur, sortez ; il n'y a ici que mademoiselle Catos & moi.

LE CHEVALIER.

Ma foi, sans mon évanouissement, je ne sais

ce que je serois devenu. On ne m'y ratrappera de ma vie.

CHAMPAGNE.

Parbleu, monsieur, je vous trouvois aussi fort téméraire, d'aller essuyer un tête-à-tête avec une dame de Vieillardis.

LE CHEVALIER.

Vraiment, j'en avois assez peur : mais un diamant de deux cens pistoles, que j'avois fait si subtilement passer de son doigt au mien, méritoit quelque complaisance. Mais je ne risquerai plus de ces aventures-là.

CATOS.

Ma foi, monsieur, partez donc : car elle est allée querir d'un élixir propre à réparer les forces. Il ne vous seroit plus permis après cela de vous évanouir une seconde fois.

LE CHEVALIER.

Adieu, Catos ; je fuis pour éviter son retour.

CATOS.

La vieille sera bien surprise, quand elle ne trouvera plus l'évanoui !

Madame DE VIEILLARDIS, *revenant*.

Catos, où est le Chevalier ?

CATOS.

Nous l'avons fait revenir, madame ; & aussi-tôt il est parti avec son Champagne, qui a bien de la peine à le traîner. Il est si honteux de cet accident, qu'il dit qu'il n'osera plus se présenter devant vous.

Madame DE VIEILLARDIS.

Hélas! le pauvre enfant, qu'il a le cœur bon! Voilà une bouteille, ma chère Catos, que je ne donnerois pas pour cent mille écus. Il n'aura pas sitôt pris une goutte de la liqueur qu'elle renferme, qu'il sera guéri. Appelle-moi quelqu'un, pour que j'envoie savoir de ses nouvelles, en attendant que mes chevaux soient à mon carrosse, pour aller moi-même m'en informer.

Fin du Proverbe.

Toute autre que la Richardin nous auroit fait jetter par les fenêtres après cet insolent proverbe; mais elle, sûre de sa jeunesse & de sa beauté, fut la première à blâmer la Vieillardis, & à dire qu'il n'y avoit rien de si affreux qu'une vieille amoureuse. Bréfy devina notre proverbe, qui étoit: *N'aille au bois qui a peur des feuilles.* Il ne paroissoit plus à sa maladie; car il rioit très-inconsidérément. Madame de Richardin lui dit qu'il n'étoit guère obligeant, d'avoir tant de gayeté dans le moment

ment qu'il alloit la quitter. Il l'affura qu'il la reviendroit voir le lendemain; & nous partîmes, après avoir affez pris de ce plaifir pour n'y revenir de notre vie: car, comme vous favez, madame, le peu de momens où le ridicule réjouit, eft fuivi d'un extrême ennui, quand on continue d'en être témoins. Nous nous retrouvâmes mieux à Sélincourt, après cette promenade. Que nous y fûmes bien pendant quelques jours! & que les fureurs d'amour du vieux duc vinrent mal-à-propos troubler un fi doux calme! Il eft vrai qu'elles font bonnes à quelque chofe; & que fi je n'avois plus à vous apprendre que des félicités, le refte de mon voyage vous paroîtroit bien fade. Tandis que nous étions dans cette intelligence, dont je viens de vous parler, & que le duc n'en étoit encore qu'à découvrir s'il y avoit quelque myftère entre le marquis & moi, nous cherchions tous les jours des promenades nouvelles & des plaifirs nouveaux, pour diverfifier nos plaifirs. J'ai toujours aimé les ruiffeaux: on nous dit qu'il y en avoit un à un quart de lieue de chez Sélincourt, le plus joli du monde, & dont la fource, qui fortoit d'un rocher, étoit couverte de grands arbres. On réfolut d'y aller le lendemain; on trouva les branches de ces arbres courbées en berceau, & entou-

K

rées de chaînes d'œillets, de fleurs d'oranges & de jasmins. Des sièges de gazon très-propres régnoient tout autour du berceau; & les bords de la source étoient garnis de soucoupes de cristal & de porcelaine chargées de toutes sortes d'eaux, de liqueurs & de glaces. Des corbeilles remplies de figues, d'abricots & de pêches, d'une beauté parfaite, séparoient les soucoupes : & cela faisoit un effet si joli & si brillant, que notre étonnement nous empêcha long-tems de manger. Quelle est la fée, dis je en arrivant en ce lieu qu'on avoit rendu si aimable ; quelle est la fée favorable qui prend ainsi soin de nos plaisirs ? C'est plutôt un enchanteur, ajouta le duc, ne doutant pas que ce ne fût le comte qui faisoit cette galanterie à la marquise. Qu'importe, dit Brésy ; il est bien sûr qu'on n'a pas envie de nous empoisonner : c'est, peut-être, le dieu de la fontaine, ajouta-t-il en riant ; car je ne vois pas beaucoup de domestiques pour servir les dames. Cela est très-bien entendu, dit Sélincourt ; je voudrois en être l'inventeur. Il est vrai, reprit le chevalier, que la chose est simple ; mais qu'elle a un air fort galant. Les dames prirent quelques tasses de crême glacée, en louant cette petite décoration. La belle Orselis étoit fâchée de connoître que ce n'étoit pas Chanteuil. La marquise eût voulu en être redevable à son amant. Le cœur me disoit que c'étoit le marquis, & cela se trouva vrai. Il avoit chargé de ce soin un valet-de-chambre à lui, qui entendoit fort bien ces sortes de choses, & qui les exécuta comme je viens de vous le dire.

Quand nous eûmes pris de ces liqueurs, & mangé des fruits qui étoient excellens & d'une beauté surprenante, la conversation devint fort vive & fort agréable. Le proverbe joué chez la Richardin nous a fait prendre du goût pour cette sorte de divertissement. Nous en jouâmes un au bord de la fontaine, & les jours suivans quelques autres à Sélincourt. Je ne les mettrai point ici, parce que ce seroit interrompre trop long-tems ma narration.

Fin de la première Partie.

SECONDE PARTIE.

QUAND nous fûmes retournés à Sélincourt, on se souvint qu'il y avoit plusieurs de nous qui n'avoient pas satisfait à la loi que nous nous étions imposée, de conter quelques-unes de nos aventures; on me fit grace en faveur de la folie que j'avois inventée pour chagriner madame de Talmonte ; &, dans la vérité, j'aurois eu peu de chose à dire : ce fut le duc d..... qui ce soir-là remplit son devoir. Il prit la parole ainsi : Si j'avois à vous faire le récit de ma vie depuis que je suis au monde, il faudroit, messieurs, y passer une partie de la vôtre. Je veux seulement vous dire une aventure qui m'est arrivée avec une fort jolie femme, il y a trois ou quatre ans. J'étois déja fort vieux ; mais l'amour n'a nul respect pour la vieillesse ; au contraire, il se réjouit souvent à la rendre ridicule. J'étois en commerce d'amitié avec une femme de beaucoup d'esprit, qui donnoit dans la philosophie ; je faisois moi-même le philosophe ; j'étois un censeur sévère des plus jeunes amans : enfin je ne sais comment on pouvoit me souffrir. Cette femme, que j'appellerai madame de Fercy, devint amie d'une autre qu'on nommoit madame de Rantal : celle-ci n'étoit point philosophe : la nature lui avoit départi beaucoup de ses dons ; elle étoit jeune, agréable, gracieuse, spirituelle ; sa raison & ses réflexions lui tenoient lieu de philosophie ; elle se moquoit souvent de nos vaines disputes ; &, quand madame de Fercy vouloit l'engager à lire Descartes & à se mêler dans nos contestations : lorsque je vous aurai vu convenir de quelque chose, lui disoit-elle, non-seulement je lirai Descartes, mais je ne lirai plus autre chose ; mais comme je vois que vous ne convenez point de vos opinions après vous être presque querellés, & que chacun donne le sens qu'il veut à des choses qui devroient être sûres, vous me permettrez de m'en tenir à ma philosophie naturelle, & de ne point perdre mon tems & ma poitrine avec vous autres. Oh ! voilà une belle philosophie, reprenoit madame de Fercy ; quel en est le fruit ? Je vais vous le dire, disoit madame de Rantal : premièrement, jamais je ne me laisse amuser par l'espérance, au point d'être bien fâchée quand mes entreprises ne me réussissent pas. Je ne reçois pas tout-à-fait les biens & les maux du même visage ; car je crois que cela tient plus de l'insensibilité que de la philosophie ; mais les uns ne me causent point de grands mouvemens de joie, & les autres n'ont guère la force de m'affliger extrêmement: je jouis du bien préfent, fans vouloir pénétrer dans un avenir toujours obfcur & incertain; je me contente d'une fortune médiocre, quoique j'en croye mériter une plus grande, & que je fache bien que je n'en ferois pas un mauvais ufage: je ne demande de mes amis, que ce que je ferois pour eux, & je me fatisfais encore de beaucoup moins; enfin, de toutes les parties de la philofophie, je n'admets que la morale, mais telle que je la trouve dans ma tête & dans mon cœur, fans le fecours de l'étude: j'aime mieux apprendre, dans mes lectures, des faits qui m'amufent, que de m'ennuyer avec des livres abftraits, qui ne me rendroient pas plus fage ni de meilleure compagnie, & dont la fcience eft fort incertaine. Voilà une femme parfaite, difoit alors madame de Fercy en fe moquant de fon amie : nous difputions fans ceffe contre elle ; elle en rioit & nous ne la perfuadions point. Pendant toutes ces converfations, je fentois diminuer en moi cette févérité que l'âge & l'étude m'avoient donnée. Je trouvois bien de l'efprit à madame de Rantal ; fa figure étoit aimable : elle ne fongeoit point à me plaire ; mais une certaine politeffe charmante, dont la nature l'a douée, flattoit mon cœur de quelqu'espérance, & je me sentis amoureux, mais amoureux comme un Amadis. Avant même que d'avoir songé à m'en garantir, madame de Fercy m'en fit appercevoir : je n'en voulus pas convenir d'abord ; mais les soins qu'on me vit prendre de me parer, & l'envie que j'avois de plaire à madame de Rantal, me découvroient assez pour n'avoir pas besoin de mon aveu. Je commençai à lui rendre des soins par une petite fête que je lui donnai ; elle fut si magnifique, que madame de Fercy ne douta plus de ma passion. C'étoit dans le commencement des jonquilles & de ces autres belles fleurs du printems ; mon appartement en étoit tout jonché : il y eut un grand repas ; une musique très-agréable lui succéda, & je leur donnai ensuite une foule de petits divertissemens qui leur parurent assez amusans. Madame de Fercy, qui est de très-belle humeur, & qui ne vouloit rien prendre sur son compte, appella toujours son amie la reine de la fête. Peu de tems après, je fis une partie pour aller passer quatre jours dans une maison merveilleuse, dont je pouvois faire les honneurs ; nous partîmes dans le plus beau mois de l'année, c'est-à-dire, dans le mois de juin. madame de Rantal, madame de Fercy, M. le chevalier de Fercy son beau-frère, qui est jeune, fort bien fait, & qui n'a

K iv

que trop de mérite ; un philosophe qui n'abandonnoit point madame de Fercy, une de ses amies, & un homme de ma connoissance qui chante très-bien, & qui est fort agréable dans la conversation, & surtout à table. Je leur donnai, pendant le séjour que nous fîmes dans ce beau lieu, tous les plaisirs que je pus imaginer. Je suis d'un tems plus galant que n'est celui-ci. Rien ne fut oublié pour amuser une ingrate qui commençoit à me désespérer ; la profusion & la délicatesse régnoient dans nos repas. J'avois mené des musiciens excellens : on avoit des concerts. On faisoit des loteries dont tous les billets étoient noirs : ce n'étoit point des présens de conséquence ; mais il y avoit de jolies choses dans tous les lots. Nous allâmes passer une après-dînée dans une petite île délicieuse qu'on avoit faite au milieu d'une pièce d'eau qui est très-grande : cette île est revêtue de pierres de taille ; quatre petites tours sont aux quatre coins ; elles composent chacune un cabinet, dont l'un est une bibliothèque de livres choisis & agréables, l'autre a deux cuves de marbre noir, pour les bains ; le troisième est rempli de beaux portraits, & le dernier est une volière remplie d'oiseaux aimables aux yeux, & qui, par leurs chants, font retentir les airs d'une agréable harmonie : le milieu de l'île eſt occupé par un pavillon qui forme un petit appartement très-complet ; il eſt meublé galamment ; tout y reſpire l'amour ; & les vues de cet appartement donnent ſur quatre différens parterres ou boulingrins. Madame de Rantal ſe trouva ſi bien dans ce lieu, que je ne vous repréſente pas ſi beau qu'il eſt en effet, qu'elle avoua n'avoir jamais rien vu d'égal. Je crus que c'étoient des diſpoſitions favorables, & je lui demandai ſi on pourroit eſpérer d'être écouté, ſuppoſé qu'on lui déclarât ſes ſentimens dans cette île enchantée. Oh ! non, reprit-elle ; au moins ce ſeroit ſelon les gens. Il y en a tel qu'on aimeroit à entendre même dans un déſert, & à plus forte raiſon dans un endroit auſſi charmant que celui-ci. Ce diſcours, qu'elle fit ſans doute par haſard, ne laiſſa pas de me flatter. Le lendemain, je fis atteler des carroſſes pour promener les dames dans le parc, qui eſt un des plus beaux du royaume ; & , ſur le déclin du jour, je fis reprendre le chemin des jardins. Je fis arrêter au bas des caſcades ; &, voyant que chacun ſe ſéparoit, je conduiſis madame de Rantal vers une grotte dont les eaux vont perpétuellement, & qui étant proche d'un bois, eſt fort à portée d'entendre les roſſignols ; elle y entra ſans difficulté ; elle en trouva l'ordre

& la situation très-agréables. Je ne voulus pas perdre un moment que je croyois si favorable. Je me jettai à ses pieds ; je lui dis des choses très-touchantes ; je lui fis une peinture fort vive de mes tourmens & de ma passion : elle rioit de tout son cœur, & ne répondoit point, lorsqu'elle s'entendit adresser ces paroles par une fort belle voix :

<pre>
         Fuyez l'amour, jeune beauté :
Quand de jeunes amans vous content leur martyre,
         Souvent ce qu'ils osent vous dire
     Altère fort l'aimable vérité ;
       Mais dans un âge plus solide,
     Lorsque l'on suit l'aveugle guide,
     On se dévoue à la fidélité.
</pre>

Vous avez tout gâté, me dit-elle en riant, quand on eut achevé de chanter : il falloit vous en tenir à la déclaration que vous m'avez faite : ceci a un air si préparé, qu'il ne touche point. Le ton de madame de Rantal étoit si moqueur, & je crus si bien voir dans ses yeux, qu'elle cherchoit à sortir de la grotte, que la colère me prit, & que je dis mille extravagances. Vous jugez bien, mesdames, que j'avois fait faire ces paroles, & que j'avois posté un de mes chanteurs dans cet endroit, avec des ordres précis de les chanter quand je serois avec madame de Rantal : mon soin me réussit mal, comme vous le voyez ; j'en fus de très-méchante humeur le reste du soir. Madame de Fercy s'en apperçut ; elle m'en fit des plaisanteries ; mais ce n'étoit plus là ce qui m'occupoit. Le chevalier de Fercy regardoit madame de Rantal, & elle lui rendoit ses regards ; il naissoit entr'eux un amour qui fut d'abord fort mystérieux, & je crus remarquer qu'une de leurs raisons pour être si discrets, étoit la présence de madame de Fercy, qui n'étoit point indifférente pour son beau-frère. Cette découverte me mit au désespoir, & je m'en retournai à Paris avec la jalousie de plus & l'espérance de moins. Rien ne rend un homme plus malheureux. Je voulus pourtant tenter encore le côté de l'intérêt. Madame de Rantal n'étoit pas riche ; elle aimoit la magnificence. Je crus que cette voie me feroit faire plus de chemin ; mais j'avois affaire à une femme qui avoit une passion, & si peu attachée à ses intérêts, qu'elle auroit donné la couronne de l'univers pour voir son amant avec plus de liberté. Je cherchai à me venger ; je révélai le secret de leur amour à madame de Fercy, qui ne le soupçonnoit que trop : elle est plus redoutable qu'une autre quand elle est fâchée : sa rivale eut à souffrir ; son beau-frère fut tourmenté : ces traverses augmentèrent la passion de ces deux amans, & nous trouvâmes seulement, la jalouse Fercy & moi, le secret de nous rendre très-malheureux, en rendant les autres fort misérables.

Vous voyez, mesdames, que je ne suis pas glorieux, & que j'avoue librement les rigueurs qu'on a eues pour moi.

Vous n'avez pas trop bien fait, lui dis-je, quand je vis qu'il avoit fini : il n'y a rien qui détermine tant que les exemples; & telle qui se seroit fait honneur de votre esclavage, si vous aviez été heureux dans celui-là, seroit, peut-être, honteuse de réparer votre infortune. Le duc sentit cruellement cette plaisanterie : je le vis, & j'eus le tems de m'en repentir. Il n'étoit plus le maître de contenir ses mouvemens ; il commença dès ce jour-là à ne me point quitter, & Brésy ne put me parler un moment. Il s'apperçut, le lendemain, que nous étions fort importunés de lui : il falloit quelqu'un pour épancher son cœur ; ce fut à madame d'Orselis qu'il fit confidence de ses chagrins. Il y avoit un jour ou deux qu'elle étoit brouillée avec le chevalier. Son caractère naturel & son manque d'occupation lui firent composer des chansons contre madame d'Arcire & contre moi. Il y en avoit aussi contre elle pour ne se pas rendre suspecte. Le duc de....

les reçut comme un paquet arrivant de Paris. Nous y étions si maltraitées, & on donnoit des couleurs si terribles à notre séjour chez le comte, que la marquise vouloit en partir dès le lendemain : mais je lui représentai qu'il ne falloit pas s'en aller un moment plutôt ; qu'il étoit plus prudent de méprifer le poëte, que de paroître le craindre. Et puis, ajoutai-je, je ne doute pas que ce ne soit un tour de notre vieux duc & de madame d'Orfelis : ils seroient trop contens de nous chasser d'un lieu où nous ne devons plus être que peu de tems. Croyez-moi, madame, demeurons, & faisons contre.

En effet, nous reçûmes à notre tour des chansons, où le duc étoit traité comme il le méritoit, & où la belle & malicieuse Orfelis n'étoit pas épargnée. Sélincourt étoit trop amoureux de madame d'Arcire, pour ne nous pas abandonner son oncle. Le marquis, qui n'étoit pas naturellement endurant, ne s'embarrassoit plus des assiduités du vieux duc ; & il ne manquoit point de le venir interrompre dès qu'il venoit me parler. Un soir que tout étoit assez calme entre nous, nous engageâmes madame d'Arcire à nous dire quelque chose de ses aventures ; car, lui dîmes-nous, il faut un peu savoir avec qui on a affaire, quand on vit ensemble. Elle y consentit, & commença de cette forte le récit que nous lui demandions.

J'étois fort jeune lorfque M. d'Arcire commença à faire paroître de l'inclination pour moi. Il me regarda d'abord comme un parti convenable; mais, bientôt après, il m'aima véritablement, & voulut m'obtenir de mon cœur, plutôt que de mes parens. Il avoit bien de l'efprit, & fa figure étoit noble & agréable. Il avoit un certain air que donne la bonne compagnie, & qu'on ne connoît point parmi les gens du commun. Il me plaifoit extrêmement; je ne lui en voulois rien témoigner; mais dix ans qu'il avoit plus que moi lui avoient acquis une expérience qui ne lui permettoit pas de s'y tromper. Il démêloit avec un plaifir fenfible les mouvemens d'un jeune cœur qui ne pouvoit lui réfifter. Il avoit deffein de devenir mon époux; il ne négligeoit rien pour me prouver refpectueufement fon amour, & pour m'obliger à y répondre. Ma mère, qui voyoit fon attachement, n'en auroit point été fâchée, s'il avoit déclaré fes intentions; mais il ne lui en avoit pas encore parlé, & j'avois fouvent des réprimandes févères, de le fouffrir me dire tout bas quelques mots. Je l'aimois; je l'avoue: il étoit cependant content de connoître cette vérité, & il fe paffoit de mes difcours. Je n'avois pas la hardiesse de lui répondre. Il se passa un an dans ce silence de ma part. Insensiblement le monde me rendit plus assurée. Je lui dis quelques mots, qui mirent le comble à son bonheur. Il avoit un esprit insinuant, dont il n'étoit pas possible de se parer. Ma mère lui vouloit en vain interdire ces visites. Il lui parloit d'une manière, que, sans lui rien dire de positif, il la laissoit dans des espérances qui lui suffisoient. Lorsqu'il étoit absent, il lui écrivoit : il lui étoit même permis de m'écrire aussi, pourvu que ce fût dans le même paquet. Sa manière d'écrire étoit badine, & il avoit beaucoup d'imagination. Nous allâmes faire un voyage à une terre de ma famille, dans une belle province. Chacun s'empressa à nous divertir, & nous fûmes d'une fête chez un de mes parens, qui dura huit jours. Il y avoit souvent des chasses ; on y dansoit ; on y faisoit bonne chère ; on y jouoit à divers jeux ; la liberté y étoit entière, & la compagnie assez bonne, quoique nombreuse. Nous sortions de dîner un jour, lorsqu'on apporta à ma mère un paquet de lettres de M. d'Arcire. Il étoit à cent lieues de-là, attaché par son devoir. Il nous mandoit, d'une manière fine, la douleur qu'il avoit de ne pouvoir être où nous étions. C'étoit son pays natal ; il n'y auroit rien eu d'étrange quand on l'y auroit vu. J'avois une lettre à part, que je pris après qu'on en eut fait lecture : & comme il écrivoit bien, & qu'on lit plus d'une fois ce qui vient des gens qu'on aime, je passai dans le jardin avec une de mes amies, avec qui je la relus. Comme j'étois dans cette occupation, j'entendis quelque bruit. Un peu-après, je m'entendis nommer par une femme qui couroit vers nous avec un homme que je connus bientôt pour M. d'Arcire. Qui n'a point eu de ces surprises, n'a jamais senti de vrais plaisirs. Imaginez-vous une jeune personne, dont le cœur étoit tendre, charmée de lire une simple lettre, chagrine d'un éloignement qui lui retardoit la joie de voir son amant, & qui, dans cet instant même, le voit devant ses yeux. Je ne sais encore si votre imagination vous fournira des idées qui approchent de ce que je sentis dans ce moment agréable. Je rougis ; je devins pâle ; je fus embarrassée ; je baissai les yeux ; & je ne dis pas un mot.

Je ne crois pas blesser la bienséance, en avouant les sentimens que j'ai eus pour un homme que j'ai épousé ; mais il faut entendre le reste. Il est donc vrai que ce voyage en poste, précipité comme celui d'un courrier, flatta ma vanité & mon cœur. Je fus cependant si bien maîtresse de moi, qu'au mi-

lieu

lieu d'une grande compagnie, où régnoit la liberté, malgré le plaisir que je sentois, & le plaisir extrême que M. d'Arcire avoit de me parler, j'évitai sa conversation avec tant de soin, qu'en quatre jours qu'il resta dans cette maison avec nous, il n'eut pas la douceur de me dire un mot en particulier. Mes raisons pour garder cette conduite étoient qu'un homme qui arrivoit si promptement dans un lieu dont il connoissoit à peine le maître, faisoit un trait de passion vive, dont je ne manquerois pas de paroître l'objet, puisqu'il ne connoissoit particulièrement que ma mère & moi. Vous voyez que j'étois une personne sensée, & que je pensois assez juste. On n'en devina pas moins son secret ; mais au moins je ne pus être accusée d'être de moitié.

Monsieur d'Arcire se servoit d'un autre langage qui lui étoit permis : il me regardoit avec ardeur ; & cherchant dans mes yeux la cause de ma sévérité, je ne sais s'il la devina, ou si une certaine joie douce qu'il voyoit briller dans mes actions, lui fit conjecturer qu'il n'étoit point mal avec moi. Mais après avoir bien fait des tentatives inutiles, il se contenta de me dire des choses gracieuses dans divers jeux auxquels on s'amusoit. Il proposa les proverbes. C'est en ce lieu que j'ai appris

L

à y jouer : il étoit un acteur merveilleux ; & il difpofoit fi bien ceux qu'il jouoit, que j'avois toujours des applications à me faire. Je ne puis paffer fous filence une hiftoire qu'il nous conta un jour que chacun fut obligé d'en faire une : elle eft affez extraordinaire pour être contée ; & c'eft un fait conftant qui eft venu à la connoiffance de bien des gens. Voici comme il la conta.

J'arrive du fond du Bourbonnois, comme vous favez, mefdames : Comminge y a fait un tour pendant que j'y étois ; c'eft de lui-même que je tiens ce que je vais vous dire. Il voyageoit dans le Berry, & prenoit fouvent des chemins de traverfes. Il arriva un foir dans une mauvaife hôtellerie où il étoit connu, & où on auroit voulu le recevoir bien ; mais les lieux s'y oppofoient, & le peu de logement de la maifon étoit occupé par des gens qu'on n'ofa déloger ; il ne reftoit qu'une chambre baffe toute des plus incommodes, avec un cabinet à côté, où on dreffa un mauvais lit pour un ami de Comminge qui voyageoit avec lui. Ils foupèrent enfemble, il faifoit froid, on alluma un grand feu ; & comme ils vouloient partir fort matin, un valet-de-chambre de Comminge mit de la lumière dans fa cheminée : voilà juftement, mesdames, comme on commence toutes les histoires d'esprit. Les deux amis s'endormirent comme s'ils eussent été sur des matelas admirables. A peine Comminge avoit-il commencé son premier somme, que son ami cria de toute sa force : Comminge, Comminge, quelque chose m'étrangle. Comminge qui étoit dans son premier sommeil, répondit peu de chose, & se rendormit aussi-tôt ; ce ne fut pourtant pas de sorte que l'inquiétude ne le réveillât peu de tems après. Il appella son ami ; il ne lui répondit point. Il alla prendre de la lumière, & entra dans le cabinet où étoit cet ami malheureux. Mais quel fut son étonnement, quand il le trouva sans pouls & sans mouvement, & pris à la gorge par un homme mort chargé de chaînes ! Le spectacle étoit horrible. Comminge fit de grands cris pour appeller du secours. Le maître de la maison vint en bonnet de nuit, la lampe de la cuisine à la main, & fut bien surpris quand il vit cet accident. On chercha des remèdes pour l'ami de Comminge auparavant que d'approfondir le mystère. On courut éveiller le barbier du village pour le saigner. On apporta un miroir pour voir s'il respiroit encore. On connut qu'il n'étoit pas mort : on arracha difficilement le mort qui le tenoit bien ferme :

& lorsque l'on vit que les remèdes faisoient leur effet, Comminge apprit de l'hôte que c'étoit son valet d'écurie, qui depuis peu de jours avoit un transport au cerveau qui le rendoit furieux ; qu'on l'avoit enchaîné dans l'écurie ; qu'apparemment il avoit brisé ses chaînes ; qu'il avoit passé par une petite porte qui communiquoit de cette écurie dans le cabinet, & qu'il étoit venu expirer sur le lit du malheureux voyageur. Voilà, mesdames, la vérité de ce fait, qui est à mon sens, bien plus terrible que tout ce qu'on conte des esprits : car ceci est réel ; l'illusion des sens n'y a point de part. L'ami de Comminge guérit en quelques jours, il avoua qu'il n'avoit jamais eu une si grande peur. Et pour moi, je crois bien que rien ne peut être si épouvantable, que le tems qui préceda son évanouissement.

Voilà comme monsieur d'Arcire finit sa petite narration. Toutes les femmes avoient pensé mourir de peur, & se trouvèrent fort soulagées que ce fut un mort plutôt qu'un esprit. Il me reste à vous dire que nous restâmes encore un jour dans le lieu où nous étions, & que nous prîmes après le chemin de la terre de ma mère ; M. d'Arcire eut la permission de nous y suivre : il eut un peu sa revanche alors ; car n'étant plus observé, je pris la liberté de l'écouter & de lui répondre. Il alla voir sa famille qui étoit à une journée de nous. Ma mère avoit aussi dans ce canton une parente qu'elle alla voir ; cette parente étoit laide, & sa jeunesse étoit passée : elle avoit une passion pour monsieur d'Arcire très-vive, & alors très-malheureuse ; je crois pourtant que dans des tems d'oisiveté, il s'en étoit amusé, il aimoit à se voir aimé ; mais la manière dont il la traitoit devant moi n'étoit pas attirante ; son air & ses discours étoient toujours ironiques : elle en étoit au désespoir dans le fond de son cœur ; mais elle a de l'esprit & de la dissimulation : elle parloit à ma mère en faveur de monsieur d'Arcire, qui ne lui avoit pourtant point fait confidence de ses desseins ; mais elle vouloit s'insinuer auprès de ma mère, & marquer à monsieur d'Arcire qu'elle l'aimoit délicatement. Pour chercher ensuite à se venger de moi, elle inventa des intrigues entières, dont elle me fit l'héroïne ; c'étoit d'un ton de compassion pour une aimable fille de ses parentes qui s'alloit perdre par cette conduite : elle exhortoit en même-temps monsieur d'Arcire à m'épouser, afin, disoit-elle, de me retirer d'un pas si glissant. Elle eut d'abord le pouvoir de lui faire sentir le poignard qu'elle enfonçoit avec tant d'art; mais il voulut s'éclaircir de ces accusations, & les trouva si fausses, qu'un jour comme elle tâchoit encore à lui donner de mauvaises impressions contre moi, & qu'elle ajoutoit des prières pour l'engager à m'épouser. Oui, madame, lui dit-il, je l'épouserai votre aimable parente; mais ce ne sera pas pour établir cette réputation que vous déchirez sans cesse; ce sera pour couronner la vertu d'une fille à qui on ne peut rien reprocher. Un coup de foudre n'est point pareil à l'effet que causèrent de si terribles paroles; elle en fut confondue; & malgré cette pernicieuse femme qui mouroit d'amour & de fureur, j'épousai monsieur d'Arcire peu de tems après que je fus retournée à Paris, & nous avons passé ensemble des jours très-heureux: il est vrai que depuis qu'une mort très-cruelle me l'a enlevé, je n'ai pu m'empêcher dans une affaire qui se présenta, de faire sentir à cette amante maltraitée, que je savois tout ce qui s'étoit passé entr'elle & monsieur d'Arcire. Ce ne fut pas un léger chagrin pour elle; car elle joue la dévote, & rien ne pouvoit lui déplaire davantage que ce qui me persuadoit le contraire. Madame d'Arcire acheva son récit, & nous la remerciâmes tous du plaisir qu'elle nous avoit donné. Il n'y avoit que le comte, dont la tendresse, ou la bizarrerie, ne pouvoit s'accommoder d'un prédécesseur si parfaitement aimé ; mais ce fut un nuage qui se dissipa bien-tôt.

Le lendemain, madame de Richardin vint nous rendre notre visite : elle étoit tout en couleur de rose ; son mari avoit un busle & une plume verte, il lui donnoit la main gravement en écuyer ; le petit laquais rouge lui porta sa robe jusqu'au milieu de la gallerie où nous étions alors, & sa grande fille avoit une petite grisette simple & brune. Nous la reçûmes comme la reine de Cythère ; Brésy se jetta à ses pieds, & l'assura qu'il n'avoit pas eu un moment de santé depuis qu'il étoit revenu de chez elle, & que c'étoit ce qui l'avoit empêché de lui rendre ses devoirs. Brésy n'ayant pas répondu à madame de Richardin avec toute la tendresse qu'elle s'étoit imaginée qu'il devoit avoir pour elle, elle recommença plusieurs fois à lui parler sur le même ton ; mais remarquant que loin de se contraindre, il lui répondoit avec un souris moqueur : allons nous-en, dit-elle en se levant brusquement, on ne sait pas ici recevoir les personnes comme moi. Monsieur de Richardin, que Sélincourt avoit entretenu pour faire les honneurs de chez lui, fut fort surpris du prompt départ de sa femme ; mais il se disposa à lui obéir. Cependant Sélincourt qui jugea bien que le chagrin de madame de Richardin étoit fondé sur l'indifférence de Brésy, s'approcha d'elle, & lui proposa de faire collation avant que de partir. Madame de Richardin le refusa avec un air colère ; & suivie de sa grande fille & de son mari, partit avec beaucoup de diligence. Dès que la Richardin fut dans son carrosse, un reste d'espérance, ou un repentir de l'extravagance de sa sortie, la fit feindre d'être malade : qu'on arrête, dit-elle à son mari, je me trouve fort mal. Le pauvre homme n'osa s'opposer à une volonté accoutumée à déterminer la sienne ; il descendit avec sa petite épouse ; & l'appuyant d'un côté, & sa fille de l'autre, ils revinrent nous retrouver. Le spectacle nous parut nouveau, & la petite Richardin évanouie, ou plutôt en jouant le rôle, nous causa un tel éclat de rire, que le comte fut obligé de nous faire taire, pour remplir son devoir de maître de maison.

On posa la malade sur un sopha ; son mari & sa fille firent les affligés : cela importuna madame de Richardin ; elle avoit ses desseins, & elle leur dit d'un ton à les faire trembler : allez vous-en, laissez-moi en repos, je ne suis pas en état d'aller coucher à mon château.

Nous fûmes fort surpris de cette résolution ; c'étoit l'affaire de tout le monde, chacun imagina un moyen d'en empêcher l'exécution : madame de Richardin me fait bien de l'honneur, dit Sélincourt ; mais j'ai peur que mille choses lui manquent ici dans un mal aussi pressant que le sien : nous avons des femmes si mal-adroites, ajouta la marquise, qu'une personne aussi délicate que madame, s'en trouvera peut-être mal servie : ce n'est pas-là la difficulté, continua Brésy : je lui servirois volontiers de valet-de-chambre ; mais, ajouta-t-il en baissant la voix, où la mettrez-vous ? vous savez les bruits étranges qu'on entend dans cet appartement, qui seul seroit digne d'elle. Pour moi, dit Sélincourt, en entrant parfaitement dans la pensée du marquis, j'ai voulu une nuit faire le brave ; mais je crus que tous les diables étoient déchaînés dans cet appartement. Quelque avantage que l'on eût ici d'avoir madame de Richardin, j'ai une considération pour elle qui m'empêche de vouloir acheter ce plaisir au prix des frayeurs qu'elle pourroit sentir. Ces discours se tenoient d'un ton discret qui ne laissoit pas de s'entendre, & qui fit l'effet que nous souhaitions. Des esprits, s'écria madame de Richardin ! Des esprits, ajouta-t elle, en criant de toute fa force ! qu'on appelle monfieur de Richardin , & que je parte tout-à-l'heure. Alors oubliant fa maladie, elle fe mit à courir vers la cour : heureufement fon mari & fa fille n'étoient pas preffés de partir, & s'amufoient à faire collation. Chacun étant ravi de la peur de cette femme, courut après elle pour la reconduire. Ces efprits lui avoient troublé le fien à un point, qu'elle nous refufa le falut, & qu'elle fauta fort légèrement dans fon carroffe.

Dès que nous en fûmes défaits, nous repaffâmes tous fes défauts ; fon orgueil, fa préfomption, fon ridicule, fes paffions ; mais nous conclûmes que rien en elle n'étoit en fi haut point que la peur, puifqu'elle lui avoit fait oublier fes prétendus maux, ou déranger fes vues amoureufes. Avez-vous vu, dit la marquife, la frayeur peinte fur fon vifage au premier mot du marquis ? Quand elle auroit vu effectivement les efprits dont il parloit, qu'auroit-elle pu faire de pis ? En effet, dit alors Bréfy, la fimple idée lui a donné le coup mortel. Ma foi, dit Chanteuil, fi madame de M...... n'avoit pas eu plus de courage qu'elle, B.... n'eût jamais été heureux. Quoi ! dit la marquife, vous favez une hiftoire d'efprit, & vous nous l'avez jufqu'ici cachée ? J'ai cru, reprit Chanteuil, que personne n'ignoroit cette aventure. Le comte ajouta, qu'il y avoit du moins peu de gens qui ne la sussent. Pour moi, repliqua madame d'Arcire, je n'en ai jamais entendu parler. Madame d'Orsélis en dit autant. J'avouai que je la savois parfaitement ; & nous obligeâmes le chevalier à nous la dire. Voici comme il s'en acquitta.

M....... étoit un brave homme, qui s'étoit fait distinguer dans une troupe illustre ; B..... étoit son ami; mais il devint amoureux de sa femme, & le rendit jaloux : il ne cessa pourtant pas de le voir, pour ne point donner de scène au public ; mais lorsqu'il mourut, il pria madame de M.... de ne lui faire jamais occuper sa place. Madame de M...... ne promit rien ; ses larmes la suffoquèrent, & son dessein n'étoit pas de s'engager dans une chose, dont le cœur doit être le maître. Son mari mourut donc sans être sûr de son fait. B...... qui étoit fort amoureux, & qui n'étoit point haï, consola bien-tôt l'aimable veuve : ils se promirent de s'épouser au bout de l'an, & goûtèrent pendant cette année les premiers charmes de l'espérance. Quand le tems de leur bonheur fut arrivé, ils résolurent de se marier sans bruit, & sans autres témoins que leur amour, & quelques domestiques. L'heure de la cérémonie fut marquée à minuit, & ces amans au coin de leur feu, se disoient de ces choses qui n'ennuyent jamais, lorsqu'une fille de madame de M..... qui n'avoit que sept ans, & qui étoit près d'eux, s'écria : ah! voilà mon père. Madame M...... tourna la tête, & ne le vit que trop. B........ homme de bon esprit, & d'une intrépidité connue dans de plus grands dangers, regarda, & vit la même chose. Il se leva, & mit l'épée à la main, & s'avança sur le phantôme. Le phantôme paroit des deux mains, sans beaucoup s'embarrasser de cette poursuite, qui ne pouvoit lui faire de mal. B...... l'interrogea; l'esprit demeura muet ; & se glissa fort subtilement derrière un rideau de fenêtre. B... y courut, leva le rideau, & n'y trouva plus rien. J'ignore s'il n'eut point quelque mouvement de frayeur ; mais sa passion lui auroit tout fait surmonter. Il pressa vainement madame de M..... de le rendre heureux, malgré l'apparition. Elle mouroit de peur ; les dernières paroles de son époux la frappèrent dans ce moment d'une telle sorte, que sans expliquer son intention, elle retarda son mariage avec B........ quoiqu'on les attendît à l'église. Cette aventure fut publiée. B..... qui crut avec raison, qu'il est aussi ridicule de nier un fait que d'être visionnaire, convint avec tous ses amis de la vérité de celui-ci; & ce ne fut qu'avec le tems que madame de M..... se détermina à se remarier. Cette union n'a pas laissé d'être heureuse par la suite. Des gens plus poltrons, ou moins amoureux, auroient obéi à l'ordre tacite de l'ame de M..... & auroient eu bien des plaisirs de moins.

Cette histoire nous effraya un peu; les personnages sont gens raisonnables, & difficilement les croiroit-on capables des foiblesses qui fournissent les visions. La marquise & madame d'Orsélis raisonnèrent fort sur cette histoire, qui sans doute est fort surprenante; & le comte, le marquis & le chevalier assurèrent, qu'il n'y en avoit pas un d'eux qui ne voulût bien soutenir une telle aventure pour obtenir une belle personne, dont ils seroient amoureux.

Le lendemain du départ de la Richardin, ayant été toute la journée sans importuns, je pris ce tems pour demander à Brésy le récit qu'il nous avoit promis de quelques-unes de ses aventures. Voici comment il s'en acquitta.

Il y a trois ans, mesdames, que trompé par le dépit & croyant n'avoir plus d'amour, je me trouvai à l'opéra auprès d'une jolie femme que je ne connoissois point; elle me parut si brillante par le feu de son esprit, que des beautés parfaites qui étoient à deux pas d'elle, n'attirèrent mes regards, que pour regarder ensuite avec plus de plaisir une personne simplement agréable, mais qui me plaisoit infiniment ; je crois pouvoir dire que je ne lui déplus pas : elle fut sensible aux louanges que je lui donnai. Un de mes amis voulut m'entraîner dès que l'opéra fut fini : je lui dis de partir tout seul ; j'attendis que la foule fût dissipée, & je résolus de faire connoissance avec madame d'Arbure ; elle se nommoit ainsi. Je la trouvai le lendemain à la comédie ; je lui parlai plus long-tems que le jour précédent : ses yeux brilloient d'un feu vif & touchant ; je ne parlai plus que d'elle, je lui donnois toutes les louanges que l'on donne aux personnes que l'on aime : cela lui revint, elle m'en sut gré ; elle ne me voyoit plus sans un trouble qui prouvoit sa modestie & ses sentimens. Je me présentai un jour sur son passage pour lui parler en sortant de l'opéra ; mais un homme lui donnoit la main. Je ne pus l'aborder, & je remarquai avec un plaisir sensible qu'elle avoit de l'attention à me regarder. Je savois que j'avois un rival depuis long-tems : ce ne sont pas toujours les plus à craindre ; mais celui-là étoit à redouter par les égards qu'elle avoit pour lui. J'écrivis un billet, dont je chargeai un de mes gens, homme intelligent s'il en fut jamais sur ces sortes de choses, & duquel je me servois lorsque je me mêlois d'être amoureux : ne te vas pas tromper, lui dis-je en lui donnant mon billet, ne le mets qu'entre les mains de madame d'Arbure. Vous me croyez donc un sot, me répondit-il : oh ! monsieur, je sais fort bien de qui il faut se garder. Et de qui ? repris-je, pour voir jusqu'où alloient ses connoissances. Il me nomma justement mon rival. Va, lui dis-je, va, tu en sais trop pour ne pas faire ton devoir. Il ne voulut en effet jamais donner mon billet à une femme-de-chambre qui ne vouloit pas le laisser entrer dans la chambre de sa maîtresse, parce qu'elle étoit au lit. Son obstination lui donna les entrées ; il donna la lettre en homme expérimenté : & lui ayant dit mon nom, il vit que madame d'Arbure la lisoit en rougissant : elle contenoit à peu près ces paroles:

» Si les effets que vous avez produits sur mon cœur ont causé quelque trouble dans le vôtre, je ne céderois pas ma félicité aux dieux. Vous dirai-je, madame, tout ce que je pense : je me flate de pouvoir aspirer à cette gloire.

Ne me sachez point mauvais gré d'une vanité qui prend sa source dans mes désirs, & confirmez-moi, s'il se peut, ce que j'ai cru voir dans vos beaux yeux ».

L'aimable madame d'Arbure me répondit en ces termes :

» Il n'y a point dans votre lettre un certain naturel que j'y voudrois voir : vous êtes brouillé avec une maîtresse indigne de vous, véritablement ; mais dont vous ne laissez pas d'être enchanté. Je ne suis point peut-être destinée à rompre ce charme : ce n'est, sans doute, que pour vous dépiquer, que vous tâchez à troubler mon cœur, & ce cœur ne laisse pas de l'être, malgré mes réflexions ».

Elle avoit raison, mesdames : j'aimois une coquette, s'il en fut jamais ; je l'ai bien reconnu depuis : mais en ce tems-là je la regardois comme une déesse : je ne voulois que la fâcher par un air d'engagement avec une jolie femme : & si madame d'Arbure me plaisoit plus qu'une autre, il s'en falloit bien qu'elle ne me fît oublier mon infidèle. Je ne laissois pas d'être bien content de sa réponse : je la fis suivre l'après-dînée : je sus qu'elle étoit dans une maison où je pouvois aller.

Je

je ne manquai pas de m'y rendre : elle ne douta pas que cette visite ne fût pour elle : je ne lui laissai guères ignorer. Tandis que la maîtresse du logis parloit à d'autres gens, j'eus la liberté de lui dire en peu de mots l'attention que j'avois à la chercher. Nous restâmes ensuite seuls avec la dame qu'elle étoit venue voir : il fallut que la conversation se passât entre nous trois : elle fut si vive & si aimable de la part de ma nouvelle maîtresse, que je me crus dans ce moment très-amoureux & très-fortuné. Il étoit tard quand nous nous séparâmes : je la remis dans son carrosse ; je la priai de se trouver le lendemain à l'opéra ; elle me le promit, & j'eus le plaisir de voir le lendemain qu'elle me tint parole.

Le jour suivant, je me rendis chez madame d'Arbure à quatre heures après midi : elle étoit seule ; on alla m'annoncer ; elle vint au-devant de moi. Pourquoi venez-vous, me dit-elle ? ne vous avois-je pas dit hier de ne pas venir ? Il est vrai, lui dis-je d'un air de confiance, que vous me l'avez défendu, mais j'ai cru être assez malheureux par cette défense, sans augmenter mes chagrins, en vous obéissant exactement. Ma réponse étoit assez impertinente, j'en conviens ; mais madame d'Arbure n'y fit pas de réflexion. Que dirai-

M

je, reprit-elle, si quelqu'un vous trouve ici? je serai fort embarrassée : on ne vous y a jamais vu ; personne ne vous y amène ; on fera des commentaires sur cette visite. Eh bien, lui dis-je, rien n'est plus aisé que de vous tirer de cet embarras. Je vais renvoyer mon carrosse : ordonnez que votre porte soit fermée à tout le monde. L'expédient parut d'une prudence admirable : on s'en servit, & je restai jusqu'au soir avec la charmante madame d'Arbure. On ne peut s'ennuyer avec elle : c'est l'imagination la plus brillante, & les expressions les plus vives qu'on puisse avoir. Elle a même un air de modestie, qui ajoute infiniment aux choses tendres qu'elle dit ; & on croit toujours qu'elle en est à sa première passion.

Je la vis ainsi pendant quelques jours : mais la fatalité de mon étoile me conduisit dans un lieu où mon autre maîtresse me rengagea si bien, que non-seulement j'eus la foiblesse de me racommoder avec elle ; j'eus encore l'injustice de lui conter mon aventure, & de la rendre maîtresse du secret d'une femme cent fois plus aimable qu'elle. Je vous avoue mes torts, mesdames : je vis moins souvent madame d'Arbure : elle se douta de la cause de ce changement : elle s'en plaignit avec tendresse, mais inutilement. Elle me demanda ses lettres : je les lui rendis aussi-tôt. Voilà déja un trait de légéreté dans ma vie. En voici un qui ne lui en doit rien. Il revint à madame d'Arbure, que j'avois été indiscret : on lui en dit même beaucoup plus que je n'en avois dit. Elle voulut un éclaircissement de moi : je le lui donnai, tant bon que mauvais. Elle me parut cette fois-là plus aimable que jamais : je la voulus appaiser ; je connoissois l'ascendant prodigieux que j'avois sur son cœur : il n'y en eut jamais un pareil ; mais elle est fière, & je n'y gagnai rien. Je partis peu de tems après pour l'armée. Ma maîtresse qui avoit entendu dire que les absens ont toujours tort, se brouilla avec moi avant mon départ. Je partis de Paris, persuadé qu'il falloit oublier cette infidèle. L'oisiveté de la campagne, qui fut grande cette année-là, me fit résoudre d'écrire à madame d'Arbure. Je le fis d'abord comme un homme qui se repent sincèrement de ses mauvais procédés : elle me répondit en femme qui me faisoit grace. J'écrivis ensuite d'un style d'ami : elle entra fort dans le parti que je lui proposois d'être mon amie. Ses lettres étoient charmantes : l'amitié y étoit peinte avec des couleurs dont l'amour même auroit pu être jaloux. J'étois en colère contre cette femme qui m'avoit quitté : je crus sentir de bonne foi de la paſſion pour madame d'Arbure. Mes lettres commencèrent à être plus tendres. Elle me pria de ne la point troubler dans la réſolution qu'elle avoit faite, de ne me regarder que comme ſon ami. Elle me remettoit devant les yeux la manière dont j'en avois uſé avec elle; & finiſſoit par me dire, que mon amitié la toucheroit plus que l'ardeur d'un autre; & que mon amour, s'il lui donnoit des plaiſirs, ſeroit ſuivi de peines trop cruelles. Ces choſes-là ne ſont point rebutantes: il y avoit une certaine grace dans toutes ſes paroles qui paſſoit juſqu'à mon cœur. Je puis même vous montrer une de ſes lettres qui m'eſt reſtée, & qu'elle m'écrivit en ce tems-là. A ces mots, le marquis la tira de ſa poche, & il lut ces paroles.

„ Que vous ai-je fait, pour en vouloir toujours à mon cœur, ſans vous ſentir digne de le poſſéder, ni capable de le conſerver long-tems ? Ne ſavez vous pas à quel point le vôtre eſt néceſſaire à ma félicité ? vous faut-il encore une marque de ma foibleſſe, pour achever votre triomphe ? je ne vous ai que trop aimé : je vous l'ai marqué aſſez vivement; vous me ſacrifiâtes. Toute ma haine ſe tourna vers ma rivale : toute ma tendreſſe vous resta ; je vous l'avoue, à ma honte, je n'ai pas cessé un moment de vous aimer : mais que voulez-vous faire de cet aveu ? un sacrifice, peut-être, à cette nouvelle Fée, qui vous retient dans ses enchantemens. Ah ! que plutôt je meure, que de consentir à un renouement qui m'attirera un nouveau supplice. Je ne veux plus entendre parler de vous ; oubliez jusqu'à mon nom. Mais, que gagnerai-je, à me priver de la douceur de vous voir & de recevoir de vos nouvelles ? qu'importe comment je perde la vie ; ne mourrai-je pas, si je ne vous vois plus ?

Nous trouvâmes tous cette lettre fort tendre. Le marquis reprit ainsi la parole : je fus touché de cette lettre ; je lui mandai tant de choses ; je l'assurai si fort d'un amour constant ; je lui peignis si bien le plaisir que j'aurois à la voir, qu'elle ne put résister davantage à un homme pour qui elle se sentoit un penchant insurmontable. Nous nous écrivîmes tous les jours pendant le reste de la campagne. Je lui envoyai mon portrait ; elle m'envoya le sien : je sentois avec transport approcher mon retour ; je me rendis chez elle deux heures après mon arrivée. Ses transports & les miens ne se peuvent décrire. Je fus quinze jours l'homme le plus heureux de l'univers. Elle abandonnoit tout le reste du monde pour ne voir que moi. Ma félicité étoit trop charmante : j'appris que mon autre maîtresse étoit occupée par deux ou trois jeunes gens. J'allai chez elle une après-soupée, dans la seule vue d'étonner ses amans, par l'apparition d'un amant autrefois aimé. Mais je ne sais comment l'amour s'en mêla : mes rivaux me quittèrent la place : l'infidèle me demanda pardon ; je me raccommodai avec elle, & je quittai encore une fois la tendre, la spirituelle, la divine madame d'Arbure. Je lui écrivis une pièce d'éloquence, pour justifier le bizarre penchant que j'avois pour une femme que j'avouois lui être fort inférieure. Madame d'Arbure sentit tout ce que le dépit a de plus affreux : mais sa tendresse pour moi, & sa douceur naturelle firent qu'elle ne m'écrivit que ce qu'une douleur sensible est capable d'inspirer à la plus aimable de toutes les maîtresses. Je me fais mon procès à moi-même, je me le fis même dès ce tems-là ; mais j'étois en effet enchanté, sans que personne eût le pouvoir de finir l'aventure. J'ai reçu depuis vingt témoignages de passion de la part de madame d'Arbure : elle a fait ce qu'elle a pu pour se conserver mon amitié : mais soit honte, soit bizarrerie, je n'y ai point répondu. J'ai rompu depuis avec sa rivale ; j'ai eu des amufemens fans paffion ; il faut convenir que cela n'eft pas trop agréable. Enfin je fuis revenu des folies de ma jeuneffe, & je ne me trouve que trop capable d'une manière d'aimer cent fois plus touchante, & que jufqu'à préfent je ne connoiffois pas.

Le marquis finit ainfi fon récit ; les exemples de fa légéreté me causèrent quelques mouvemens de chagrin ; mais je les cachai avec foin. On raifonna fur les aventures de Bréfy : Sélincourt fut ce foir-là d'une humeur charmante, il nous propofa d'aller le lendemain à l'opéra : il nous dit qu'il avoit déja envoyé des relais en trois endroits de la route ; qu'on reviendroit le même jour. Il faifoit un tems merveilleux & un beau clair de lune ; nous trouvâmes que ce feroit une folie affez réjouiffante. Madame d'Orfélis qui fe pique quelquefois d'être dans la droite raifon, repréfenta que nous nous en allions dans peu de jours, & que ce feroit un empreffement hors de fa place. Madame d'Arcire & moi, nous nous récriâmes fur fa févérité ; Chanteuil qui de tems en tems lui revenoit, pour éviter la prefcription, lui en fit la guerre ; elle fe rendit, & fans nous en lever plus matin qu'à l'ordinaire, nous partîmes, & nous arrivâmes un quart-d'heure avant que l'on commençât l'opéra. Nous y trouvâmes beaucoup de nos amis qui nous crurent de retour, & qui furent le lendemain à nos portes. Nos gens qui n'avoient point été avertis de ce petit voyage, crurent qu'ils rêvoient, quand ils leur dirent qu'ils nous avoient vus. Nous repartîmes après l'opéra : & avec nos relais, nous arrivâmes avant minuit à Sélincourt. Le lendemain nous priâmes le comte de nous dire, comme les autres, quelques-unes de ses aventures ; il consentit à subir cette loi : voici comment il s'en acquitta.

Il y a quelques années, mesdames, qu'étant à Fontainebleau, je renouvellai connoissance avec une femme chez qui j'avois été plusieurs fois lorsqu'elle étoit fille, & que j'avois perdue de vue depuis. Je la retrouvai plus aimable que jamais ; il me parut qu'elle me revoyoit avec plaisir. Je contribuai à la divertir pendant qu'elle fut à Fontainebleau ; je lui donnois la main à la comédie ; je la menois promener ; mon équipage étoit à son service ; je lui disois de petits riens tout bas, qu'elle écoutoit mystérieusement. Un de mes amis, qui avoit échoué auprès d'elle, ne laissoit pas de m'y rendre service, parce qu'il avoit besoin de moi, & qu'il sait bien que ce sont ceux dont on a le plus de reconnoissance ; elle me voyoit un courtisan si assidu auprès du roi (car vous savez, mesdames, que je ne manquois à aucun de mes devoirs) qu'elle me savoit un gré infini de ce que je faisois pour elle, & du tems que je lui donnois: lorsque je manquois au coucher pour être plus long-tems auprès d'elle, elle s'en applaudissoit, & c'étoit-là son endroit sensible. Enfin, quand elle partit pour une de ses terres, j'étois déja assez bien auprès d'elle. Je lui écrivis ; je me rendis chez elle dès qu'elle fut de retour à Paris : les autres visites lui paroissoient longues ; elle ne comptoit que moi parmi une foule de gens qui la voyoit ; je lui remarquois une inquiétude charmante quand il arrivoit quelqu'un pendant ma visite ; elle avoit sans cesse les yeux sur moi, pour voir si je ne me préparois point à m'en aller. Il faut que j'avoue que j'avois quelquefois la malice de prendre congé d'elle, quoique je n'eusse point affaire ailleurs ; c'étoit en cette occasion où son cœur se déclaroit : elle avoit, disoit-elle, un mot à me dire ; ce mot n'étoit rien, c'étoit seulement pour m'arrêter. Cependant je n'avois point encore de véritables preuves de cette tendresse qui me charmoit ; je lui en faisois souvent mes plaintes, mais je n'avançois rien. Une femme de ses amies, belle, bien faite & des plus réjouissantes, s'avisa de me vouloir du bien, lorsque j'étois dans la situation dont je viens de vous parler.

La cruauté me siéroit mal; je répondis assez bien à cette femme, quoiqu'en effet j'aimasse cent fois mieux madame de Sardise. J'allai plusieurs fois chez sa rivale; elle le sut, elle en pensa mourir de douleur. Elle s'en plaignit à moi d'une façon à me faire repentir de mon infidélité. Voilà, madame, ce que c'est, lui dis-je, que de faire languir trop long-tems un amant malheureux; il prend ce qu'il trouve en son chemin; mais si j'étois sûr de votre cœur, je quitterois tout le reste du monde. Madame de Sardise m'aimoit véritablement: j'eus lieu d'être content d'elle: elle mit des graces à mon bonheur qui y ajoutoient infiniment; elle a une modestie adorable, & elle avoit une application parfaite à tout ce qui pouvoit me prouver sa tendresse. Je me crus au-dessus de la fortune; j'étois charmé d'avoir fait cette illustre conquête: elle savoit le prix de ce qu'elle faisoit pour moi; & jugeant trop bien de ma reconnoissance, elle n'avoit point voulu cesser de voir madame d'Ardanne, crainte de passer pour jalouse auprès d'elle. J'avois été long-tems sans aller chez cette dernière; elle prit son tems que son amie parloit à quelqu'un pour m'en faire des reproches; je lui promis d'y aller le lendemain. Il s'en falloit bien qu'elle n'eût la délicatesse de madame de Sardise: elle s'accommodoit même de sa concurrence, pourvu qu'elle crût la balancer dans mon cœur. Mais madame de Sardile m'avoit défendu d'aller chez elle. C'étoit le prix qu'elle avoit mis à ses bontés. Cette aimable femme, après avoir fait des visites, passa chez sa rivale pour la mener aux Tuileries. Mon carrosse étoit à la porte : elle le vit avec un battement de cœur & un désespoir qu'on ne peut exprimer. Un de ses gens étoit déja parti pour savoir si elle vouloit descendre. Il fallut descendre effectivement; la chose étoit découverte; il n'y avoit pas moyen de reculer. Madame d'Ardanne ne se déconcerta point en montant en carrosse. Pour moi, j'étois pâle comme un criminel, & je n'osai dire qu'un mot à madame de Sardile. Je crois que leur conversation fut froide tandis qu'elles furent seules: je les allai bientôt rejoindre. Un de mes amis amusa madame d'Ardanne, pendant que je tâchai d'appaiser madame de Sardile. Pourquoi me traitez-vous ainsi, lui dis-je en voyant qu'elle ne me disoit rien ? Que vous ai-je fait ? Ce que vous m'avez fait ! reprit-elle les yeux mouillés de larmes : ce que vous m'avez fait ! répéta-t-elle. Est-il besoin de vous le dire ? Que ne m'en a-t-il point coûté pour vous attacher à moi ? Vous m'avez conduite par le chemin de la jalousie dans un labyrinthe dont je ne puis plus fortir. Je vous aime plus que ma vie : j'ai tout fait pour vous le prouver. Je ne vous demande pour récompenſe que de ceſſer de voir une femme : je vous y retrouve peu de tems après, & peut-être y allez-vous tous les jours ; & quand vous n'y auriez été qu'aujourd'hui, ajouta-t-elle, c'en eſt trop pour que je ne vous abandonne pas à votre infidélité, & que je ne vous voye de ma vie. Non, madame, non, lui dis-je, vous ne me traiterez point ainſi. J'ai eu tort : mais cette femme me prie de l'aller voir ; elle a eu des bontés pour moi, où feroit la politeſſe de le lui refuſer ? De la politeſſe, reprit-elle avec précipitation ! elle eſt bien placée-là. Ah! Sélincourt, il vaut mieux être incivile qu'inconſtant. Je priai, je preſſai, ſans pouvoir obtenir ma grace ce jour-là : mais je l'eus peu après, aux conditions de ne jamais voir madame d'Ardanne chez elle. Madame de Sardiſe, qui a de la probité, ne crut pas qu'on en pût manquer pour elle, après les fermens que je lui en fis : & comme cette femme la divertiſſoit, & qu'elle vouloit tâcher à lui cacher notre tendreſſe, elle la mettoit ſouvent de ſes parties. Un homme de ſes amis voulut lui donner une fête à Saint-Cloud : elle me propoſa d'en être ; mon devoir me demandoit à Verſailles à l'heure de cette promenade : je lui fis entendre raison là-dessus. Il est vrai que sachant que madame d'Ardanne en devoit être, je passai chez elle un moment. On lui essayoit un habit : il y avoit plusieurs femmes autour d'elle. Elle me dit tout bas, que puisque je n'allois point à Saint-Cloud, elle se dispenseroit d'y aller, parce qu'elle s'y ennuyoit trop. Je fus si peu chez elle, que je n'eus pas le tems de m'asseoir ; car j'avois peur d'une découverte. Un moment après que j'en fus sorti, madame de Sardise arriva, & descendit brusquement de carrosse pour monter chez madame d'Ardanne. Celle-ci qui craignoit que ses femmes ne parlassent de moi, courut au-devant toute déshabillée, & se plaignit d'un mal de tête qui l'empêchoit de faire la partie. Quelques jours après, on en proposa une pour aller à une belle maison des environs de Paris. Outre ces deux dames, il y en avoit encore une, & deux hommes, qui ne nous quittoient guère. Il y en eut un qui, en nous en allant, nous fit un récit très-fidèle d'une intrigue qu'il avoit avec une veuve fort riche, & nous avoua qu'elle le faisoit souvent suivre, parce qu'elle étoit fort jalouse. En arrivant à la porte du lieu où nous allions, il vit son carrosse attelé de six chevaux, qui arrivoit presque en même tems que nous. Il fit un cri d'étonnement, &

nous dit avec émotion, qu'il étoit sans doute découvert. Nous l'exhortâmes à prendre courage, & nous nous enfonçâmes d'un côté où nous pensions être hors d'insulte. En cet endroit, nous vînmes au bord d'une fontaine; & par une distraction épouvantable, je dis à madame d'Ardanne, que c'étoit-là l'habit que je lui avois vû essayer il y avoit peu de jours. Madame de Sardise, attentive à toutes mes paroles, n'entendit que trop celles-là, quoique l'autre eût coupé court. Elle me regarda d'une manière qui me déconcerta, & nous restâmes trois personnes assez embarrassées. Les autres, qui n'étoient point au fait, tâchoient à rétablir la conversation; mais bientôt tout changea de face. Un objet digne de notre attention parut tout-à-coup à nos yeux; l'amante de notre ami, dans une de ces chaises que des hommes traînent, le gros R.... dans une autre, des femmes derrière, plusieurs hommes qui fermoient la troupe, composoient ensemble un véritable spectacle: car nous étions dans un bas, & cette appareil passoit sur une terrasse. La jalouse veuve qui ne cherchoit que son amant, ne l'eut pas plutôt apperçu parmi nous, qu'elle fit arrêter sa chaise pour en descendre. Courez à votre devoir, lui dîmes-nous; allez donner la main à votre Andromaque : elle étoit faite précisément de même avec ses longs vêtemens de deuil. Il y courut; il y vola; mais il fut fort mal reçu. Retournez, lui dit-elle, perfide; retournez auprès de madame de Sardise: je ne voulois que vous y voir, & me voilà trop satisfaite. L'indiscrétion de la dame & sa fureur ne lui permirent pas de baisser sa voix; au contraire, elle prononça ces terribles paroles d'un ton éclatant; &, s'appuyant sur les bras d'une de ses femmes, elle chercha l'épaisseur du bois en véritable héroïne désolée; cependant, madame de Sardise rougit. Je crus, dans ce moment, que la veuve avoit raison, & je ne doutai pas que je ne fusse trompé. L'amant chassé, qui ne suivoit cette femme que par intérêt, remit à faire sa paix à un autre jour, & vint d'un air galant prier ma maîtresse de rendre le discours de la veuve prophétique. madame de Sardise demeura embarrassée; à peine étoit-elle revenue de l'étonnement & de la douleur où cet entretien l'avoit jettée. Elle avoit à soutenir les propos d'un homme qu'elle n'aimoit pas, & qui pouvoient la rendre suspecte à un qu'elle aimoit. Je n'en fis pas un jugement pareil alors: je la regardois comme une personne qui m'avoit trompé, & je fus bien fort quand elle me voulut faire des reproches. C'est bien à vous, madame, lui dis-je, à vous plaindre de quelque chose, vous qui me donnez un rival si méprisable. N'êtes vous point honteuse, continuai-je, de ce qui vient de vous arriver? J'avoue, me répondit-elle, que s'il y avoit le moindre fondement à ce que vous me reprochez, je serois plus dans mon tort que vous. Mais cet homme ne songe point à moi; je songe encore moins à lui : & vous n'avez saisi cette occasion de vous plaindre, que pour éviter les marques d'une jalousie justement fondée. Il faut que je passe en justifications un tems que j'avois destiné à vous accabler de reproches. Alors, mesdames, elle me fit si bien voir quelle étoit sa conduite, que je ne pus me défendre de lui demander pardon. Et vous, me dit-elle, Sélincourt, comment vous y prendrez-vous pour m'appaiser? Ah! madame, lui répondis-je, ne parlons que de paix ; amnistie générale, je vous prie. C'est-à-dire, reprit-elle, que vous me pardonnerez de n'avoir point tort, & qu'il faut que je vous pardonne les vôtres. J'y consens, ajouta-t-elle, en me tendant la main ; mais plus de madame d'Ardanne ; car à la troisième fois vous seriez perdu. Je le lui promis, & je lui tins parole. Notre promenade s'acheva avec autant d'agrément, qu'elle avoit commencé avec trouble. La veuve digéra ses chagrins, & se racommoda le lendemain, à ce que

que nous avons sçu. Nous eûmes long-tems un amour très-calme, madame de Sardife & moi. Il n'y eut précisément que les petits orages nécessaires pour réveiller une passion; & nous n'avons cessé de nous aimer, que parce que tout finit, & qu'il n'est point d'amours éternelles.

L'histoire de Sélincourt nous parut assez agréable. Dès qu'elle fut finie, nous nous séparâmes, quoiqu'il fût encore d'assez bonne heure, pour aller le lendemain dès le matin faire notre dernière promenade dans une maison qui a été superbe autrefois, & dont les restes sont encore très-beaux. Nous nous y promenâmes si long-tems, que la nuit nous y prit. Il n'y avoit point de flambeaux. Le comte proposa pour tout expédient, un mauvais cabaret en pleine campagne, où à peine avoit-on le couvert. Nous nous fîmes presque un plaisir de passer mal une nuit, tant la diversité a de charmes. On nous saura demain gré de notre mauvais visage, dis-je bas à madame d'Arcire; & tel croira que c'est le chagrin de le quitter, qui ne songera pas au mauvais gîte. Nous y allâmes en effet, & nous nous y divertîmes, parce que nous avions l'esprit dans cette agréable situation où tout le porte à la joie. Le chagrin de se séparer ne nous surprit qu'au réveil d'un léger fomme, que la fatigue nous avoit fait faire. Nous partîmes ce même jour pour revenir à Paris. Je vous affure que ce fut avec regret ; car il eft certain que la campagne eft faite pour l'amour : moins occupés, moins diffipés qu'ailleurs, on s'y aime plus tendrement. Me voici donc arrivée à la fin de mon voyage. Le comte & la marquife doivent dans peu de jours s'unir pour jamais. Mes parens font d'accord avec Bréfy, & notre mariage fe fera inceffamment ; Madame d'Orfélis & le chevalier de Chanteuil cherchent tous deux fortune. Le duc eft dans la lecture de Sénèque, pour fe confoler des malheurs de l'amour. Et moi, madame, je fouhaite de tout mon cœur de ne vous avoir point ennuyée par un récit affez long, & qui n'a été compofé que de chofes peu importantes.

Fin du voyage de Campagne.

VOYAGE
DE
FALAISE;
Par LE NOBLE.

VOYAGE DE FALAISE,
NOUVELLE DIVERTISSANTE.

PREMIERE PARTIE.

Le tranchant des serpes avoit fait tomber le fruit des vignes dans les paniers, & les cuves exhaloient de toutes parts les vapeurs du vin nouveau, c'est-à-dire en prose commune que les vendanges étoient faites lorsque Cléante m'engagea d'exécuter un voyage que nous avions résolu depuis plus de deux mois.

J'étois fatigué des bourasques de ma mauvaise fortune, rébuté de l'ingratitude de ceux dont j'avois attendu le plus de secours & dont j'en avois le moins reçu, & je voulois essayer si un autre air pourroit dissiper mes chagrins & me faire trouver dans la diversité des objets de quoi me désennuyer.

J'avois déchargé mon cœur de ce qui étoit capable de l'inquiéter, & ne pensant qu'à l'amuser de tout ce qui pouvoit innocemment le divertir, je me proposai ce voyage comme un moyen sûr de trouver ce que je cherchois.

Cléante qui avoit le même désir étoit beaucoup plus jeune que moi, & par conséquent plus disposé à ressentir encore les atteintes des passions, il étoit bien fait, & avoit un esprit plaisant & doux, cependant il n'étoit rien moins qu'heureux en amour, à ce qu'il disoit, non pas qu'il eût toujours trouvé des cruelles, mais parce qu'il n'avoit jamais rencontré une maîtresse de bonne foi; & les mauvais succès qu'il avoit eus dans la plupart de ses procès le faisoient également pester contre la jupe & contre la robe.

Il avoit à Falaise un vieil oncle bénéficier & bon buveur, dont il espéroit une ample succession, & comme il avoit jusques-là vécu en neveu, c'est-à-dire en jeune homme qui ne mesure pas fort régulièrement sa dépense à son revenu, ses fonds étoient fort entamés, & depuis long-tems il avoit formé le dessein d'aller en personne sommer son oncle de permettre enfin qu'après une longue patience il pût joindre à ses autres qualités celle de son héritier effectif.

C'est ce qui nous détermina à prendre notre route du côté de la Normandie, & nous montâmes dans son carosse en mettant deux chevaux de louage devant les deux siens, & ne nous chargeant que d'argent & de bonne humeur.

Nous n'avions plus que deux journées à faire pour arriver à Falaise, lorsqu'étant descendus, à soleil couchant, dans une hôtellerie, & nous étant allés promener sous des arbres qui faisoient vis-à-vis la porte un assez agréable couvert, nous vîmes venir par un chemin de traverse au petit pas un cheval maigre & boiteux sur lequel étoit une figure d'homme qui nous obligea de le considérer avec attention.

Il avoit la tête enveloppée d'un tapabor à l'Angloise, fait d'un gros baracan, un surtout de toile cirée nous empêchoit de voir l'étoffe dont il étoit vêtu, des guêtres de même matière couvroient ses deux jambes, qui se balançoient par compas, l'une sur un étrier & l'autre sur une corde ; un chapeau attaché sans étui à l'arçon droit de la selle servoit de contre-poids au sac de nuit qui pendoit à gauche, & une petite malle qui couvroit en partie la maigreur de la croupe de l'animal, servoit d'arc-boutant aux reins du cavalier.

Mais ce qui redoubloit notre attention, c'est que cet homme en marchant parloit d'une voix si haute & avec des gestes si animés, que nous l'aurions pris pour le curé du village qui répétoit son prône, si passant devant nous sans que son enthousiasme cessât, nous n'eussions reconnu que c'étoit des vers de comédie qu'il récitoit.

Dans cet équipage il entra dans l'hôtellerie, & comme la nouveauté du spectacle qu'il nous avoit donné nous mettoit en pointe de curiosité sur son chapitre, nous voulûmes assister à sa descente, & nous étant glissés sous la porte de côté & d'autre de sa monture, il s'arrêta tout court, & se mit à crier d'un ton grave.

A moi, garçons : qu'on se dépêche,
Çà, la main, qu'on me mette à pié ;
Mais sur-tout bonne avoine, avec litière fraiche,
A mon Pégase estropié

Ce début suffit pour nous faire comprendre que le Parnasse nous avoit du fond de ses petites-maisons bombardé un poëte ; un valet d'écurie le décrocha de son cheval du mieux qu'il put, & le mit à terre, & après lui tout l'attirail dont il étoit enveloppé.

Comme nous étions résolus de ne perdre, tant que notre voyage dureroit, aucune occasion de nous divertir, nous jettâmes nos plombs sur cet original, & pour le mettre hors d'état de nous refuser de venir souper avec nous, nous retînmes tout ce qui se trouva dans une cuisine aussi mal fournie qu'étoit celle où nous nous trouvions.

Après que ce nouveau débarqué eut pris sur un banc quelques momens de repos, une servante grosse, courte, noire & camarde, prit tout son bagage, le conduisit dans une chambre, & nous entendîmes qu'en montant l'escalier il lui disoit en chantant.

>Petit bec, aimable colombe,
>Tendron qui me perce le cœur,
>Au beau feu de tes yeux joins un peu de douceur,
>Ou je succombe
>Sous ta rigueur.

En achevant sa chanson il voulut embrasser la servante; mais soit qu'elle fût plus sage que la condition ne le porte, soit qu'elle s'apperçût qu'on la pouvoit voir, elle le repoussa d'un coup de coude si violent, que le poëte faisant deux pas en arrière, & son pied manquant sur le premier degré, il se vit emporté jusqu'au bas par le poids de son harnois, & défit en un moment tout ce qu'il avoit fait avec bien de la peine.

Parbleu, dis-je à mon ami, ou je me trompe fort, ou cet homme à tout-à-la-fois deux folies dans la tête, les vers & l'amour : tant mieux dit Cléante, il en sera plus propre à nous réjouir.

Il se releva cependant, & remonta dans sa chambre en rimant des imprécations que nous ne pûmes ouir; mais si-tôt que nous crûmes sa bile appaisée nous y entrâmes, & l'invitâmes à souper avec nous.

Nous eûmes moins de peine à lier cette partie que nous ne le croyions, non-seulement parce qu'un peu d'encens dont les poëtes sont naturellement fort frians nous insinua bien-tôt dans ses bonnes graces, mais parce qu'outre les deux qualités que nous avions déjà reconnues, il avoit encore celle d'aimer beaucoup à ménager sa bourse, & de se faire un grand plaisir de bien boire aux dépens d'autrui.

La démangeaison qu'il avoit de se produire à des hommes dont il croyoit l'esprit fort inférieur au sien, nous épargna la peine de lui demander son nom & ses qualités, & toute la conversation du repas fut employée à nous apprendre qu'il étoit monsieur de la Bourimière, gentil-homme du Vexin-Normand, & l'un des plus illustres poëtes de la France; & que si ses ouvrages n'avoient point encore paru, c'est que la jalousie de ses confrères du Parnasse, qui accablent le public d'impertinences modernes, avoit été jusqu'à empêcher tous les libraires de s'enrichir de leur impression.

Nous ne fûmes pas long-tems sans reconnoître que nous avions deviné juste en lui croyant le timbre fêlé; cependant au travers des saillies de son cerveau dérangé, nous ne laissions pas d'appercevoir qu'il avoit de l'esprit, beaucoup de lecture, & qu'il étoit un fort juste critique des mauvaises compositions des autres.

Il nous dit qu'il alloit à Caen par Falaise pour une affaire importante, qu'il voulut d'abord nous cacher; mais comme il n'y a point de question qui tire mieux que le vin le secret des cœurs, à force de choquer & vuider avec lui le verre, nous découvrîmes qu'il étoit extrêmement amoureux d'une jeune Cauchoise, qu'il prétendoit emporter sur tous ses rivaux à force de sonnets & de madrigaux comptant.

Je l'aime, dit-il, mais d'une passion mille fois plus violente que toutes celles que la Calprenède & Scudéri ont données à leurs héros imaginaires. Il n'y a rien que je n'aie fait pour lui plaire, & cependant...... à ce mot il fit un grand soupir, & quitta son verre pour essuyer avec le bout de sa serviette quelques larmes que nous vîmes couler de ses yeux, c'est ce qui nous obligea de le presser davantage de ne nous point cacher la cause de sa douleur.

Ses pleurs étant essuyés, il reprit son verre, & nous regardant fixement tous deux, il le vuida, & en le rendant au laquais, nous dit que, puisque nous prenions la route de Falaise où il vouloit passer, que son cheval étoit estropié, & que notre strapontin étoit vide, il monteroit le lendemain avec nous dans notre carosse, & qu'il paieroit sa place par le récit de son aventure.

Sur cette parole on ravitailla la table d'un fromage, & de quelques bouteilles qui nous servirent à pousser notre poëte jusques sur les confins du sommeil, & les approches qu'il en sentit l'ayant obligé d'aller chercher son lit, il s'y mit, & s'y assoupit pour quelques heures.

Le soleil étoit encore éloigné de l'horison & la Bourimière auroit dit que son avant-courière au front de rose & aux pieds d'or n'avoit pas encore ouvert la barrière à ses chevaux, lorsque nous entrâmes dans la chambre de ce poëte; nous le trouvâmes éveillé & composant, à ce qu'il nous dit, un sonnet de condoléance à son cœur ; mais en nous voyant il le laissa imparfait, se leva de son siège, & vint déjeûner comme un homme qui avoit parfaitement bien digéré son souper. Il donna ensuite les ordres pour renvoyer son cheval, & montant avec nous en carosse, après quelques petits préliminaires que la civilité demandoit de part & d'autre, il attendit que nous eussions toussé, craché, & fait silence, & commença de la sorte le récit qu'il nous avoit promis.

AVENTURES
DE LA BOURIMIÈRE.

Je vous ai dit mon nom, & que j'étois gentilhomme, je suis persuadé que vous m'en croyez sur ma parole, quoique de malins esprits me disputent cette qualité, parce que mon père, pour rétablir l'ancien lustre de sa famille appauvrie, se fit procureur au Pont-de-l'Arche, mais cinquante mille écus qu'il m'a laissés en dépit de l'envie, & que mes poules & mes pommes ont sçu doubler, démentent tout ce que mes ennemis en peuvent dire.

Je n'ai que cinquante ans, & il y en a vingt qu'étant à Caen, je revins un soir fort tard dans l'hôtellerie où je m'étois logé à deux pas d'un des premiers magistrats de la ville ; comme la nuit étoit fort obscure & que je n'étois pas à jeun, je donnai des pieds dans je ne sais quoi, & tombai tout étendu le nez sur quelque chose qui se mit à crier, & comme dans ce moment le guet arrivoit d'un côté & le magistrat de l'autre avec un flambeau, je vis que j'étois tombé sur un enfant exposé dans une corbeille, & me sentis presqu'en même tems saisi comme l'auteur d'un crime dont j'étois fort innocent. Toutes mes défenses ne servoient de rien contre une justice qui cherchoit de la proie, & il ne me fut possible d'éviter les assauts qu'on préparoit à ma bourse qu'en me soumettant à me charger de l'enfant, & de rendre compte tous les ans à ce magistrat des soins que je donnerois à son éducation. Bien entendu que préalablement il fallut payer tous les procès-verbaux que le juge en dressa, & le vin de guet.

C'étoit une petite fille qui par les traits doux de sa physionomie naissante, par la propreté de son ajustement, & par une assez belle croix de diamans qui suspendue à un ruban bleu & or lui tomboit sur l'estomac, faisoit assez connoître qu'elle étoit née quelque chose.

C'est ce qui me consola de l'injustice qu'on me faisoit, & comme après cinq ans de mariage avec la plus hétéroclite des femmes, le ciel qui me regarda en pitié m'en avoit heureusement délivré depuis un an par le secours d'une fièvre favorable, & que je n'avois point d'enfans, je me résolus d'élever cette petite créature comme ma fille propre, & lui ayant donné le nom de Virginie, je l'emmenai avec une nourrice au Pont-de-l'Arche, je dis que je l'avois eue d'un mariage secret avec une fille sans bien & sans naissance, qui étoit morte en la mettant au monde, & sous ce nom je pris pour son éducation des soins qui passent l'imagination.

Elle y répondit au-delà de toutes mes espérances, & profita fort bien des maîtres que je lui donnai pour l'instruire de tout ce qui peut rendre une fille accomplie; & comme elle avoit l'esprit beau, vif, & capable des plus grandes sciences, je lui donnai moi-même les principes de celles qui lui plaisoient le plus.

Mais, pour mon malheur, à mesure que son esprit s'ouvroit & se perfectionnoit, sa beauté augmentoit tous les jours, & insensiblement cette tendresse que j'avois prise pour elle se convertit en un véritable amour.

J'avois eu, comme je vous l'ai dit, l'imprudence de lui faire concevoir, dès sa plus tendre jeunesse, qu'elle étoit ma fille, & cette opinion s'étoit si universellement établie, qu'on ne la regardoit que comme mon unique héritière.

Cependant plus cette idée sembloit faire d'obstacle à mon inclination, plus je sentois tous les jours augmenter le feu qui me dévoroit, & ne pouvant lui découvrir le secret de mon cœur qu'en lui apprenant la honte de sa naissance qu'elle n'auroit peut-être pas crue, ou en me déclarant coupable d'une passion qui lui feroit horreur, j'étois dans la plus étrange de toutes les perplexités.

Elle avoit pour moi tous les respects qu'un véritable père peut attendre d'une fille bien née, & sa douceur & sa complaisance payoient avec usure tout ce qu'elle devoit à mes soins, mais ce n'étoit pas là des sentimens qui pussent satisfaire les miens, & mon amour demandoit autre chose que ce qu'une fille doit à son père.

Ma vue étoit de la rendre maîtresse de tous mes biens en l'épousant malgré le défaut de sa naissance, & c'est dans cette pensée que je rejettai tous les partis qui se présentèrent, attendant une occasion favorable pour lui découvrir & ma passion, & sa véritable qualité.

Cent fois je résolus de lui ouvrir mon cœur, & cent fois prêt à le faire, cette opinion publique qui me faisoit passer pour son père me lia la langue, & me réduisit à me contenter de la voir la plus aimable fille de la terre, & de couvrir sous les ombres de la tendresse d'un faux père la passion violente d'un véritable amant.

Réduit dans cette cruelle extrémité, je sentois tous les jours altérer mon esprit & ma santé, & si les vers que je faisois continuelle-

ment

ment pour elle sous des noms empruntés la divertissoient, comme elle en ignoroit le secret, ils ne produisoient rien dont mon amour se put flatter.

Enfin la violence de cette passion trop renfermée dans mon cœur, m'accabla tellement, que je tombai dangereusement malade. L'on ne peut concevoir les soins qu'eut de moi Virginie, & la douleur sensible dont elle fut touchée. Elle ne quittoit point le chevet de mon lit, mais elle ne s'appercevoit pas que plus elle s'approchoit de moi, plus mes peines secrètes redoubloient ma fièvre. Enfin le mal vint au point qu'on désespéra de ma vie, & ne doutant pas moi-même que je ne fusse arrivé à son terme, je crus que dans cette conjoncture & prêt à lui laisser tous mes biens, je pouvois lui apprendre & ce qu'elle étoit, & la véritable cause de ma mort.

Je pris donc un moment qu'elle étoit seule dans ma chambre, & lui ayant commandé de la fermer, je lui mis entre les mains un papier par lequel en peu de mots, & sans la nommer ma fille, je lui donnois tout mon bien. Elle le lut, se tournant vers moi les yeux mouillés de larmes. Pourquoi, mon père, dit-elle, pourquoi vous inquiéter d'une disposition inutile, la nature & la loi n'y ont elles pas affez pourvu, vivez, & ne penfez qu'à vous guérir.

Ah! Virginie, repris-je alors avec un foupir, tant que j'ai vécu vous avez connu un père, mais connoiffez au moment de fa mort un amant qui perd pour vous la vie, & qui ne vous l'a jamais donnée.

Ce peu de mots l'ayant jettée dans une furprife qui lui ôta la parole, je continuai, & lui expliquai fa naiffance, le hafard qui l'avoit mife entre mes mains, mes foins & mes tendreffes pour elle, mon amour, les raifons de mon filence, & enfin la caufe de ma mort.

Je tirai même de deffous mon chevet la petite croix de diamans attachée au ruban que je trouvai fur elle, afin qu'elle la confervât pour lui aider à retrouver peut-être un jour fes parens, mais quoique ce fut une marque vifible de la vérité de tout ce que je lui difois, elle y trouva néanmoins, ou elle voulut y trouver fi peu de vraifemblance, qu'elle prit mon difcours pour l'effet d'un tranfport au cerveau, & pour l'imagination creufe d'un efprit égaré. Ainfi me jugeant plus malade que je ne l'avois encore été, fa tendreffe la pouffa à m'embraffer en me mouillant le vifage de fes larmes. Quelle fut la palpitation de mon cœur en ce moment! Je l'embraffai de toutes mes forces, & je crois que j'aurois expiré dans cet état, si elle ne m'eût quitté pour aller ouvrir la porte à mon médecin.

Elle lui conta ce que je lui avois dit, & le médecin l'attribua comme elle à la violence de la maladie; mais il lui dit que pour aider à me guérir, si je continuois dans cet égarement, elle devoit feindre de correspondre à mes imaginations, & après avoir concerté avec elle cette résolution, il s'approcha de moi.

Comme rien ne m'avoit plus accablé que le poids de mon secret, je me trouvois tellement soulagé de m'en être ouvert, que le médecin en fut surpris, il me tenoit le pouls qui lui paroissoit plus modéré, lorsque Virginie s'approcha & s'assit sur mon lit; mais l'émotion que son approche me donna lui parut si sensible, qu'il ne douta point de la passion que j'avois conçue pour elle.

Cependant il avoit trouvé le véritable secret de me guérir par le conseil qu'il avoit donné à Virginie, & la feinte qu'elle fit de me croire & de flatter ma passion, me rendit bien-tôt ma santé parfaite.

Mais quel fut son étonnement? lorsqu'après ma guérison elle vit que je persistois à lui dire les mêmes choses qu'elle avoit attribuées à la violence de ma maladie, & que de sens froid je lui proposai de l'épouser & de lui assurer tout mon bien.

Elle cessa les feintes dont elle m'avoit amusé, & me dit qu'elle avoit porté avec trop de plaisir le nom de ma fille pour cesser de l'être, que jamais elle n'épouseroit que celui que je lui donnerois ; mais que quand je ne serois pas véritablement son père, l'idée publique qu'on en avoit conçue suffisoit pour l'engager à conserver précieusement le nom que j'avois bien voulu lui donner, & pour éloigner de mon cœur des sentimens dont les seules ombres faisoient murmurer la nature.

Comme le pas le plus difficile étoit franchi par la déclaration d'un amour que j'avois si long-tems caché, je crus que le tems pourroit détruire l'obstacle que je trouvois dans sa résistance ; je commençai donc à lui parler en véritable amant, & à effacer peu-à-peu l'idée qu'on avoit qu'elle fût ma fille ; je voulus même qu'elle m'accompagnât à Paris dans un voyage que je fus obligé d'y faire, de crainte que mon absence ne favorisât les vues de quelque rival ; mais plus je m'efforçois de lui plaire comme amant, plus je la trouvois inébranlable ; & sans faire aucun progrès sur son cœur, je vis bientôt que je n'opérois autre chose que de lui causer dans le public un préjudice irréparable.

J'avois un neveu, qui sans cette fille auroit été l'unique héritier de tous mes biens; il en avoit beaucoup de son chef qu'il ne devoit pas moins à une adroite banqueroute de son père, qu'à une grande succession qu'il avoit eu la subtilité d'envahir au préjudice des véritables héritiers, en débaptisant un homme mort, & le supposant son parent. C'est celui que le Pont-de-l'Arche a aujourd'hui pour son premier juge, & qui est assez connu dans toute la contrée sous le nom de M. de la Camardière.

Je doute qu'il y ait un homme dans le monde plus entêté que lui de son propre mérite, quoique fort mince; la masse de son gros corps est toute enflée de cette prévention, & le desir de paroître même dans son air extérieur élevé au-dessus des autres, l'oblige à tenir sa tête d'un droit qui le fait passer pour une statue sur un piedestal lorsqu'il ne se remue point, ou rire de ses allures singulières lorsqu'il marche.

Prévenu de son mérite, de son bien, & de l'autorité de sa charge, il s'étoit mis en tête d'aimer Virginie auparavant que ma maladie m'eût engagé à lui déclarer mon amour, & se persuadoit que rien n'étoit capable de faire obstacle à ses desirs; mais plus il avoit présumé de facilité à gagner le cœur d'une cousine, & d'un oncle, moins il y avoit trouvé de dispositions, soit par l'aversion naturelle que Virginie avoit conçue contre lui, soit par la passion secrète que j'avois pour elle.

Tant que je ne m'étois point déclaré j'avois eu dans l'antipatie de cette fille, & dans un feint scrupule, un fondement plausible pour me disculper du refus que je lui faisois de l'agréer pour gendre, & les artifices que j'employois en secret auprès de Virginie pour fomenter son aversion, trouvoient dans son esprit des dispositions si conformes à mes intentions, que je la voyois tous les jours augmenter au-delà de ce que je pouvois désirer.

Mais enfin lorsque rétabli dans une santé parfaite je commençai à me déclarer ouvertement, & à publier même que Virginie n'étoit point ma fille, la Camardière n'eut pas de peine à reconnoître par quel motif je n'avois pas voulu écouter sa demande, & comme il étoit aussi brutal & vindicatif qu'il est orgueilleux & vain, il crut que l'anéantissement de ma qualité de père m'ôtoit toute l'autorité que j'avois sur elle, & il ne douta point qu'en peu de tems il ne l'emportât sur un rival qu'il jugeoit aussi peu redoutable que moi.

Il se voyoit dans la fleur de son âge, au lieu

que je penchois à la vieillesse, outre que sa qualité de magistrat lui donnoit un grand crédit, l'espérance de l'union de mes biens aux siens le flattoit d'un effet prompt & victorieux sur l'esprit d'une fille sans naissance, & qui se voyoit privée des biens sur lesquels elle avoit jusques-là compté.

Mais la Camardière comptoit lui-même fort mal, car outre que la tendresse que j'avois pour Virginie m'avoit fait prendre la résolution, ou de lui assurer tous mes biens en l'épousant ou de les lui laisser un jour comme à une fille que mon cœur avoit adoptée; plus il croyoit que l'état nouveau dans lequel elle se trouvoit la porteroit à l'écouter, plus il la voyoit obstinée dans la haine qu'elle avoit pour lui.

Le mauvais succès de ses désirs le brouilla entièrement avec moi, & encore plus lorsqu'il vit que je l'emmenois à Paris, mais ce n'étoit pas le plus grand de mes chagrins, & j'étois bien moins affligé de cette rupture que du peu de progrès que je faisois sur le cœur de Virginie.

Je languis & je soupirai inutilement plus de deux mois depuis mon retour de ce petit voyage, & enfin un jour que je la pressois le plus d'accepter & mon cœur & ma main & tous mes biens, au milieu des plus tendres expressions de respect qu'on puisse attendre d'une fille, elle me parut encore plus inébranlable que jamais; j'en fus vivement piqué, & je lui dis qu'étant sûr que mon neveu n'étoit pour elle qu'un objet d'horreur, il n'étoit pas possible qu'elle rejettât avec tant d'obstination le parti avantageux que je lui proposois, si son cœur n'avoit pas d'ailleurs quelque engagement, & que par toutes les bontés que j'avois eues pour elle je la conjurois de m'en faire avec franchise un aveu qui serviroit peut-être à me guérir.

A ce mot je vis une rougeur monter sur son visage, qui ne me confirma que trop dans l'idée funeste qui me donnoit déja de l'inquiétude, je la regardai fixement, & lus dans ses yeux une langueur mêlée d'une pudeur modeste qui au travers de son silence m'en disoit assez.

Je la pressai plus vivement, & lui dis que, si elle croyoit devoir taire son secret & le bonheur d'un rival à un amant trop intéressé pour ne s'en pas affliger, que du moins elle le confiât à la discrétion d'un père qui l'avoit si tendrement élevée, à ce mot elle fit un soupir; quelques larmes coulèrent de ses yeux qu'elle baissa, & sans me regarder elle me dit:

pensez vous que j'aurois l'ingratitude de rejetter la fortune que vous me proposez, puisqu'elle feroit votre satisfaction, si je pouvois l'accepter ? cette idée que le monde avoit conçue en me croyant née de vous, ne m'empêcheroit pas d'être votre épouse, & de vous donner cette marque de la reconnoissance que je dois à vos bontés, puisque je suis convaincue que je ne suis point votre fille ; mais puisque vous voulez que je vous ouvre mon cœur avec confiance, sachez.... à ce mot elle se tut; & deux ruisseaux de larmes interrompant ses paroles, je la pressai, en lui serrant les mains entre les miennes, d'achever de m'ouvrir son secret, & l'assurant qu'elle ne pouvoit le mieux déposer, elle resta quelque tems dans le silence ; & enfin baissant les yeux qu'elle venoit de lever sur moi : pourquoi, dit-elle, m'avez-vous obligée de vous accompagner à Paris, & permis de voir les Tuileries. Mais si je suis à votre égard la plus ingrate de toutes les filles, j'en suis assez punie par l'oubli d'un infidèle que je crus trop légèrement. Une retraite que j'ai résolue punira ma crédulité ; & tout ce que je demande à la tendresse que vous avez eue jusqu'ici pour moi, c'est votre consentement pour cette retraite, & qu'une petite pension que vous m'accorderez m'en ouvre la porte.

Quelle fut ma surprise en apprenant de sa propre bouche que j'avois un rival aimé; & un rival indigne par sa perfidie, de me supplanter dans le cœur de celle que j'aimois plus que moi-même. Je ne pus tirer d'elle aucun autre éclaircissement de l'aventure qu'elle avoit eue avec ce rival, & j'employai inutilement trois mois de soupirs & de soumissions pour obliger cette aimable fille à oublier un infidèle, sans pouvoir gagner autre chose que d'altérer mon esprit à force d'amour.

La Camardière cependant continuoit ses batteries pour faire brèche à sa résistance; & après une infinité d'efforts, qui n'aboutirent à rien, il crut que j'étois le seul obstacle à son bonheur, & prit une des plus indignes résolutions qu'on puisse imaginer, & qu'il fonda sur le grand crédit & la facilité que lui donnoit l'autorité de sa charge. Car, si peu qu'on ait pratiqué le monde, on ne peut ignorer combien dans les petites villes cette autorité devient l'instrument de la passion de ceux qui l'ont en main, & que l'épée de la justice qu'on leur confie sert plus à leur vengeance particulière, qu'à celle des loix violées.

La Camardière avoit deux vues, l'une d'obliger Virginie à condescendre au désir qu'il avoit de l'épouser, en me mettant hors d'état de pouvoir être jamais son époux, & l'autre de m'ôter la liberté de disposer de mon bien en faveur de cette fille, & par-là s'assurer ma succession ; & pour venir à bout de ce double projet par une seule voie, il employa la partie publique, dont il disposoit absolument.

C'étoit l'homme de France le plus mal faisant & le plus intéressé, & qui se persuadoit qu'on ne lui avoit mis en main son emploi, que pour la désolation du genre humain ; cependant aussi fourbe qu'hypocrite, & qui ne promettoit jamais avec plus d'emphase ses services que quand il vouloit étrangler ; il mit donc cet homme en mouvement contre moi, pour demander qu'il lui fût permis de prouver que Virginie étoit une fille batarde que j'avois eue d'une personne qu'un vœu saint avoit séparée du commerce du monde, & que par un scandale effroyable je voulois épouser.

Sur le projet de cette action, il n'eut pas de peine à faire aposter quelques témoins corrompus, dont notre climat est assez fertile, & de faire ordonner sur leur dépositition, qu'elle me seroit ôtée & renfermée ; & ce complot fut tenu si secret entr'eux, & ménagé avec tant de diligence, que Virginie fut enlevée & mise dans un couvent, dont la Camardière étoit le maître, avant que je fusse averti qu'on informoit.

L'autorité de mon rival fit qu'on ne me permit, ni de la voir, ni de lui donner aucunes de mes nouvelles; & la supérieure, entre les mains de qui on l'avoit remise, la faisoit observer avec tant d'exactitude, qu'on ne put d'abord m'informer de son destin.

Mon neveu cependant, après avoir fait agir ses émissaires sur un esprit qu'il croyoit intimider, & qu'il se flattoit de réduire par cette oppression, la vit lui-même; &, après lui avoir brutalement expliqué l'excès de sa passion, & superbement exagéré les avantages de l'honneur qu'il vouloit lui faire, lui proposa de la faire reconnoître pour ma fille légitime, ou de quelque autre, tel qu'elle voudroit, pourvu qu'elle voulût consentir qu'il l'épousât, sinon qu'elle alloit être reconnue pour ma fille bâtarde, mais d'une manière qui lui permettroit à peine de recevoir des alimens. Mais une si infâme proposition ne fit que redoubler l'horreur qu'elle avoit pour lui, & la porter à rejetter avec plus d'aversion ses poursuites.

Tandis que deux mois s'écoulèrent en efforts inutiles de la part de ce persécuteur, Virginie trouvoit, dans cette rigoureuse captivité, des consolations qu'elle devoit à la fermeté de son ame & à l'adresse de son esprit; elle l'avoit doux & insinuant; & sa conduite faisant admirer sa vertu, elle y eut bientôt acquis de bonnes & sincères amies; &, entr'autres, elle gagna si absolument le cœur de la sage Félicie, l'une des principales du couvent, qu'après lui avoir confié tous ses secrets, & l'avoir touchée d'une véritable compassion, elle en reçut tous les bons offices imaginables.

Cette amie sincère & solide fit donc, pour adoucir l'amertume de ses peines, tout ce qu'elle put; & ce fut par son moyen, qu'étant instruit de toutes choses, je lui fis passer de mes nouvelles, & tous les secours dont elle avoit besoin.

Il y avoit deux mois qu'elle étoit dans ce couvent, & j'étois allé à Rouen pour obtenir un arrêt contre cette injuste oppression, lorsque Virginie, qui s'étoit acquis beaucoup plus de liberté qu'elle n'en avoit d'abord, se promenant un soir, après le soupé, dans le jardin avec Félicie, elle lui dit qu'elle vouloit lui conter un songe qu'elle avoit fait la nuit précédente.

J'ai, dit-elle, songé que je pleurois enchaînée au pied d'un arbre, tandis qu'un dogue aboyoit comme prêt à me dévorer. Je me suis ensuite imaginée que mes chaînes s'étoient tout-à-coup rompues, & que, dans la crainte de ce dogue, j'étois montée sur l'arbre; qu'en même tems mon amant infidèle avoit paru, qui, écartant ce dogue, m'avoit donné la main, & conduite dans la plus belle maison de Caen, & dans une chambre magnifique, où une femme m'avoit revêtue d'habits superbes, & mis sur ma tête un chapeau de fleurs.

Ah ! ma fille, lui dit Félicie, que ce songe s'accorde mal avec la fâcheuse nouvelle que j'ai à vous donner. Je viens d'apprendre en secret, que cette nuit on doit vous livrer à la Camardière, qui, tandis que la Bourimière est à Rouen, a complotté de vous faire enlever, pour vous conduire dans un lieu dont il soit encore plus le maître que de ce couvent ; cependant il semble que votre songe vous augure une prochaine liberté, la reconnoissance de vos parens, le retour d'un amant infidèle, & la fin de vos infortunes, & que tout se doit accomplir à Caen ; mais, pour vous y conduire & rompre vos chaînes, il faudroit que le ciel fît un miracle que je ne puis prévoir, & dont je ne vois aucune apparence.

Quoi ! dit Virginie, cette nuit on doit me livrer à mon persécuteur ! Ah, chère Félicie, que me dites-vous ! La mort me seroit mille fois moins terrible que de tomber entre ses mains.

Elles parloient de la sorte, lorsque, dans

le bout du jardin, elles apperçurent une brêche qui venoit de se faire par un éboulement de pierres, dont la poudre obscurcissoit encore l'air. Voilà, dit Félicie, voilà, ma chère Virginie, le commencement du succès de votre songe, & un heureux augure pour le reste. Vos chaînes se rompent d'elles-mêmes, & le ciel vous offre l'unique moyen que vous ayez de vous arracher au dogue qui vous aboye; le ciel parle trop ouvertement pour ne le pas écouter : montez sur l'arbre, c'est-à-dire, sur les ruines de cette muraille ; sortez ; &, si vous me croyez, rendez-vous au plus vîte à Caen : vous savez le couvent dont ma sœur est supérieure ; elle vous y recevra à bras ouverts, & la lettre que je lui écrirai vous devancera. Laissez-moi conduire le reste ; le jour va finir, ne perdez pas un moment ; allez, vous ne manquez pas ici d'amies fidèles pour guider & pour couvrir vos premiers pas.

Virginie ne balança point sur une résolution que le hasard favorisoit si à propos ; elle embrassa Félicie ; leur adieu fut aussi tendre, qu'il fut court ; &, après avoir pris de promptes mesures pour une correspondance assurée, elle sortit par la brêche ; &, du même pas, fut se rendre chez une amie d'une fidélité sûre, & qui, l'ayant fait aussitôt monter dans sa chaise roulante, l'emmena, pendant toute la nuit, dans une maison de campagne qui n'étoit qu'à trois lieues du Pont-de-l'Arche, d'où, après un peu de repos, elle lui fournit tout ce qui lui fut nécessaire pour se rendre à Caen.

Félicie sut couvrir avec tant d'adresse le secret de cette évasion, qu'on ne s'apperçut de l'absence de Virginie, qu'au moment que la Camardière envoya, sur le minuit, un carrosse pour l'enlever : on la chercha de tous côtés ; & comme on ne la trouva point, & qu'on ne s'étoit point encore apperçu de la brêche, la surprise de la supérieure, qui avoit promis de la livrer, fut terrible.

Mais elle n'approchoit pas de la fureur & des emportemens de la Camardière, lorsqu'il apprit que sa maîtresse ne se trouvoit point dans le couvent; il accusoit la supérieure de l'avoir trahi, de concert avec moi, & lui fit les menaces les plus indignes.

Cependant Félicie m'écrivit à Rouen, & m'informa de tout ce qui s'étoit passé ; & Virginie ne fut pas plutôt à Caen, & reçue sous un autre nom dans le couvent dont la sœur de son amie étoit supérieure, qu'elle m'écrivit, & m'apprit l'endroit de sa retraite.

La Camardière ignora sa route, & personne ne douta qu'elle ne fût retournée chez moi.

L'on

L'on attribua même à mon induſtrie la brêche qui n'étoit qu'un coup du haſard, & l'on me menaça de m'en faire une affaire importante; mais on ne put rien trouver qui fût capable d'en fonder l'accuſation.

Ainſi, après avoir obtenu du parlement de Rouen les défenſes néceſſaires pour arrêter la vexation de mon rival, j'ai paſſé chez moi, où j'ai ſçu qu'il avoit appris où étoit Virginie, & en même tems j'en ſuis parti pour me rendre à Caen, & pour y ſavoir les dernières réſolutions de cette aimable fille, pour laquelle je ſens tous les jours croître ma paſſion, & avec tant de violence, que j'acheverai de perdre l'eſprit, ſi je ne la trouve plus ſenſible à mon amour.

La Bourimière, qui pendant ce récit avoit conſervé tout le bon-ſens qu'il avoit apporté au monde, finit ſon hiſtoire par une foule de ſoupirs capables de ſuffoquer un goſier plus étroit que le ſien; il les accompagna de larmes; & le trouble que cette paſſion cauſoit à ſon cerveau ayant animé ſa fougue poétique, il rima, ſur ſon infortune, durant un quart d'heure, de la manière du monde la plus pitoyable, je veux dire, la plus capable d'exciter de la compaſſion dans des eſprits qui auroient été plus difposés que les nôtres à s'affliger des peines d'autrui, & à le plaindre.

Mais, comme je ne penfois qu'à rire, je n'étois fenfible à fes pleurs, à fes foupirs & à fa poéfie défolée, que pour m'en divertir. Je m'apperçus cependant qu'il avoit encore plus d'efprit que je ne lui en avois cru, & connus que fi l'économie de fa tête fe trouvoit dérangée, ce n'étoit que par la violence de l'amour qu'il avoit pour Virginie.

Je ne m'étonnai point de fes boutades; mais je fus furpris de voir que Cléante, pendant ce récit, avoit perdu une partie de fa belle humeur, & qu'il ne rioit point d'auffi bon cœur que je l'aurois fouhaité. Au contraire, il tomba dans une langueur fombre, qui me faifoit connoître que fes idées promenoient ailleurs fon efprit, & qu'il étoit bien moins avec nous, qu'avec quelqu'objet abfent qui l'occupoit.

Les reproches que je lui en fis, le forcèrent de s'en détacher, ou du moins de feindre un peu plus d'attention; & notre poëte, qui fe joignit à moi pour lui en faire la guerre, fe mit dans la tête que le portrait qu'il avoit fait de Virginie, en avoit rendu Cléante amoureux, &, devenant jaloux de fa propre imagination, il le regardoit prefque comme un rival.

Ces idées nous fournirent affez de matière

pour animer la conversation jusqu'au premier débarquement qui se fit sur les deux heures après midi, dans la maison de campagne d'un homme un peu parent de Cléante, & qui se trouvoit sur notre route.

C'étoit une de ces espèces de gentilshommes redoutables au gibier du pays par leur fusil, aux paysans par leur chicane, & à leur curé par leur correspondance avec un official, de tems en tems régalé d'un lièvre ou de quelque perdrix. Il étoit d'une taille médiocre, grand parleur, dévot à outrance, louche, & toujours vêtu moitié ville & moitié campagne. Sa femme, grosse & rousse, étoit orgueilleuse comme une dame de village qui n'a jamais rien vu de plus relevé que son procureur-fiscal ; & toute son occupation se réduisoit à la multiplication des individus dont sa basse-cour étoit peuplée, & à faire valoir sa grange & son grenier, donnant cependant les noms de baron, de chevalier & d'abbé à trois marmouzets qu'on auroit plutôt pris, à leur décoration, pour ceux qui gardoient les brebis & les cochons, que pour ses enfans.

Mais, outre toutes les qualités provinciales dans lesquelles excelloient M. & madame d'Argiville, on pouvoit mettre l'avarice pour la principale, & c'étoit entr'eux un combat perpétuel à qui se surpasseroit dans la sordidité de l'économie.

Cléante, qui n'avoit jamais vu ce cousin que dans une méchante affaire qu'il eut à Paris, pour un beau-frère assassiné dans un bois, & dont il aida fort à le tirer, m'avoit fait une grande fête du régal qu'il se flattoit d'y recevoir, sur les empressemens avec lesquels ce campagnard l'avoit invité de l'aller voir; & sur ce qu'il lui avoit dit de sa maison & des plaisirs qu'il se préparoit de lui donner, s'il pouvoit une fois le tenir dans son château, il ne croyoit pas moins trouver qu'une maison & des jardins enchantés, avec une table délicieuse, & sur-tout le plus excellent vin du monde.

Cependant nous arrivâmes; &, étant à la porte, nous cherchions de toutes parts à nous informer où étoit le château d'Argiville, lorsqu'un homme figuré en vrai valet de charrue, se disant, tantôt cocher, tantôt chasseur, & tantôt le cuisinier de monsieur, nous dit, en beaucoup de discours, que nous étions dans la maison que nous demandions.

Notre carrosse y entra donc au travers d'un vaste théâtre de fumiers, sur lequel un grand nombre de poules, d'oisons & de cochons jouoient la première scène de notre comédie;

&, en avançant, nous vîmes de loin un petit garçon vêtu de treillis, qui, à l'aspect de notre équipage, entra & reparut aussi-tôt vêtu d'un juste-au-corps fait de la dépouille d'un vieux billard; & se trouvant à notre descente, il nous dit, *comme cela*, que monsieur étoit à la chasse au bout du clos, & madame au moulin, & qu'il alloit sonner la cloche pour les avertir de notre arrivée.

Ce laquais, dont le service étoit, sans doute, partagé entre la maîtresse & les dindons, nous quitta: la cloche en même tems sonna; & monsieur le baron, fils aîné, ayant changé ses sabots en souliers, nous vint faire le compliment dont il étoit capable; & nous ayant fait entrer dans un taudis honoré du nom de salle, & fait asseoir sur des sièges dont on ne connoissoit plus l'habit, nous vîmes enfin arriver du moulin madame d'Argiville, &, un peu de tems après, le mari, ayant un grand & vieux lièvre attaché sur ses hanches.

Les complimens furent copieux de la part de nos hôtes; car c'est la chose dont on manque le moins en province. Je ne sais, dit M. d'Argiville, de quoi je pourrai vous régaler à soupé; j'avois, il y a huit jours, les meilleurs perdreaux du monde, & six bouteilles d'un vin qui ne se pouvoit payer; mais vous nous prenez dans un moment fâcheux. Nous ferons cependant ce qui nous fera possible; buvons un coup, & puis nous ferons un tour de promenade, tandis que mon cuisinier fera son devoir. Vîte, ma femme, qu'on tue des poulets.

Pendant tous ces longs & inutiles préambules, le petit perroquet employa demi-heure à mettre sur la table une méchante nappe, un pain bis, un couteau, & deux verres rincés à la Despréaux; & nous ayant ensuite voituré du cellier une cruche d'une boisson moitié vin & moitié lie, nous ne pûmes en corriger l'acidité par l'abondance de l'eau que nous y mêlâmes, & la faim & la soif que nous avions ne put jamais, non plus que les complimens de notre hôtesse, nous forcer à boire un second coup.

Cette préface nous fut d'un mauvais augure pour le soupé, & la promenade ayant servi d'intermède, la cloche, sur les sept heures, nous avertit que la table se servoit. Nous revînmes donc dans la même salle; & l'idée que nous avions conçue du repas ne fut point trompée, puisque nous trouvâmes que d'un côté la table étoit couverte d'un plat d'étain fort ténébreux, sur lequel étoient juchés deux poulets choisis entre les plus décharnés de la basse-cour, au millieu desquels présidoit la moitié postérieure du vieux lièvre rôti ; & toutes ces trois pièces étoient piquées à gros traits, d'un lard aussi jaune qu'il étoit odorant ; & vis-à-vis, par fort mauvaise symétrie, on avoit servi de l'autre côté, dans une terrine, le devant du même lièvre en civet, dont la fumée nous portoit au nez les vapeurs mêlées de l'ail & des navets qui en relevoient l'assaisonnement.

Le curé, qui avoit été invité à cette fête extraordinaire, & à qui la crainte faisoit garder de grandes mesures avec le seigneur, avoit apporté deux pains d'offrande un peu moins bis que celui du gentilhomme, & deux grandes cruches d'un vin moins aigre, & moins au bas que celui dont nous avions goûté.

Cléante étoit dans un dépit mortel, de m'avoir conduit dans une si méchante auberge, & nous aurions moins tenu table, si notre poëte & le curé, qui renvoya deux fois à sa cave, ne se fussent défiés à boire, & si, après que leurs têtes furent un peu échauffées, ils n'eussent mis sur le tapis des questions politiques, dont la contestation faillit plus de quatre fois à les brouiller, mais qu'une rasade appaisoit aussi-tôt.

Enfin, lorsque ce festin, qui finit par des poires, des noix & du fromage, nous eut permis de nous retirer, nous donnâmes nos ordres pour quitter, dès la pointe du jour, un si bon gîte; & conduits par nos hôtes dans une chambre à deux lits, aussi bons que le repas avoit été superbe, ils nous y laissèrent; & notre poëte, mieux rempli que nous, s'y coucha & s'endormit.

Mais pour Cléante & moi, qui, sur le chapitre du matelas, étions un peu plus délicats que la Bourimière, au lieu de nous coucher, nous descendîmes dans le jardin; &, après nous être fait une espèce de divertissement d'un régal si contraire à celui dont nous nous étions flattés, je fis insensiblement tomber le discours sur le changement d'humeur qu'il avoit témoigné en écoutant l'histoire de la Bourimière, & sur cet air triste qui l'avoit tout-d'un-coup nseveli dans la langueur.

Cléante, qui n'avoit rien de caché pour moi, fit un soupir, & m'avoua que ce que la Bourimière avoit dit de Virginie, avoit réveillé dans son esprit le souvenir d'une aventure qui lui étoit arrivée, il y avoit quelque tems, avec une personne qu'il ne connoissoit point, & dont il n'étoit point connu; qu'il avoit conçu pour cette fille l'amour du monde le plus vif & le plus tendre; que cette passion s'étoit fortifiée dans son cœur, parce qu'il avoit cru en être aimé; que les choses même avoient été sur le point de se pousser beaucoup plus loin, puisque le rendez-vous avoit été pris pour se faire connoître l'un & l'autre; mais qu'un accident fatal l'ayant forcé de manquer à ce rendez vous, jamais il n'avoit vu depuis cette aimable fille, ni pu savoir qui elle étoit; qu'elle ignoroit aussi le nom, la fortune, & la qualité de son amant ; que ce n'est pas qu'il s'imaginât que Virginie eût rien de commun avec cette fille ; mais enfin, que tout ce que la Bourimière en avoit conté, avoit, je ne sais par quels ressorts, rendu toute la vigueur à une passion qu'il essayoit d'étouffer.

Mais, ajouta-t-il, puisque nous ne voulons point dormir, qu'il fait un tems le plus doux du monde, & que la lune en son plein semble nous inviter à nous reposer à sa clarté, mettons-nous sur ce siège que voici, & je vous conterai cette petite aventure. Je consentis avec plaisir à ce que voulut mon ami; nous nous assîmes sur un banc au pied d'un orme; & Cléante me voyant prêt à l'écouter, me parla de la sorte :

AVENTURE
DE CLÉANTE.

SI vous me connoissiez moins, je commencerois par vous dire que quoique jusqu'ici j'aie passé dans le monde pour un homme qui se laisse prendre facilement aux attraits d'une belle, il y a cependant peu d'hommes plus difficiles & plus délicats en amour, ou, pour vous parler plus nettement, je n'ai presque jamais aimé, quoique, par une habitude qui semble commune à toute la jeunesse, le desir de m'amuser, & de ne pas passer pour un jeune homme sans bonne fortune, m'ait livré à plusieurs aventures, les unes plaisantes, & les autres qui m'ont coûté beaucoup de chagrin.

Mais l'amour est malin ; &, après avoir longtems souffert qu'un homme se suppose amant sans ressentir une véritable passion, il se venge, & l'engage d'aimer tout de bon, lorsqu'il pense le moins à s'engager : c'est l'état où je me trouve ; & le feu dont je brûle pour une inconnue, me punit bien sévérement de toutes les passions que j'ai feintes.

Vous connoissez, sans doute, Céphise, la femme de ce gros marchand en magasin, qui se fait un plaisir de lui donner un des meilleurs équipages de Paris. Vous savez qu'elle passe dans son quartier pour un modèle achevé de pruderie & de retenue, & qu'à trente-deux ans, traînée dans ce bon carrosse, elle porte des manches plus longues, & des coiffures plus courtes qu'aucune femme de cinquante.

Il n'y a personne qui, sur son air, sa physionomie, ses discours, & les caresses qu'elle fait à son mari, ne pariât pour le front de cet époux; mais qu'il faut bien connoître le fond des gens, avant que de hasarder sur les dehors un pari de cette délicatesse.

Vous ne croiriez donc pas, si je ne vous le disois, que ce modèle de prude prit, je ne sais par quel endroit, ou feignit prendre un amour violent pour le jeune Florimond mon ami, qui ne s'en fut pas plutôt apperçu par les avances qu'elle lui fit, qu'il m'en confia le secret, non-seulement parce qu'il n'a jamais eu rien de caché pour moi, mais parce qu'il avoit besoin d'un ami pour avoir prétexte de se dérober facilement aux yeux d'un vieil oncle qui l'observoit plus exactement qu'il ne vouloit, & qui me le confioit assez librement.

Je l'accompagnois donc souvent à leurs rendez-vous; & sitôt que je les voyois prêts à se joindre, j'avois la prudence de les laisser dans une entière liberté; & leur rendez-vous étoit ordinairement aux Tuileries, sur les neuf heures du soir.

Un jour que nous l'attendions dans l'allée qu'elle lui avoit indiquée, après que nous nous fûmes long tems promenés, nous l'apperçûmes venir de loin, accompagnée d'une fille, dont la jeunesse & la beauté ne servoient pas à lui donner du lustre. Elles s'avancèrent, & nous étant joints tous quatre vis-à-vis de l'amphithéâtre, elle feignit d'avoir quelque chose d'important à dire à Florimond, & dit à celle qui l'accompagnoit, de l'attendre un moment dans cet endroit, & en même tems elle s'écarta avec mon ami.

Cette manière familière me fit faire un jugement peu avantageux à la jeune & belle personne qu'elle laissoit seule avec moi si tard, & dans un endroit si commode pour les aventures brusques.

L'humeur enjouée qui me porte naturellement au plaisir, m'engagea à lier avec elle une conversation que j'ouvris d'abord sur le pied de mes fausses idées; mais je fus bientôt détrompé: je trouvai une fille aussi modeste & spirituelle, qu'elle étoit jeune & brillante; & changeant tout-d'un-coup en respect l'enjouement excessif par lequel j'avois débuté, je louai sérieusement toutes les qualités aimables que je découvris dans cette inconnue ; & insensiblement, soit qu'elle trouvât mon esprit & mes manières au goût de sa vertu, soit que ce fût l'effet d'une sympathie qui agissoit sur elle en même-tems que sur moi, elle me dit mille choses plus obligeantes que je ne les méritois, & porta sa complaisance jusqu'à me témoigner que son amie lui avoit fait un plaisir sensible de la laisser avec moi.

Quelque long que fût le rendez-vous de Céphise & de Florimond, ils revinrent nous joindre beaucoup plutôt que je ne le desirois. La conversation générale fut courte, & l'on se sépara, mon ami étant, à ce qu'il me dit, très-satisfait, & moi plus frappé au cœur que je ne l'avois été de ma vie.

Je passai le reste de la nuit & le jour suivant dans des impatiences mortelles du rendez-vous que Céphise avoit donné pour le lendemain au même endroit, & j'étois fort résolu d'y expliquer, dans les formes, à mon inconnue, la passion que je sentois véritablement pour elle, & d'essayer d'apprendre qui elle étoit ; car, dans une première entrevue, la décence n'avoit pas permis à mon amour naissant une curiosité qui auroit paru trop incivile.

Le lendemain, nous nous rendîmes tous presque en même tems au même lieu. Florimond emmena Céphise où il lui plut ; & mon inconnue s'étant assise sur le gazon, je me jettai à ses pieds un genou en terre ; & y restant, malgré tous les efforts qu'elle fit pour m'obliger de quitter cette posture : Non, charmante inconnue, lui dis-je ; non, laissez-moi le plaisir de lire dans vos regards si vous en avez un peu de me revoir. Avez-vous songé un moment à moi, tandis qu'éloigné de vous, je n'en ai pas passé un seul sans penser à vous ?

Il me semble, répondit-elle, qu'hier je vous expliquai assez le plaisir qu'on avoit de s'entretenir avec vous, pour vous faire comprendre qu'on ne vous oublie pas si aisément. Que je suis heureux, lui répliquai-je, si j'ai pu occuper votre souvenir, quand même ce ne seroit pas avec l'inquiétude que le vôtre m'a donné. Ah ! belle inconnue, poursuivis-je, pourquoi me faites-vous voir tant de mérite, tant d'esprit & tant de vertu ? Et peut-on vous connoître, & ne pas ressentir pour vous tous les plus tendres mouvemens de l'amour !

Je la regardois tendrement en prononçant ces paroles, pour lire dans ses yeux l'effet qu'y produiroit ce mot ; & sans lui donner le tems de me répondre quelque chose qui fût contraire à mes desirs : Oui, belle inconnue, continuai-je, il ne m'est pas possible de vous taire que la passion que j'ai pour vous est la plus sincère que vous ferez jamais naître. J'ajoutai toutes les expressions les plus fortes & les plus tendres pour lui persuader cette vérité ; & si elle ne répondit pas à mon ardeur avec toute l'émotion que je pouvois desirer, j'eus du moins l'avantage de connoître que tout ce que je lui disois ne l'offensoit point, & que, si son cœur ne se rendoit pas, il étoit du moins ébranlé.

Je goûtois donc, dans une si douce conversation, un bonheur qui ne se peut exprimer; & plus je l'entretenois, plus j'étois charmé de son esprit ; mais j'essayois en vain de tirer d'elle quelque chose qui me pût instruire, ou de son nom, ou de ce qu'elle étoit, & j'en fus aussi peu éclairci que la première fois. Nos amans revinrent dans le tems que j'avois encore mille choses à dire; mais il fallut se séparer, & attendre deux jours à se voir, parce que Céphise avoit des obstacles qui l'empêchoient de venir le lendemain.

Il faut aimer avec autant de violence que j'aimois, & se croire aimé comme je me flattois de l'être, pour comprendre toute l'inquiétude dont je fus agité durant ces deux jours. La crainte de manquer un succès que je regardois déja comme indubitable, & l'impatience de revoir celle fans laquelle je ne pouvois plus vivre, me faifoient compter tous les momens. J'écrivis dix lettres, & les brûlois à mefure qu'elles étoient écrites, foit qu'elles ne me paruffent pas répondre à l'excès de ma paffion, foit que l'impoffibilité de les envoyer me fit voir ma folie; & plus je cherchois tout ce qui pouvoit diminuer mon inquiétude, plus elle s'augmentoit.

Enfin le jour du rendez-vous arriva, & j'eus le bonheur d'entendre cette belle inconnue m'avouer que fi je l'aimois véritablement, elle n'avoit pas un moindre penchant pour moi; qu'elle pouvoit m'affurer qu'elle n'étoit point un parti indigne d'un honnête-homme; que fi je defirois une union indiffoluble avec elle, & que la chofe devînt poffible, je ne trouverois aucune réfiftance dans fa volonté, que même elle fe feroit un plaifir de mon bonheur; mais qu'elle y voyoit des obftacles invincibles; que pour me les expliquer, & imaginer des moyens de les vaincre, il falloit plus de tems que nous n'en avions; que fi je voulois, le lendemain matin, me rendre feul, à neuf heures, dans le même endroit, elle m'apprendroit fon nom, fa qualité, & les obftacles qui s'oppofoient à ma paffion; qu'elle remettoit à ce moment à favoir auffi mon nom, qui, tel qu'il fût, lui seroit toujours moins considérable que les qualités qu'elle avoit reconnues en moi, & qu'en un mot, je ne manquasse pas à ce rendez-vous.

Je lui promis de n'y pas manquer, ou qu'elle me crût le plus indigne, & le plus perfide de tous les hommes ; & pour gage de l'amour réciproque & inviolable que nous nous jurâmes, elle me permit de baiser sa main & reçut une petite bague d'or que je lui mis au doigt, & dont le chatton étoit composé de deux mains qui se lioient, & qui étoient le symbole de la foi éternelle que je lui promettois.

J'achevois cette petite cérémonie qui m'engageoit pour jamais à cette belle inconnue, lorsque nos amans parurent : Céphise voulut faire un tour de promenade, & je fus dans une prodigieuse surprise, lorsque je sentis qu'en s'approchant de moi elle me serra la main, & m'y glissa un billet. Je crus d'abord que ce pouvoit être quelque chose qui concernoit l'inconnue ; mais tout ce qu'elle dit avec équivoque dans la promenade, me fit bien-tôt changer de sentimens ; nous sortîmes ; elle monta en carrosse avec l'inconnue ; & après avoir quitté Florimond, je me retirai chez moi fort impatient de voir ce que portoit ce billet mystérieux, & je n'eus pas plutôt

Q

de la lumière dans mon cabinet, que je l'ouvris, & y lus ces paroles.

» Quel pas me fait faire l'amour ! mais quels
» pas n'est-on point capable de faire pour
» Cléante ? Jugez de l'excès de la passion que
» j'ai pour vous, puisqu'elle me fait trahir
» votre ami, & qu'elle m'expose à être trahie
» moi-même, si vous avez de plus grands
» égards pour cet ami que pour une femme
» qui vous aime plus que tout le monde en-
» semble ».

Quel fut mon étonnement en lisant ce billet? quand une si honteuse démarche de cette fausse prude ne m'auroit pas donné pour elle tout le mépris qu'elle méritoit, la passion que j'avois pour l'inconnue, & l'amitié sincère qui me lioit avec Florimond, suffisoient pour m'en inspirer de l'aversion. Cependant, quoique je plaignisse mon ami d'être tombé en de si mauvaises mains, j'avois trop de cœur pour lui sacrifier ce billet ; & excusant l'aveuglement de l'amour, je résolus de dissimuler toute l'horreur que j'avois conçue de cette action, & de tâcher par des voies douces, à détourner cette infidèle de la trahison qu'elle vouloit faire à mon ami.

Ce fut pour moi un surcroît d'inquiétude,

qui avec celle de mon amour, m'ôta le sommeil. Je paſſai la nuit à rêver ſur la conduite que je devois tenir dans une rencontre ſi délicate; & m'étant levé, je commençai quatre billets pour répondre au ſien; & enſ je me preſſois d'en achever un pour ne pas perdre l'heure de mon rendez-vous qui s'approchoit, lorſque je vis une femme en habit fort négligé, entrer dans ma chambre; & la regardant plus attentivement, je connus que c'étoit Céphiſe.

Où allez-vous, madame, lui dis-je; où allez-vous? Je n'oſe vous dire ce qu'elle me répondit, ni l'entretien qui fut la ſuite de ſa première réponſe. Si ſa lettre étoit d'un emportement peu pardonnable à la modeſtie du ſexe, tout ce qu'elle me dit pour m'expliquer la violence de ſon amour fut beaucoup au-delà: j'y répondis comme un véritable ami de Florimond, & comme un homme dont le cœur avoit pris une autre attache; & l'impatience où me mettoit l'heure de mon rendez-vous irritant l'averſion qu'elle méritoit, tantôt j'allois juſqu'à la bruſquer, pour l'obliger de me laiſſer en repos, & tantôt attribuant mon impatience & ma mauvaiſe humeur à des affaires domeſtiques, je feignois de flatter ſa paſſion pour l'exciter à remettre à un autre tems à nous expliquer ; mais toute mon induſtrie ne put l'empêcher d'être près de deux heures dans ma chambre ; & enfin voyant que je l'allois abſolument laiſſer chez moi , elle ſortit , auſſi mal ſatisfaite que je l'étois du contre-tems de ſa viſite.

Mais admirez la bizarrerie du ſort : ce même jour Florimond ayant ſu que le mari de Céphiſe étoit parti dès le matin pour la campagne, s'aviſa d'aller chez elle pour la voir, & arriva dans le moment qu'elle venoit de ſortir ſeule, & à pied : une jalouſie ſoudaine le prit; & comme il eſt extrêmement vif dans ſes réſolutions , il ſe mit ſur ſa piſte , l'apperçut, la ſuivit de loin , & la vit entrer chez moi.

Il ne douta point qu'il n'y eut entre nous une ſecrette intrigue concertée pour le trahir; & comme il s'étoit mis en ſentinelle pour obſerver quand elle ſortiroit, la longueur prodigieuſe de ſa viſite à une heure ſi extraordinaire le confirma dans ſon idée , & donna à ſa bile tout le tems de s'aigrir. Ainſi réſolu de ſe venger contre moi de la perfidie qu'il en croyoit recevoir ; lorſque Céphiſe ſortit, il ſe cacha , & la laiſſa paſſer ; mais me voyant ſortir un moment après à pied , & ſans laquais, il vint droit à moi, & me criant,

» ah traître ! il faut que tu meures ». Il mit l'épée à la main, & m'obligea de me mettre en défence ; je connus bien son erreur, mais son attaque étoit trop vive pour m'amuser à le désabuser. Je fus, du premier coup blessé à la cuisse, mais dans la chaleur cette plaie n'empêcha pas que, conservant plus de jugement que lui, je ne le désarmasse.

Voilà le sujet de ce démêlé que j'eus, & dont jamais personne n'a pénétré la vérité : on me porta chez moi plus blessé que je ne le croyois, & delà on me fit passer par derrière chez un de mes amis, tandis qu'on tira de mon coffre les voies les plus courtes pour faire passer cet accident pour un assassinat qu'un inconnu avoit médité contre moi. Ainsi, vous êtes le seul au monde qui sachiez que c'est Florimond qui m'attaqua.

Vous jugez bien que mon rendez-vous fut manqué ; j'ignorois, qui étoit, & où étoit mon inconnue ; & lorsqu'au bout d'un mois ma plaie me permit de sortir, je fus inutilement la chercher de toutes parts ; elle n'a plus paru à mes yeux : & comme il ne lui étoit pas difficile de découvrir par Céphise ou par Florimond, qui j'étois, & que ma blessure avoit fait assez de bruit ; le silence dans lequel son amour s'est évanoui, me fait assez connoître, ou qu'elle ne m'aimoit point, ou qu'une infidélité me l'a enlevée.

Mais si cet incident, & la perte de l'inconnue, qu'il m'avoit causée, redoubloient tous les jours l'horreur que j'avois pour Céphise, je voyois avec chagrin augmenter sa passion. J'avois désabusé Florimond, sans néanmoins perdre cette perfide dans son esprit, & notre amitié s'étoit aisément renouée plus forte que jamais, mais elle rompit avec lui de la manière du monde la plus dure, croyant que ce sacrifice me rendroit plus traitable, & que n'ayan plus à combattre l'obstacle des intérêts de mon ami, j'entrerois plus facilement dans ses désirs, mais mon cœur n'étoit plus libre, & la voie qu'elle avoit prise pour y arriver étoit trop odieuse, & trop coupable pour m'exciter au moindre penchant.

Mais à mesure que mon aversion croissoit pour elle, le cruel amour que j'avois pour une infidèle que je ne connoissois point, me dévoroit de plus en plus; je fuyois l'une partout, & je cherchois par-tout l'autre. J'ai passé près de cinq mois dans ce double tourment, & ce n'est pas moins pour m'éloigner de l'une, que pour tâcher d'oublier l'autre, que je fais ce voyage.

Cléante finit de la sorte le récit de son aventure, qui, par l'infidélité de Céphise, le brusque emportement de Florimond, & le silence de l'inconnue, nous fournit une ample matière de réfléchir, & de raisonner sur le peu de solidité qu'on trouve dans l'amour que les femmes nous témoignent, sur l'aveuglement de la jalousie, & sur l'inconstance de la jeunesse, & après toutes nos réflexions ; mais, lui dis-je, mon cher Cléante, est-il possible que, pour avoir vu trois fois une fille, dont vous ne savez ni le nom, ni le bien, ni la naissance ; ni qui plus est la réputation, & qui ne l'avez connue que parce qu'elle accompagnoit une perfide, vous qui vous dites si délicat en amour, vous en ayez pris pour elle un assez violent pour vous déterminer à la vouloir épouser ; & pour ne la point oublier après l'indifférence qu'elle a eue pour vous jusqu'à vous négliger comme vous voyez qu'elle a fait ? Il y a, me répondit Cléante, des mérites si victorieux, & les ressorts secrets de l'amour agissent avec tant de force & de puissance, qu'il ne faut point que vous vous étonniez, ni de la passion soudaine que j'ai conçue pour la plus aimable, & la plus spirituelle fille de la terre, ni de ma constance malgré son oubli. Je me flatte même quelquefois jufqu'à chercher dans mon efprit des excufes à fon filence : & quand je confidère de quelle manière bizarre le hafard rompit le rendez-vous qu'elle m'avoit donné, je me perfuade que d'auffi bizarres rencontres peuvent me l'avoir enlevée, & que, comme elle me fait, fans doute, l'injuftice de me croire volage fur ce que malgré moi j'ai manqué à la parole que je lui avois donnée ; je lui en fais peut-être une auffi grande de la croire inconftante.

C'eft ainfi, lui dis-je, que les amans fe flattent toujours : cependant vous cherchez à l'oublier, & vous ne le cherchez que parce que vous la croyez infidèle.

Oui, dit Cléante, mais plus je fais d'efforts pour arriver à cet oubli, moins j'en viens à bout ; & comme l'amour fe repait fouvent de chimères & de vifions, je m'imagine toujours que quelque aventure fingulière me la rendra : je n'ai pu même ouir ce que ce poëte nous a conté de l'aventure de Virginie fans l'appliquer à la mienne ; & quoique je ne fois pas affez fou pour me flatter que l'une foit l'autre, le malheur de cette fille, & les plaintes qu'elle fait d'avoir trouvé un infidèle, m'ont du moins appris que je ne fuis pas le feul que l'amour rend infortuné.

Nous nous promenâmes ensuite en parlant de choses plus indifférentes ; & la pointe du jour approchant, nous remontâmes à la chambre de la Bourimière, pour l'arracher des bras du sommeil. Nous le trouvâmes levé, & déja la plume à la main , & à la clarté d'une lampe qu'il avoit été chercher il remplissoit un sonnet sur un canevas de bouts-rimés. Ah de grace ! nous dit-il, en nous voyant entrer, laissez-moi un petit moment en repos, je n'ai plus qu'un tercet à remplir de ces bouts-rimés, qui m'ont été envoyés par une célèbre académie fort amoureuse de ces sortes de pièces, & je ne serai point de bonne humeur que je n'aie passé ma colère en décochant la pointe d'un sonnet sur la cohue prodigieuse d'un nombre innombrable d'avortons qui ont l'audace de s'ériger tous les jours en auteurs, & qui croyent qu'il est libre aux ânes de monter sur le parnasse, parce que les anciens ont placé un cheval sur la croupe de cette montagne.

Cette boutade de notre poëte nous réjouit ; & pour ne le point interrompre, nous descendîmes pour aller mettre en mouvement nos valets, afin que notre équipage fût prêt pour le départ, & nous le laissâmes dans une entière liberté ; mais nous étions à peine descendus, qu'il nous rappella par la fenêtre, en nous criant de venir au plus vîte servir de remueuse au nouveau-né dont il venoit d'accoucher.

Comme nous savions que les poëtes sont d'un courroux implacable contre ceux qui refusent de prêter attention aux ouvrages qu'ils veulent montrer, & que rien ne les met en meilleure humeur que les applaudissemens, nous remontâmes avec toute la diligence possible.

Mais au milieu du limaçon de bois, à qui par honneur je veux bien donner le nom d'escalier, nous trouvâmes notre hôte, dont les complimens aussi longs que son fusil, & aussi mal assaisonnés que son civet, nous arrêtèrent. La Bourimière cependant crioit, & nous appelloit d'une voix aussi forte que celle d'un Iman, qui du haut d'un minaret appelle les Turcs à la Mosquée. Nous quittâmes donc notre hôte qui descendoit, dit-il, pour ordonner le déjeûner, & montant au plus vîte auprès de notre poëte, il nous lut avec emphase ce sonnet.

SONNET

De bouts-rimés sur les mauvais auteurs.

Aux pieds du Mont-Parnasse, une sale *Gargouille*
Forme un égoût puant où rampe l' *Escarbot*
C'est-là que Phébus voit un poëte en *Sabot*
S'abreuver du limon qui nourrit la *Grenouille*

Quand Despréaux jadis y faisoit la *Patrouille*
Son fouet en bannissoit l'ignorant & le *Sot*
Chacun prenoit en main la lime & le *Rabot*
Mais, faute de censeur, tout se gâte & s' *Enrouille*

L'auteur, de toutes parts, naît comme un *Potiron*
Tel croit pouvoir chanter l'élève de *Chiron*
Qui fournit de cornets le poivre & la *Muscade*

Quand du Méandre, ô ciel, banniras-tu l' *Oison*
Quand par les Médecins tu verras un *Malade*
A coup sûr & *gratis*, recevoir *Guérison*

Nous ne trouvâmes point ce sonnet mal rempli sur ses rimes bizarres ; & quoique j'aye toujours eu pour les bouts-rimés, les sentimens que Sarazin m'a inspirés, cela n'empêcha pas que je ne comblasse de louanges notre poëte Normand.

Je vous ferai voir, dit-il, avant que nous nous quittions, d'autres pièces de ma façon, & vous avouerez qu'il ne croît pas de corbeaux dans le pays des *Corneilles*. Il s'étendit ensuite sur le mérite élevé des bons auteurs que nous avons perdus, ou par la mort, ou par la retraite; & sur les petitesses de la plupart de ceux qui nous restent, & n'auroit pas cessé, si d'un côté un de nos laquais, aussi impatient que nous d'être hors de cette auberge, ne fût venu nous avertir que la voiture étoit prête, & que de l'autre, notre hôte ne fût venu nous dire qu'un petit déjeûné nous attendoit, & il étoit vrai.

Nous descendîmes donc; & nous entrâmes dans la salle, plus par curiosité de voir l'apprêt du repas de l'étrier, que par le désir de manger. Il consistoit dans un morceau de lard fumant, qu'on avoit fait bouillir toute la nuit; & le curé qui, charmé de l'esprit de la Bourimière, ne vouloit pas le laisser partir sans lui dire adieu, y avoit joint une poivrade de quatre pigeonneaux tirés de son volet, & une cruche de vin; on en déjeûna: le Gentilhomme fut ensuite remercié au-delà des mérites de son régal, & madame d'Argiville qui descendit en cornette sale, corset de busle, jupe à guipures, & pantoufle de roussi, eut sa part des complimens, & trois baisers par dessus. Le curé eut aussi ses remercimens avec plus de justice, & il s'en falut peu que notre poëte ne le suffoquât à force de l'embrasser, non-seulement pour le payer de son vin, mais des louanges outrées qu'il avoit données à son sonnet, dont il voulut retenir copie pour le montrer à tous les curés du voisinage.

Nous voilà donc embarqués pour le dernier jour de notre route à Falaise, puisque nous faisions notre conte d'y arriver le soir : comme nous n'avions point reposé la nuit, nous donnâmes, Cléante & moi, la plus grande partie du matin au someil, tandis que le poëte s'entretenoit tour-à-tour, tantôt avec l'idée de Virginie, & tantôt avec le cheval Pégase.

Nous avions déja fait quatre lieues sans que notre repos eût été rompu, lorsque la Bourimière se mit à crier d'une voix terrible, arrête, arrête cocher, arrête. Ce bruit nous ayant éveillés, j'apperçus que nous étions dans une route qui coupoit un petit bois ; & la première imagination que j'eus, ce fut que nous étions peut-être tombés dans une troupe de voleurs. Mais ne voyant qui que ce soit de part ni d'autre du carrosse ; je mis la tête à la portière, & vis une chaise de poste qui couroit à toute bride devant nous, avec un cavalier qui l'escortoit.

La Bourimière continuoit de vouloir qu'on arrêtât ; nous lui en demandâmes le sujet ; ou je suis, dit-il le plus trompé du monde, où je viens de voir passer Virginie dans cette chaise. Bon! lui dis je, elle est à Caen, & nous y allons. C'est, dit-il, ce qui m'étonne. Mais, repris-je, quand vous seriez à pied, pouvez-vous l'atteindre; elle n'est plus même déja à portée de votre voix; & l'unique parti que vous avez à prendre, c'est que nous nous informions par-tout de sa route, pour la joindre où elle arrêtera. Elle dînera peut-être où nous débriderons: ainsi, bien loin d'arrêter, il faut au contraire presser nos chevaux.

Cependant, la chaise s'éloignoit d'une vîtesse inconcevable, & nous l'avions déja perdue de vue dans les arbres d'un petit bois: nous pressâmes donc notre marche, & avant midi nous avions fait encore près de trois lieues, & nous arrivâmes à un bourg qui n'en étoit plus qu'à cinq de Falaise.

Nous nous y arrêtâmes pour dîner, & apprîmes que la dame à la chaise y ayant pris des chevaux frais, avoit passé outre, & qu'elle faisoit état d'être à deux heures à Falaise, que le cavalier qui l'accompagnoit avoit dit en buvant un coup avec l'hôte, qu'hier elle avoit été enlevée à Caen, mais que son maître l'avoit tirée des mains de ses ravisseurs, qu'un valet y avoit été tué, & qu'il la renvoyoit dans cet équipage pour se rendre où elle voudroit.

Ce rapport fit qu'on ne douta plus que ce ne fût Virginie; & la Bourimière sur cet incident, faisant battre à son imagination toutes les campagnes des aventures romanesques, cherchoit à deviner de quelle manière cet enlèvement avoit pu être fait, car il ne doutoit point que ce ne fût l'ouvrage de son neveu.

Nous montâmes dans une chambre où l'on nous apporta pour dîner tout ce qui se put trouver de plus propre à nous consoler de la mauvaise chère que nous avions faite chez le cousin de Cléante; mais à peine étions nous hors de table, que dans une chambre qui n'étoit séparée de la nôtre que par une cloison d'ais entre-ouverts, & couverts d'une méchante bergame, nous entendîmes entrer du monde, dont un qui prit un ton de maître, & plein de courroux, dit aux autres: il faut que vous soyez de lâches coquins, de vous être laissé battre trois par deux hommes, & enlever ce qui vous étoit confié. Contez-moi donc, vous la Verdure, de quelle manière la chose s'est passée, car ce coquin de la Pierre ne sait ce qu'il dit.

Ce préambule avoit trop de rapport à l'aventure de Virginie, pour ne pas exciter notre curiosité, & la Bourimière nous ayant assuré que c'étoit le superbe la Camardière qui avoit parlé; nous prêtâmes, avec un profond silence, l'oreille à ce qu'ils diroient.

Mon camarade a dû vous avoir dit, répondit un de ceux que nous jugeâmes valet de l'autre, que l'archer la Fosse, qui a été tué, ayant en main l'arrêt dont vous l'aviez fait porteur, & s'étant revêtu d'une robe en véritable huissier du parlement, nous prit pour recors, la Pierre & moi, que suivant vos ordres nous nous rendîmes tous trois dès avant hier au soir à Caen, à la grille du couvent où Virginie s'étoit cachée, & qu'à la requête de votre oncle nous y donnâmes à la supérieure copie de cet arrêt, avec commandement de nous la délivrer. Elle nous remit au lendemain matin, & hier dès cinq heures y étant retournés, le stratagême réussit; on crut que c'étoit la Bourimière qui la retiroit, & on nous la mit entre les mains.

Virginie monta avec plaisir dans le carrosse que nous lui avions préparé, & nous la conduisîmes hors des portes, où une chaise pour elle, & trois chevaux pour nous, nous attendoient: nous suivîmes la route que vous nous aviez donnée, & jusqu'au dîné elle demeura

meura dans l'erreur ; mais enfin à force de nous interroger de choses sur lesquelles nous n'étions pas préparés, elle commença à se défier de nous ; & confirmée que c'étoit un stratagême de votre part, le refus qu'elle fit de continuer sa route nous ayant obligés d'employer la violence, la Fosse qui étoit le mieux monté, la prit devant lui sur son cheval, tandis que la chaise nous suivoit toujours ; & malgré ses cris nous n'étions plus qu'à une lieue du château où vous nous attendiez, lorsque sur la fin du jour deux hommes bien montés passèrent auprès de nous.

Le nom dont elle appela le mieux fait de ces deux cavaliers, & les cris qu'elle fit, l'engagèrent de mettre l'épée à la main ; & soutenu de l'autre, il vint à nous, prit un ton fier, & nous menaça de la mort si l'on ne mettoit bas cette fille.

A cette menace, nous mîmes la Pierre & moi le pistolet à la main pour faire ferme, tandis que la Fosse emportant Virginie s'échappoit à toute bride : mais ces deux cavaliers ayant essuyé nos deux coups, fondirent sur nous avec tant d'impétuosité, que n'ayant pas le loisir de porter la main au pistolet qui nous restoit, nous fûmes forcés de lâcher le pied, & d'enfiler une autre route que la Fosse,

R

pour attirer ces cavaliers, mais notre rufe ne réuffit pas ; il nous laifsèrent, & s'attachant à celui qui emportoit la proie, ils ne furent pas long-tems fans l'atteindre; le mieux monté le joignit; & d'une hauteur d'où je ne pouvois pas lui donner fecours, je vis la Foffe percé d'un coup d'épée qui lui paffa d'un flanc à l'autre, & tomber mort d'un côté de fon cheval, tandis que Virginie tomba évanouie de l'autre.

Vous jugez bien que nous n'étions pas en état de leur arracher cette proie. Ainfi tout ce que nous pûmes faire, c'eft que je vous dépêchai mon camarade pour aller vous rendre compte de notre infortune, tandis que je pris foin d'obferver les démarches de nos ravifseurs ; & c'eft par ma vigilance que vous avez fu ce matin qu'elle étoit partie dans cette même chaife qui nous fuivoit, & qu'elle a pris la route de Falaife.

Il falloit périr reprit l'autre, plutôt que d'abandonner votre proie ; mais fi elle m'eft échappée, elle n'eft pas loin ; je fuis fur fa route, & je la joindrai à Falaife. Qu'on bride mes chevaux auffi-tôt qu'ils auront mangé.

Sur ce récit que nous ouîmes mot à mot, nous ne pouvions douter que celui qui parloit ne fût la Camardière, & que Virginie n'eût été enlevée de son couvent de Caen, par le tour de souplesse qu'on venoit de conter. Mais quoiqu'instruits d'une action si noire, & portés à servir la Bourimière & Virginie, il n'étoit pas aisé de prendre une résolution qui fût tout ensemble, & sage & sûre.

Si nous eussions voulu prendre la voie de la violence, il ne nous auroit pas été difficile de les accabler, puisqu'ils n'étoient que trois; mais la Camardière, tout coupable & tout scélérat qu'il fût, étoit un juge; & nous n'étions pas en droit de l'aller attaquer de sang-froid, & de nous attribuer l'autorité de le punir.

Nous aurions bien voulu pouvoir le devancer à Falaise, pour prévenir ce qu'il pouvoit y entreprendre en y arrivant devant nous, mais il étoit à cheval, & nous dans un carrosse, ce qui rendoit notre désir d'une difficile exécution.

La Bourimière outre cela, soit qu'il fût naturellement poltron comme un poëte de cinquante ans, soit qu'il eût des raisons particulières, nous dit qu'il étoit à-propos que son neveu ne le vît point.

Enfin, après avoir bien raisonné, Cléante qui entroit plus que moi dans tout ce qui regardoit Virginie, fit appeller son cocher, &

lui commanda de faire en sorte que les chevaux des trois cavaliers qui venoient d'arriver, fussent hors d'état de marcher.

La chose est facile, dit le cocher, & il y en a déja un qui ne se peut soutenir : il descendit aussi-tôt, & tandis que les nouveaux venus mangeoient, & qu'un de nos laquais étoit en vedète, il fit avec l'autre son opération; un clou mit celui de la Camardière sur la litière, & une piqûre à un nerf fit le même effet sur l'autre.

Cependant notre carrosse fut prêt ; la Bourimière enveloppé, entra dedans sans qu'on le vît, & nous partîmes pour continuer notre route, dans le tems que les valets de la Camardière entroient dans l'écurie pour y brider les chevaux.

Cléante avoit laissé un laquais Gascon fort adroit, pour lui rendre compte du succès de sa malice, & avoit pris la précaution de louer pour lui l'unique cheval de selle qui étoit dans ce bourg, non-seulement pour en ôter à la Camardière la commodité, mais afin que ce laquais pût le suivre, & observer sa marche pour nous en instruire.

C'est de lui que nous apprîmes les emportemens fougueux qu'il eut à la vue de l'état où étoient ses chevaux. Ceux qui avoient amené Virginie étoient retournés, & ceux qu'elle avoit pris avoient épuifé le village : ainfi après avoir confumé plus d'une heure à chercher les moyens les plus prompts pour fe rendre à Falaife, il n'en trouva point d'autre que de laiffer un de fes valets pour amener le lendemain au petit pas fes chevaux eftropiés, & de faire cependant atteler une charrette où fa preftance magiftrale s'emballa pour être menée par une lieue de traverfe, dans un endroit où il pût prendre des chevaux de pofte.

Mais comme celui qui devoit conduire la voiture favoit mal cette route de traverfe, le laquais Gafcon de Cléante montant à cheval dit la favoir parfaitement, & pour peu de chofe s'offroit à fervir de guide. Sa bonne volonté fut acceptée & payée d'avance, & il les mena fi bien, que les ayant promenés à contre-pied jufqu'à la nuit, & enfourné la charrette dans un bois, il s'échappa, & vint le lendemain nous en rendre compte à Falaife, où nous étions heureufement arrivés.

Je dis heureufement, & en effet, on ne pouvoit faire une route avec plus de fuccès; le tems fut admirable, & notre entretien roula pendant deux heures fur les moyens de prévenir les violences de la Camardière, & de le faire châtier de fon entreprife : Cléante promit à la Bourimière l'appui de son oncle, qui avoit un très-grand crédit au parlement de Rouen, & lui dit que dès qu'il seroit à Falaise il falloit chercher Virginie, la mettre en lieu sûr, lui faire faire une plainte sur son enlèvement, & se conduire ensuite selon l'occasion.

Notre poëte, durant cette conversation, avoit de tems en tems des saillies d'amour & de poésie, qui nous faisoient pâmer de rire; il nous dit quantité de vers amoureux qu'il avoit faits pour Virginie; & ce sonnet entr'autres, sur ce qu'il ne la pouvoit oublier malgré ses rigueurs, me plut si fort, que je le retins.

SONNET,

Sur la rigueur d'une inhumaine qu'on ne peut oublier.

Que ton traître poison me cause de supplices,
Serpent toujours caché sous d'agréables fleurs !
Que tu me fais payer par d'amères douleurs,
Tout ce qu'un faux espoir me peignoit de délices !

Je ne t'ai point offert, Amour, de sacrifices,
Que je n'aye arrosé tes autels de mes pleurs,
Et tes funestes feux, par des sentiers trompeurs,
Ne m'ont enfin conduit qu'à d'affreux précipices.

Sous l'empire d'Iris, & chargé de ses fers,

Que de maux essuyés, que de tourmens soufferts,
Sans pouvoir amolir le cœur de l'inhumaine!
Je me vois au tombeau tout vif enséveli.
Ciel, fais qu'en cet enfer, pour adoucir ma peine,
Je rencontre du moins le fleuve de l'Oubli.

Quoique les vers de notre poëte amoureux, & un peu fou, nous donnassent du plaisir, ce ne fut pas néanmoins le plus grand que nous eûmes. Car, comme nous étions prêts d'entrer à sa guibraye, & que nos chevaux un peu recrus tiroient du flanc, nous vîmes de loin venir derrière nous au grand trot trois cavaliers, que nous prîmes d'abord pour la Camardière & ses deux valets; mais lorsqu'ils purent être facilement discernés, Cléante qui les regardoit attentivement, fit tout-à-coup un grand cri, & dit, non, je ne me trompe pas, & voilà notre ami Florimond; c'est lui-même; c'est lui; où va-t-il; & sa mère seroit-elle morte à Caen?

Il avoit à peine achevé, & crié à son cocher d'arêter, que ces trois cavaliers joignirent le carrosse, & que Florimond ayant reconnu son ami, descendit de cheval pour l'embrasser. Cléante pensa rompre d'impatience la portière; & s'étant déseemballé pour donner plus de liberté à ses embrassemens, ils se firent l'un à l'autre vingt questions à la fois sans répondre à pas une : Florimond demanda s'il y avoit place pour lui dans le carrosse, afin qu'il pût s'entretenir avec nous pendant le reste du chemin jusqu'à Falaise ; mais comme il falloit une place pour lui, & du moins la valeur d'une autre pour ses bottes, la Bourimière s'offrit de monter son cheval, & de fournir par ce moyen, de quoi loger le cavalier botté.

Cet échange fait, les embrassades, dont j'eus ma part, se renouvellèrent dans le carrosse, tandis que les chevaux obéissant avec peine aux coups de fouet, continuèrent leur marche : & enfin l'embarras des complimens étant un peu débrouillé, les convulsions civiles appaisées, & les esprits situés de manière qu'on pouvoit faire des questions par ordre, & en espérer réponse, Cléante demanda à Florimond ce qui l'amenoit en Normandie, & s'il avoit pu quitter les coulisses de l'opéra.

Vous voyez, dit Florimond, ce gros homme de bonne mine que je n'ai pas voulu vous présenter, ni vous à lui ; vous ne devineriez jamais que c'est un amant de cinquante ans que je mène à ma mère qui en a quarante-six ; & qui l'attend à Falaise, pour le conduire à Caen où il la doit épouser.

L'épouser ! dit Cléante, je n'aurois jamais

imaginé qu'un homme de vingt-six ans, aussi spirituel, & aussi sage que Florimond, pût s'aviser de mener un mari à sa mère.

La chose est à la vérité nouvelle, dit Florimond, mais il faut vous en dire le sujet. Ma mère est, comme vous le savez, une des plus riches femmes de Caen : mon père trésorier de France, la laissa veuve à vingt-trois ans, n'ayant que moi pour fils unique, qui n'en avois pas quatre. Cet officier que je vous nommerai monsieur d'Olinville, étoit alors capitaine de cavalerie, homme de naissance & de mérite, & dont les terres ne sont qu'à douze lieues de Caen.

Il aima ma mère à la fureur; elle l'aimoit avec passion; & dès lors il auroit l'épousée, sans une affaire cruelle dans laquelle un de ses amis l'embarrassa, & pour laquelle il fut forcé de sortir du royaume, sans apparence de pouvoir jamais y rentrer : cependant, après avoir servi long-tems chez les étrangers, où sa valeur l'a poussé jusqu'à être officier général : enfin, ses amis, son mérite, & vingt ans d'absence lui ont rouvert la porte du royaume; & étant de retour, comblé de gloire, & avec des biens considérables, ses anciens feux pour ma mère se sont réveillés ; il l'a vue, & soit qu'il y eût dès lors entr'eux quelqu'engagement qui les ait empêchés de penser à d'autres liens, soit que madame de Florimond n'ait pas trouvé d'occasion à son gré; elle est toujours restée veuve durant l'absence de monsieur d'Olinville.

Il lui a donc proposé à son retour un mariage fort avantageux, elle m'en a écrit comme y ayant consenti, & m'a ordonné de me rendre incessamment auprès d'elle, & de prendre en passant ce gentilhomme dans l'une de ses terres, pour venir ensemble à petit bruit terminer toutes choses, ajoutant qu'il y avoit une clause très-importante à régler par le contrat, pour prévenir de grandes difficultés, & pour laquelle il étoit nécessaire que je sois présent.

Je ne puis imaginer ce que ce peut être: car à l'égard du bien de mon père, j'en suis en possession, & ne lui demande rien; & pour le sien, elle en est maîtresse suivant que la coutume lui permet d'en disposer. Je vois même que monsieur d'Olinville désire lui faire de fort grands avantages,

Cléante dit à Florimond qu'il prenoit à cette aventure toute la part que son ami voudroit, & que ses complimens sur cela étoient comme ceux qu'on doit faire à un homme sur la mort d'une femme; c'est-à-dire, ou de condoléance, ou de conjouiffance, fuivant que l'accident plaît ou déplaît au mari.

Après que cet article fut épuifé, Florimond s'adreffant à Cléante: Il faut, lui dit-il, que je vous apprenne une autre aventure affez bizarre, qui m'eft arrivée hier au foir comme j'allois à Olinville, & dans laquelle vous avez beaucoup plus de part que vous ne penfez.

Moi! dit Cléante. Vous-même, reprit Florimond. Ecoutez: Je n'étois plus qu'à demi-lieue d'Olinville, & le foleil fe couchoit, lorfque je rencontrai trois fcélérats qui enlevoient une fille dont les cris m'arrêtèrent, parce qu'elle me nomma ; je ne pus cependant la reconnoître dans la première émotion que me donna ce fpectacle ; mais quand elle m'auroit été inconnue, l'état où je la voyois, fon fexe & fes cris auroient fuffi pour m'exciter à la fecourir.

Je l'entrepris donc, appuyé de mon feul valet-de-chambre, qui eft un des plus déterminés garçons que je connoiffe. Nous effuyâmes deux coups de piftolet, dont l'un me frifa légérement l'épaule; mais deux de ces infâmes ayant lâché le pied, je joignis l'autre qui emportoit fa proie, & qui aima mieux fe laiffer tuer que de la quitter.

Nous favons, lui dis-je, cette aventure,

mais nous ignorions que ce fût à vous que cette fille eût cette obligation.

Nous savons même davantage, dit Cléante, puisque nous connoissons celle à qui vous avez rendu ce service important.

Je suis donc bien aise, reprit Florimond, que vous ayez reconnu la jeune & belle compagne de la perfide Céphise.

Quelle surprise pour Cléante ! Quoi ! s'écria-t-il, Virginie que vous avez tirée des mains de ces infâmes ravisseurs ! cette Virginie dont nous avons tant ouï parler depuis deux jours ! c'est cette même personne qui accompagna trois fois Céphise aux Tuileries !

Elle-même, dit Florimond, & je ne m'en remis l'idée qu'après le service que je lui ai rendu : je l'entretins, & le tems que j'employai auprès d'elle ne se passa de sa part qu'à s'informer qui vous étiez, & à répéter à chaque moment, qu'elle étoit la fille du monde la plus infortunée ; &, sur tout ce qu'elle m'a dit, je puis répondre que vous ne lui êtes pas indifférent, quoiqu'elle m'ait parlé avec une discrétion admirable. J'aurois bien voulu la conduire moi-même à Falaise ; mais il m'étoit impossible dans la situation où je me trouvois ; je n'osai même la mener chez le beau-père que je n'avois jamais vu, & je pris le parti de charger mon valet-de-chambre de la rendre où elle voudroit aller, & de ne la point abandonner qu'elle ne le renvoyât, & de ne la laisser manquer de quoi que ce soit.

Il auroit été difficile de concevoir tous les mouvemens dont le cœur de Cléante étoit agité. Son amour pour un objet qui ne lui étoit plus inconnu, redoubla ; l'espérance renaissoit dans son cœur ; mais il se sentoit doublement jaloux de la Bourimière, qu'il ne pouvoit pourtant haïr, & de la Camardière, contre lequel il étoit animé d'un courroux terrible ; & enfin il ne pouvoit assez témoigner de reconnoissance au libérateur de sa maîtresse.

Toutes ces passions différentes éclatoient tout-à-la-fois dans tout ce qu'il disoit, & surtout il sentoit une impatience inconcevable d'être à Falaise pour y chercher Virginie, se jetter à ses pieds, lui demander pardon de l'injustice qu'il lui avoit faite de la croire infidèle, & la désabuser de l'opinion qu'elle pouvoit avoir de son inconstance.

Nous achevâmes, dans cette agitation, ce qui nous restoit de chemin ; & enfin nous attrapâmes Falaise, résolus d'y exécuter des choses bien plus importantes que celles que nous avions préméditées en partant de Paris.

Mais pour en conter le succès, & tout ce qui se passa dans le séjour que nous y fîmes, il est bon de prendre ici un peu d'haleine, tandis qu'on débride nos chevaux chez le vieil & riche oncle de Cléante.

Fin de la première partie.

SECONDE PARTIE.

Le valet de chambre de Florimond qui avoit escorté Virginie, étoit venu au devant de lui hors de Falaise, pour lui rendre compte du succès de sa commission; il lui dit que cette aimable fille ayant descendu dans une hôtellerie, l'avoit chargé d'un million de complimens pour son libérateur, & lui avoit dit qu'étant obligée de se dérober aux violences d'un persécuteur, elle alloit chercher un asyle chez une de ses amies, & qu'en même tems elle l'avoit quitté, sans vouloir permettre qu'il l'accompagnât.

Cléante qui l'écoutoit avec attention, & qui croyoit qu'on lui alloit apprendre où étoit sa maîtresse, vit avec chagrin qu'il ne devoit point flatter son impatience du plaisir de la voir dès ce même jour : il fonda néanmoins l'espérance de la retrouver bien-tôt sur la même impatience qu'auroit la Bourimière de la découvrir, & dans cette pensée il résolut de ne pas permettre que ce poëte se séparât de nous, ni qu'il logeât ailleurs que chez son oncle.

Cette scène finissoit en avançant toujours, lorsqu'à cent pas de la porte, nous trouvâmes un équipage que madame de Florimond envoyoit au devant de monsieur d'Olinville & de son fils; c'est ce qui l'obligea de nous quitter pour aller faire à son beau-père les honneurs de cette commodité; & après que nous nous fûmes embrassés, il monta dans le carrosse de sa mère, & la Bourimière vint reprendre la place qu'il lui avoit cédée.

Cléante qui ne jugeoit pas à propos que ce poëte le connût pour son rival, ne lui dit rien de tout ce que Florimond nous avoit appris, & l'engagea seulement à venir descendre avec nous chez le bon-homme, monsieur l'abbé de Long-repas son oncle, l'assurant qu'on ne pouvoit lui faire un plus grand plaisir que de lui mener bonne compagnie, & sur-tout des personnes d'esprit, & en disant ce mot, il serra la main de la Bourimière.

Il n'en falloit pas davantage pour le faire tressaillir d'orgueil & de joie; je tâcherai, lui dit le poëte, de payer mon écot, & je vous trouve l'un & l'autre si fort à mon gré, que je me voue inséparablement à vous tant que je serai obligé de rester à Falaise. Cléante qui se sentoit plus intéressé que jamais à ménager cet esprit avide de louanges, ouvrit sa grande boëte à l'encens, & lui dit les choses du monde les plus capables de le chatouiller,

je

je crois même que leurs complimens n'auroient pas cessé, si nous n'eussions enfin trouvé la maison de l'oncle, dont nos chevaux avoient un extrême besoin.

Nous mîmes donc pied à terre dans la cour du bon-homme, dont un vieux domestique, à face vermeille & bien nourrie, nous dit que monsieur l'abbé, en attendant monsieur son neveu, prenoit sur les matelas d'un lit de salle, un peu de repos pour se préparer à mieux souper avec lui, & avec deux ou trois de ses amis qu'il avoit invités.

Monsieur l'abbé de Long-repas, oncle de Cléante, étoit un bon gros homme de soixante & cinq ans, qui avoit joint à huit mille livres de rente de patrimoine deux bons bénéfices qui lui en donnoient six, toutes décimes, don gratuit, & autres charges payées; sa prudence avoit réglé sa dépense, de manière que le bout de l'an trouvoit le bout de son revenu; mais comme il étoit ennemi de l'inquiétude; il avoit pris soin, dès le commencement de la vie, d'avoir toujours dans son coffre une année d'avance. La tranquillité d'ame qui résultoit de cette précaution, & la fondation qu'il avoit faite à perpétuité chez lui d'une bonne table assaisonnée de joie & de liberté, n'avoient pas permis à l'âge de diminuer son

S

embonpoint ; & à mesure que les roses du printems s'étoient effacées sur son visage, celles de l'automne que le pinceau de Bacchus y avoit substituées, empêchoient que la vivacité de son teint ne s'amortît.

Après l'amour qu'il se portoit à lui-même, celui qu'il aimoit le plus au monde, c'étoit son neveu ; il n'avoit point d'autre héritier ; mais il ne falloit pas qu'il songeât à lui rien demander, tant qu'il auroit du goût au palais, & de l'appétit à l'estomac ; du reste c'étoit un homme franc, & à qui l'on ne pouvoit faire un plus grand plaisir que de trouver son vin bon, & d'applaudir à la délicatesse des ragoûts que faisoit maître Jacques son cuisinier.

On peut juger que dans cette disposition d'esprit de notre hôte, nous tombions en meilleure auberge que celle de monsieur d'Argiville, nous ne voulions point qu'on troublât son sommeil digestif, quoiqu'il fût presque l'heure du soupé, mais il avoit donné des ordres contraires, & ce vieux valet le fit avertir que nous étions débarqués.

Il reçut Cléante avec de si grandes expressions de joie, que j'attribuai à ce mouvement quelques petites larmes qui coulèrent de ses yeux, quoique depuis j'aie reconnu qu'elles n'étoient qu'une subtile distilation d'un esprit vineux, alambiqué dans ſes prunelles. Cléante auſſi-tôt nous préſenta, moi comme ſon ami intime, & la Bourimière comme bel-eſprit.

Nous eûmes lieu d'être contens de la réception, & Cléante auroit été le plus ſatisfait des hommes, ſi l'impatience de voir Virginie ne l'avoit intérieurement agité; la Bourimière n'avoit pas moins d'inquiétude, mais il n'étoit pas poſſible de quitter notre hôte, outre que ſes amis étant arrivés, les complimens recommencèrent, & ils n'étoient pas encore finis lorſqu'on vint avertir qu'on avoit ſervi.

Comme nous n'étions pas de ces aventuriers que les auteurs des romans font voyager & vivre ſans jamais repaître; je dois dire que nous bûmes & que nous mangeâmes parfaitement bien.

Nous étions ſept, tout ce qu'on nous donna étoit d'élite, les viandes ſucculentes, & ſervies comme les gens de bon goût ſe plaiſent à les manger, c'eſt-à-dire, plat à plat.

Un monſtrueux aloyau, à moitié abîmé dans un ragoût merveilleux, fut la baſe ſolide de la bonne chère; il fit place au ſecond plat chargé des plus blanches & des plus tendres poulardes que fourniſſe la Normandie; des lapreaux vinrent après, les plus fins qui ayent jamais frappé mon odorat, & on ne les ôta que pour donner à notre appétit déjà mort, le déplaisir de ne pouvoir plus s'exercer qu'avec langueur sur des perdreaux d'un fumet exquis. Chaque plat avoit ses différentes salades très-propres, & nous pensions avoir terrassé tous nos ennemis, lorsqu'un pâté flanqué de quatre petits ragoûts de la main fine de maître Jacques nous fit regretter de n'avoir plus de place à rien loger.

Ce repas étoit abreuvé d'un vin de Champagne très-net & très-délicat, & dans des verres qui auroient pû y laisser voir un atôme; mais ce qui nous charmoit, c'étoit un sur-tout de bon visage, sur lequel brilloient tout ensemble la joie & la franchise.

Notre poëte s'en donnoit des mieux, mais heureusement ses saillies ne franchirent point les bornes; parce qu'il pensoit moins à Virginie, qu'aux bouteilles qu'on décoëffoit, & qu'ayant trouvé en regard diamétral un chanoine qui se piquoit de triompher en impromptus; il s'en fit entr'eux un petit combat, qui nous divertit d'autant plus que notre hôte paroissoit y prendre plaisir.

Tant de services avoient donné une grande étendue au repas, & le dessert qui le vint encore allonger, nous trouva moins disposés à déranger les fruits qu'à les louer; la conversation y devint plus bruyante qu'elle n'avoit été à l'aloyau, toutes les voix étant montées d'une octave, & enfin deux bouteilles de liqueurs excellentes, & frappées à propos d'une pointe de glace, furent le couronnement du festin. On quitta la table, chacun prit congé, & l'oncle eut ses raisons pour ne songer plus qu'à se mettre au lit, tandis que ses amis se retirèrent comme ils purent, & qu'une grasse & vieille surintendante de la maison nous conduisit aux dortoirs qui nous étoient préparés, & se retira dès qu'elle nous y eut mis, & qu'elle nous eut fait apporter le vin du chevet dont nous n'avions aucun besoin.

Comme nos chambres se communiquoient, si-tôt que nous fûmes seuls, la Bourimière qui peut être tant qu'il fut à table avoit peu songé à Virginie, s'avisa de s'en souvenir, & avant que de s'ensevelir dans son lit, il vint nous prier d'être prêts à sortir avec lui dès la pointe du jour, pour l'aider à la déterrer; c'étoit justement ce que désiroit Cléante, & comme nous étions persuadés que la Camardière n'étoit pas encore à Falaise, puisque le Gascon n'étoit pas de retour; nous lui promîmes d'être debout aussi-tôt que lui pour l'accompagner.

L'inquiétude amoureuse de Cléante ne lui

permit pas de fermer l'œil, & il me fit lever dans le tems que la Bourimière ronfloit encore; nous l'éveillâmes, & au lever du soleil nous sortîmes tous trois pour nous donner bien de la peine & fort inutilement, puisque quelque diligence que nous fissions pendant deux heures, il nous fut impossible d'avoir aucune nouvelle de ce que nous voulions apprendre.

La Bourimière en faisoit éclater un merveilleux chagrin, quoiqu'il fut assuré que ce n'étoit point pour se dérober à ses yeux que Virginie se cachoit avec tant de précaution, & Cléante qui n'avoit pas moins de déplaisir n'osoit le produire aux yeux de son rival, de crainte que la découverte de son amour ne lui fît prendre des mesures qui auroient dérangé tous ses projets.

Après cette recherche inutile dans les lieux où il espéroit la trouver, notre poëte nous quitta pour aller voir quelques-uns de ses amis; mais pour Cléante & moi avant que de retourner chez l'oncle, nous fûmes pour rendre visite à Florimond qui sortoit lui-même pour venir nous voir; il nous apprit que dès le soir les articles de mariage de sa mère avoient été signés, qu'il étoit très-satisfait de M. d'Olinville, & que cet article important n'étoit qu'une vision qui apparemment n'auroit aucun effet, puisque ce n'étoit autre chose qu'un acte, par lequel madame de Florimond en le déclarant son héritier unique de plus de cent mille écus de bien qu'elle possédoit, le chargeoit de donner sur ces biens cent mille livres, en cas qu'il y eût des enfans de M. d'Olinville & d'elle.

Voilà, lui dis-je, une grande précaution pour une femme qui court à cinquante ans, elle pouvoit, ce me semble, attendre qu'elle eût des enfans pour faire elle-même cette disposition.

Elle prend, dit Florimond, toutes ses mesures & parle comme si elle en avoit. C'est apparemment, dit Cléante, l'envie qu'elle a d'en faire; cette idée nous fournit la matière de parler de ces passions que l'âge n'amortit point, & qu'on porte souvent jusqu'au tombeau: nous engageâmes ensuite Florimond de venir dîner avec nous, pour aller rendre après le dîné nos devoirs à madame de Florimond, & complimenter M. d'Olinville sur sa bonne fortune; il consentit à ce que nous desirions, & nous dit que sa mère pour déclarer son mariage conclu, donnoit ce même soir à souper à son futur époux & à quelques-uns de ses amis; que le lendemain cet amant lui donnoit le divertissement d'un bal, que le jour suivant on iroit à Caen pour achever les cérémonies de ce mariage; & qu'il nous retenoit pour prendre part à tous ces plaisirs. Cléante le promit pour lui & pour moi; mais à condition que la Bourimière en feroit, parce qu'il avoit des raisons pour ne le pas quitter de vue.

Ce fut dans ce moment que nous vîmes arriver le Gascon, qui nous appercevant sur la place, descendit de cheval, & vint rendre compte à Cléante du tour qu'il avoit joué à la Camardière pour le mettre hors d'état de nous prévenir. Nous louâmes son adresse, & Cléante l'ayant envoyé se rafraîchir, il y avoit bien une demi-heure que nous nous promenions sous la halle, en raisonnant sur les moyens de découvrir la retraite de Virginie, lorsque nous apperçûmes trois cavaliers avec un postillon à leur tête, qui piquoient à grands coups d'éperon des chevaux fort fatigués.

Celui qui avoit une figure de maître, étoit un grand homme épais d'environ trente-cinq ans, & qui, portant sa tête en arrière & son corps en avant comme s'il eût monté un cheval de manège sous Duplessis, se tenoit sur sa mazette de poste avec la même gravité, qu'un cadi qui préside à son audience se tient entre les bras de son grand fauteuil de bois doré.

Mais Florimond n'eut pas plutôt jetté l'œil sur le plus grand des deux valets qui le suivoient, qu'il le reconnut pour celui des deux ravisseurs de Virginie, dont il avoit essuyé le coup de pistolet, & qui par sa fuite avoit évité le sort d'un de ses camarades: il ne fut pas sur cela difficile de juger que cette épaisse statue de chair qui les précédoit, étoit le véritable la Camardière, & en effet c'étoit lui.

Si Cléante avoit suivi ses premiers mouvemens, il ne l'auroit pas laissé descendre dans l'hôtellerie qui étoit vis-à-vis de nous, sans tirer une prompte vengeance des outrages que Virginie avoit reçus de lui; mais sa prudence arrêta l'impétuosité de son ressentiment, & il se contenta de faire déguiser & de lui attacher comme une mouche son autre laquais, qui pour être Picard n'en savoit pas moins que le Gascon, avec ordre d'examiner toutes ses démarches & de l'en informer exactement.

Cléante avoit donné tous ses ordres à son espion, & revenoit à nous, lorsqu'une femme très-bien faite, très-propre, & masquée l'aborda, & sans se démasquer lui dit qu'une personne qui avoit des raisons pour ne pas paroître, désiroit l'entretenir sur une affaire importante, qu'il n'avoit qu'à lui donner la main, & qu'elle le conduiroit où elle étoit.

Comme l'amour cherche toujours à se flatter, Cléante s'imagina que cette ambassadrice étoit l'amie chez laquelle Virginie se cachoit, & dans cette pensée nous ayant prié de l'attendre en nous promenant, il donna la main à cette femme, volant avec elle sur les aîles de l'amour, par toutes les petites rues détournées par lesquelles elle le conduisit jusques chez elle, où dans un cabinet qui étoit au fond d'un jardin, au lieu de rencontrer Virginie, il trouva Céphise.

Cette emportée avoit su son départ, & la route qu'il avoit prise; comme son mari étoit allé en campagne pour un tems considérable, elle avoit pris cette occasion pour venir troubler les plaisirs de notre voyage.

L'on peut s'imaginer quelle fut la surprise de Cléante, & tout ce que fit dire à Céphise une passion à laquelle elle s'étoit aveuglément abandonnée; mais elle le trouva mille fois plus froid & plus inébranlable que jamais, & toutes ses avances outrées, ne servirent qu'à la faire d'autant plus haïr, que cet amant se voyoit plus près de retrouver Virginie.

La scène entr'eux fut vive & fâcheuse par les refus & l'aversion de l'un, & par l'amour effréné & les violens dépits de l'autre. Cléante ne se vit jamais ni si outré, ni si impatient de finir une conversation; ne voulant pas porter Céphise à des éclats qui pouvoient avoir de dangereuses suites, il essayoit tout ce que l'honneur & la raison peuvent faire imaginer de plus propre à tirer une femme de l'égarement. Mais voyant qu'il ne faisoit qu'irriter une passion qui ne vouloit plus rien écouter, il rompit brusquement avec elle, & s'en débarrassant du mieux qu'il put, il vint nous rejoindre, en laissant ses regrets & sa bile amoureuse s'évaporer en menaces.

Nous le vîmes de retour aussi plein de courroux & d'inquiétude qu'il étoit parti rempli de joie & d'espérance, & nous ayant en peu de mots conté son aventure, midi sonna, qui nous avertit que l'heure du dîner de monsieur l'abbé s'approchoit, & comme il auroit été incivil de le faire attendre, nous reprîmes la route de son logis, & ayant rencontré la Bourimière qui avoit achevé ses visites, nous rentrâmes tous ensemble chez le bon-homme, & nous le trouvâmes en robe-de-chambre dans sa cuisine, qu'il visitoit plus régulièrement que sa bibliothèque.

Il embrassa Florimond que Cléante lui présenta, & la soupe étant à son gré assez mitonnée il fit servir, & nous donna à dîner comme si nous avions oublié le souper de la veille. Nous nous ménageâmes cependant pour pouvoir faire honneur à celui de madame de Florimond, & dès que nous pûmes honnêtement quitter un homme qui prenoit tant de soins à nous régaler, Florimond nous conduisit chez sa mère.

Nous eûmes bien-tôt rempli la cérémonie de notre visite, & nous étions déja sortis la Bourimière & moi, tandis que Cléante arrêté sur la porte avec Florimond qui nous avoit reconduits, lui parloit encore de Céphise, lorsqu'une espèce de servante l'aborda, & l'ayant tiré à part, lui dit qu'elle avoit ordre de la part d'une dame de lui remettre une lettre qu'elle tira, & qu'elle lui présenta.

Cléante étoit si plein de l'idée odieuse de Cèphise, que croyant que ce billet venoit de sa part, non-seulement il ne voulut point le prendre, mais pour assaisonner son refus de tout ce qui pouvoit le rendre plus piquant, il y ajouta quantité de choses fort dures, & qui marquoient le mépris qu'il faisoit de celle qui l'avoit chargée de cette commission.

L'ambassadrice s'en retourna fort désolée, & remporta son billet ; nous avions oui la Bourimière & moi tout ce qu'il avoit dit, & avançant toujours doucement, nous suivions de loin cette méssagère qui marchoit devant nous, tandis que Cléante parloit encore à Florimond, lorsque j'apperçus tomber le billet que notre ami avoit rebuté.

Il eût été de l'ordre d'en avertir la messagère; mais ma curiosité l'emporta sur la règle, & l'ayant ramassé, je le mis dans ma poche, pour la lire avec Cléante, si-tôt que nous serions seuls.

L'occasion s'en présenta bien-tôt. Nous fûmes faire un tour de promenade, & un ami du poëte nous l'ayant enlevé, je tirai ce billet, & quelque refus que fît Cléante d'y prêter attention, je le forçai malgré lui de consentir que je le lusse, & l'ayant ouvert, nous y trouvâmes ces paroles.

» Est-ce un songe ? est-ce une vérité ? est-ce
» vous-même, infidelle, que j'ai vu ? &
» quel hasard après six mois vous fait-il paroître
» où je suis ? Oui, perfide, c'est vous-même;
» mais il m'auroit été bien plus doux de ne
» vous jamais revoir, que d'avoir eu le spec-
» tacle odieux de voir ma rivale entre vos
» mains. Ce n'est point un rapport, ce sont
» mes propre yeux qui ont été les témoins de
» son triomphe, de votre joie, & de mon
» malheur. Que pourriez-vous me dire, par-

» jure, pour excufer votre infidélité ? hélas!
» je ne ferois que trop prête à me laiffer dé-
» tromper s'il étoit poffible, & quoique je
» ne duffe jamais penfer à vous, il me femble
» qu'il manque à la vergeance que je médite
» le plaifir de vous reprocher à vous-même
» votre perfidie, & que je vous condamnerai
» avec plus de juftice & moins de regret lorf-
» que je vous aurai entendu. Vous pouvez
» donc fuivre cette fille qui vous conduira où
» je fuis, & où je n'ai plus que trois heures
» à refter. C'eft le dernier entretien que veut
» avoir avec un perfide la trop conftante Vir-
» ginie ».

Quelle fut la douleur, ou plutôt le défef-
poir furieux de Cléante ! de quelles exécra-
tions ne chargea-t-il point Céphife d'être caufe
du pas imprudent qu'il venoit de faire. Malheureux ! difoit-il, que ne va point croire
Virginie, non feulement du refus de fa lettre,
mais du mépris indigne que j'ai eu la fureur
d'y ajouter ! Il joignoit à cette douleur la
perte d'une occafion fi favorable de la voir
& de la détromper, & fuccomboit au chagrin mortel de penfer qu'il s'étoit peut-être
mis en état de ne la retrouver jamais.

Je mêlai tout le fang-froid de ma philofo

phie, à toute la chaleur de ma rhétorique, pour calmer les agitations de ses transports, & lui faire comprendre que puisque Virginie l'avoit véritablement aimé, elle l'aimoit encore, qu'ainsi sa justification n'étoit point désespérée, & que le tems que son billet marquoit n'étant pas écoulé, on pouvoit encore la retrouver, qu'on ne pouvoit douter que ce ne fût de quelque fenêtre qu'elle l'avoit vu passer le matin avec cette femme qui l'étoit venu chercher de la part de Céphise, & qu'il falloit de-là conclure qu'elle étoit dans une maison sur la route qu'il avoit tenue.

Il goûtoit assez mes raisons, mais par malheur cette femme l'avoit conduit par tant de détours & de petites rues, qu'il lui étoit impossible de les retrouver, & c'est ce qui le mettoit au désespoir. Nous résolûmes cependant de nous débarrasser de la Bourimière, en lui donnant un rendez-vous pour l'heure du souper, & d'aller ensemble seuls, & au hasard, chercher dans toutes les rues par lesquelles il pourroit se figurer d'avoir passé ; mais à dire le vrai, nous avions très peu d'espérance de trouver ce que nous allions chercher.

Nous avions battu & rebattu quantité de rues sans succès, malgré toutes les précautions exactes que nous prenions pour n'échapper aucune lumière, & la nuit étoit presque fermée, lorsque dans le tournant d'une rue nous rencontrâmes cette même figure épaisse d'homme, que nous avions vu descendre de cheval ; il étoit suivi non-seulement des deux valets qui étoient arrivés avec lui, mais d'un autre qui avoit ramené ses chevaux estropiés. C'étoit donc en effet le gros la Camardière, suivi d'une forme de valet-de-chambre, & escorté des deux coupe-jarets, dont il s'étoit servi pour son expédition du couvent de Caen, & quoique l'obscurité commençât à confondre les objets, ils ne laissèrent pas de reconnoître Cléante pour être le maître du Gascon qui les avoit malicieusement égarés, & qui apparemment avoit fait enclouer leurs chevaux ; de sorte que la Camardière qu'ils en informèrent voyant que nous n'étions que deux, & qu'ils étoient quatre, & se fiant sur l'avantage du nombre, mit l'épée à la main, & revint sur nous.

Quoique l'attaque fût prompte & imprévue, nous fûmes néanmoins bien-tôt en défense, & la vigueur, l'adresse & le courroux, suppléant à l'inégalité de la partie, nous nous battîmes d'une manière qui les étourdit, & qui les faisoit déja molir, lorsqu'au bruit du

combat

combat, & de la voix dont nous nous animions, du monde arriva de toutes parts, & en assez grand nombre pour nous séparer; mais aux premiers qui parurent, la Camardière qui avoit trouvé plus de résistance qu'il n'en attendoit, & qui ne vouloit pas qu'on le reconnût, lâcha le pied, & se retira fort vite emmenant un de ses assassins blessé.

Mais quelle fut la surprise de Cléante, lorsque parmi ceux que ce bruit avoit attirés, il vit paroître sur une porte voisine une femme de quarante ans, accompagnée de deux jeunes personnes, & qu'à la clarté d'une chandelle qu'une servante tenoit auprès d'elle, il en reconnut une pour être sa chère Virginie; il fit un cri en l'appercevant, mais en même-tems elle rentra avec les autres, & la porte fut fermée.

Nous ne nous trouvâmes point blessés, & Cléante ayant été reconnu pour le neveu d'un homme qui étoit universellement aimé, il n'y eut personne qui ne nous offrît son témoignage contre la mauvaise action de ces assassins; mais Cléante pensoit à d'autres choses qu'à se venger par les voies de la procédure, & se croyoit au contraire fort obligé à l'attaque de son rival, puisqu'elle lui avoit fait si heureusement découvrir le réduit de Virginie.

T

L'heure de se rendre chez madame de Florimond approchoit ; mais Cléante avoit trop d'intérêt de profiter de la découverte qu'il avoit faite ; & si-tôt que le monde que ce bruit avoit assemblé fut écoulé, il me dit qu'il ne prétendoit point s'éloigner qu'il n'eût eu avec Virginie un éclaircissement qui pût le justifier, & dans ce dessein, nous frappâmes à la porte où nous l'avions vue entrer.

Mais, soit qu'elle appréhendât que la Camardière ne la déterrât, & ne lui fît de nouvelles violences, soit qu'elle eût le cœur trop irrité du mépris outrageux de Cléante, il nous fut impossible de faire ouvrir ; & nous eûmes pour toute réponse au travers de la porte, que tout le monde étoit sorti par celle du jardin ; ainsi tout ce que nous pûmes faire, ce fut d'apprendre le nom de la rue, & que la maîtresse de la maison s'appelloit madame de la Boissière, & Cléante crut que c'étoit toujours gagner quelque chose, que d'avoir découvert par quel endroit il pourroit donner de ses nouvelles à Virginie. Ainsi nous nous en retournâmes après avoir attaché une sentinelle à portée de vue de cette porte, pour observer tout ce qui sortiroit.

Cet ordre donné, nous nous rendîmes chez madame de Florimond, & le soupé n'étant pas encore en état d'être servi, Cléante s'enferma dans la chambre de son ami, écrivit à Virginie cette lettre.

» Je ferois un second crime si je n'avouois
» pas qu'on ne peut être plus coupable que je
» le suis d'imprudence, mais non pas d'infidé-
» lité: j'ai refusé votre lettre avec mépris, parce
» que je ne la croyois point de vous, mais d'une
» main que j'ai en horreur. La fortune moins
» aveugle que moi, l'a fait tomber entre mes
» mains, & m'a fait connoître mon erreur, &
» à quel point je vous ai offensée. Mon amour,
» belle Virginie, est toujours, & n'a jamais
» cessé d'être le même. Les apparences vous
» ont trompée; mais il faudroit plus de tems
» pour vous expliquer toutes les circonstances
» des infortunes qui vous ont fait prendre pour
» un infidèle le plus constant de tous les amans.
» Ne me condamnez point sans m'entendre;
» ma vie ou ma mort dépendent de vous; ne
» perdez pas un amant qui ne vit que pour
» vous, qui ne pense qu'à vous, qui n'aime
» que vous. Il est malheureux; il est impru-
» dent : mais il n'en fut jamais un plus fidèle
» que

» CLÉANTE ».

Il ferma cette lettre, en mit l'adresse à Virginie; & l'ayant enfermée fous une enveloppe qui s'adreffoit à madame de la Boiffière, il chargea le valet-de-chambre de Florimond de la porter, & de ne point revenir qu'il ne l'eût remife à fon adreffe.

La commiffion fut exécutée comme Cléante le fouhaitoit ; & cet ambaffadeur introduit ayant rendu le paquet, revint peu de tems après nous dire que Virginie étoit encore chez fon amie; mais qu'il avoit vu un carroffe attelé à la porte de derrière du jardin, & tout prêt à partir.

Madame de la Boiffière chez qui Virginie s'étoit retirée, étoit une riche veuve, mère de deux filles, dont l'une, parfaitement belle, étoit auprès d'elle, & l'autre étoit religieufe dans le couvent de Caen, d'où Virginie avoit été enlevée par la malice de la Camardière. Cette aimable fille ne favoit point que la Bourimière fût à Falaife; le mépris que Cléante avoit fait de fon billet l'avoit outrée au dernier point; & ayant vu la Camardière, les perfécutions qu'elle en avoit reçues, lui en faifoient appréhender de nouvelles ; ainfi elle avoit pris le parti de fortir au plutôt de Falaife, & de retourner à Caen dans le même Couvent, d'où elle favoit bien qu'un fecond ftratagême ne l'enleveroit pas.

Elle avoit donc résolu son départ, & le carrosse étoit prêt; mais cette dame lui ayant rendu la lettre de Cléante, elle tomba tout-d'un-coup dans une incertitude si grande, & son esprit fut tellement balancé entre son dépit & son amour, qu'elle ne put se résoudre à partir; ainsi elle resta, dans l'espérance que le repos de la nuit donneroit à son cœur une tranquillité qui l'aideroit à se déterminer mieux que dans le trouble dont elle étoit agitée.

Nous soupâmes cependant sans informer la Bourimière de notre découverte, de crainte que sa jalousie ne fît obstacle aux desseins de Cléante. Ce poëte, tant que le repas dura, réjouit beaucoup madame de Florimond, qui aimoit extrêmement tout ce qui partoit de la vivacité de l'esprit. Il lui rima vingt impromptus fort plaisans, & entr'autres, comme il vit qu'après lui avoir servi une grosse truffe, elle s'essuya les doigts, il lui dit:

Iris, ne craignez point que vos doigts soient salis:
  Quand, sur une truffe si noire,
Vous portez une main plus blanche que les lys;
  C'est un globe d'ébène mis
  Dans des cercles d'yvoire.

Il se retint ensuite pour faire l'épithalame de son mariage; & sa gaieté augmentant à chaque coup qu'il buvoit, il se leva soudainement sur la fin du repas, tenant une rasade à la main, & porta solemnellement à M. d'Olinville la santé de Virginie.

Chacun la but avec la cérémonie qu'exigea notre poëte; & les éloges merveilleux qu'il en fit, & sur lesquels la politique nous faisoit garder, à Florimond, à Cléante & à moi un profond silence, obligèrent enfin M. d'Olinville de s'informer qui étoit cette aimable fille.

C'est ma maîtresse, répondit la Bourimière. Elle m'aime extrêmement, & cependant elle ne m'aime pas comme je le voudrois; je fais mon possible pour être son époux, & elle fait le sien pour m'obliger à rester son père. Elle est où je suis, & je ne la puis trouver; elle ne connoît point mon rival, & ce rival, sans être connu, me supplante; en un mot elle est ma fille, & elle ne l'est point.

Vous nous donnez, dit Florimond, une énigme difficile à développer, & je ne puis comprendre qu'elle est votre fille, & qu'elle ne l'est point; à moins que feue votre femme ne l'ait dérobée.

Vous ne touchez point au but, dit la Bourimière; & là-dessus, après avoir préparé sa narration par un coup qu'il but, il conta de quelle manière il avoit trouvé cette fille; les soins qu'il avoit pris pour l'élever, & la tendresse qu'il avoit toujours eue pour elle; & comme madame de Florimond lui témoignoit une grande attention, & lui faisoit une infinité de questions sur les circonstances de son aventure, il lui fit un abrégé de toute l'histoire qu'il nous avoit contée, & la pria de l'aider à découvrir l'endroit où elle se tenoit cachée.

Je suis si sensible à votre aventure, dit madame de Florimond, & vous m'inspirez une si grande tendresse pour Virginie, que je vous promets, pour M. d'Olinville & pour moi, de joindre à vos soins toute notre industrie, pour vous en faire savoir au plutôt des nouvelles, & qu'en quelqu'endroit qu'elle soit, ou de Falaise ou de Caen, nous la déterrerons: une fille avec tant de beauté & de mérite ne peut pas être si long-tems cachée. Chacun lui promit la même chose, mais dans des vues bien différentes de celles qu'il avoit; &, sur ces assurances, flatté de la revoir bientôt, il but & rima jusqu'à la fin du repas.

On promit à M. d'Olinville de masquer pour son bal; &, après qu'on eut pris congé, nous nous retirâmes chez le bon-homme, où l'espion dit en entrant, à Cléante, que Virginie étoit indubitablement restée chez son amie, & que la voiture qu'on lui avoit tenue prête jufqu'à dix heures à la porte du jardin, avoit été renvoyée.

Cléante s'étoit fait un capital, que la Bourimière ne fût point inftruit de tout ce que nous avions appris; &, comme il s'arrêta dans notre chambre, nous avions une impatience extrême qu'il fe retirât dans la fienne, & qu'il allât fe mettre au lit pour nous laiffer en liberté.

Mais lorfque la barque d'un poëte a pris le courant du babil, & qu'il s'eft mis dans la tête de donner l'effor à fa verve, il n'eft pas facile de le congédier fi on ne le brufque; & c'eft ce que nous ne voulions pas faire.

Il fallut donc malgré nous avoir la patience d'effuyer tout ce qu'il voulut nous dire; il nous fit le plan de deux ou trois comédies fort plaifantes, dont il avoit le projet dans fa tête, & qu'il promettoit d'exécuter fitôt qu'il feroit débarraffé de fon inquiétude amoureufe; il nous récita différens fonnets & madrigaux; & s'étant étendu copieufement fur le ridicule que l'amour donne à la vieilleffe, il fallut, pour le contenter, que je priffe copie d'une traduction qu'il avoit faite autrefois de cette ode d'Horace, dans laquelle il fait une fatyre fi agréable de la paffion de l'amoureufe & vieille

Lycé. Nous étions, à la vérité, fort peu en humeur de goûter sa poésie ; cependant je l'écrivis par complaisance comme la voici, en lui demandant s'il la dédioit à l'épithalame de madame de Florimond.

   Lycé, mes vœux sont exaucés ;
Te voilà vieille enfin ; tes beaux jours sont passés ;
   Et tu te crois encore aimable ;
   Pour belle tu t'oses montrer ;
   On te voit rire, folâtrer,
Et, d'un air effronté, choquer le verre à table.

   Le vin t'échauffe-t-il les sens !
Tu tâches d'exciter, par d'impudiques chants,
   L'amour qui fuit ta voix tremblante ;
   Il te fuit, & court chez Philis,
   Reposer sur son teint de lys,
Et seconder les airs dont elle nous enchante.

   Quand les chênes ne sont plus verds,
Le zéphire passe outre, &, volant au travers,
   Rit de leur tête dépouillée :
   Ainsi l'amour, avec mépris,
   Fuit en voyant tes cheveux gris,
Ta ride qui l'effraye, & ta dent enrouillée.

   L'or & la pourpre des habits,
L'éclat des diamans, & le feu des rubis,
   Ne te rendent point ta jeunesse,
   Et ce que l'âge a dévoré
   Ne peut plus être réparé
Par les vains ornemens qui fardent ta vieillesse.

Que font devenus tes attraits ;
Ces heureuses couleurs, ces yeux vifs, ce teint frais,
Ce pied fin qui m'enlevoit l'ame ?
Que te reste-t-il des beautés
Dont mes sens étoient enchantés,
Et qui ne respiroient qu'une amoureuse flamme ?

Iris qui me tint sous sa loi,
Iris à peine étoit plus charmante que toi ;
Ta beauté balançoit la sienne ;
Mais ce bouton fut tôt cueilli ;
Elle est morte, & n'a point vieilli,
Et par-là sa disgrace est moindre que la tienne.

Vieille corneille, que le sort
Réserve à des chagrins plus tristes que la mort,
Apprends ce que tu dois attendre :
Tu vis, afin qu'en tes vieux ans,
Mille chauds & jeunes amans
Se raillent d'un flambeau qu'on voit réduit en cendre.

Voilà, dis-je à la Bourimière, le plus joli épithalame qu'on puisse faire pour une vieille qui cherche à se remarier ; mais il ne convient point du tout à madame de Florimond.

Ce fut sa dernière importunité, sur laquelle ayant attendu & reçu nos complimens ; enfin il nous laissa libres, & Cléante en même-tems me communiqua le dessein qu'il avoit d'aller faire une petite patrouille à l'Italienne autour du logis de sa maîtresse. Il étoit minuit, la lune claire, & l'insulte que nous avions reçue avant le soupé, ne me permit pas de le laisser aller sans que je l'accompagnasse ; il prit aussi ses deux laquais munis de bonnes épées & de bons bâtons, & s'étant chargé d'une guitare dont il jouoit parfaitement bien, nous partîmes sous l'escorte de l'amante d'Endymion, & tirâmes droit où son cœur le conduisoit.

Nous marchions du côté de l'ombre pour n'être point apperçus ; & nous n'étions plus qu'à cinquante pas du logis de Virginie, lorsqu'à la clarté de la lune & du côté qu'elle donnoit, nous vîmes ses fenêtres ouvertes, & une personne qui disposoit sa voix à chanter ; c'est ce qui nous obligea d'arrêter, & de prêter silence. Et aussi-tôt nous entendîmes chanter ces paroles.

CHANSON.

Oui, Tyrsis, oui, j'ai cru que tu manquois de foi ;
Et mon cœur succomboit sous sa douleur mortelle.
    Ah ! si mon amant est fidèle,
    Il n'est plus de douleurs pour moi.

Cléante qui avoit oui chanter une fois Virginie aux tuileries, n'eut pas de peine à reconnoître sa voix, & si-tôt qu'elle eut cessé, comme il tenoit sa guitare prête, il joua d'une délicatesse admirable le même air sur lequel elle avoit chanté, & lorsqu'il l'eut achevé il le doubla, & accompagna de sa guitare ces paroles qu'il venoit de retourner.

CHANSON.

Non, Philis, non, jamais je ne manquai de foi,
Soyez, soyez sensible à ma peine mortelle.
 Ah! si mon amante est fidèle,
 Elle prendra pitié de moi.

Virginie ne pouvoit nous voir dans l'ombre; elle ne savoit point que Cléante jouât de cet instrument qu'elle touchoit elle-même fort délicatement, & comme elle aimoit avec passion la musique, elle avoit prêté une fort grande attention; mais elle eut bien-tôt reconnu son amant dès qu'elle entendit de quelle manière juste il avoit retourné ses paroles, & pour lui faire comprendre qu'elle l'avoit fort bien entendu & reconnu, elle chanta sur un autre air ces autres paroles.

CHANSON.

 Ah! Tyrsis, dis-tu vrai,
 Quand tu te dis fidèle?
 Ton amante en peut-elle
 Risquer le dangereux essai?
Brûlerois-tu pour moi d'une flamme éternelle!
 Quand tu te dis fidèle,
 Ah! Tyrsis, dis-tu vrai?

Cléante fit la même manœuvre qu'il avoit déjà faite, & après avoir pincé le même air sur son instrument, il le doubla pour accompagner ces paroles.

CHANSON.

Oui, Philis, je dis vrai,
Quand je me dis fidèle.
Rien n'égale mon zèle :
On ne risque rien à l'essai.
Mon amour est constant, ma flamme est éternelle ;
Quand je me dis fidèle,
Oui, Philis, je dis vrai.

Cléante prit plaisir à répéter plusieurs fois la fin de ces paroles, parce que Virginie dès la première répétition joignit sa voix à la sienne, & faisant un *Duo*, ils chantèrent ensemble.

Mon amour est constant, ma flamme est éternelle.
Quand je me dis fidèle,
Oui, { Tyrsis, / Philis, } je dis vrai.

Après ces paroles, Cléante crut pouvoir paroître, & nous laissant dans les ombres qui nous cachoient, il s'avança sous la fenêtre de Virginie, qui lui fit tous les reproches que peut faire une amante qui ne cherche que les moyens de justifier son amant.

Mais comme l'endroit & l'heure étoient peu propres à pousser un long entretien, & que la fille de son amie étoit dans la même chambre, puisqu'elle s'étoit montrée tandis que Cléante jouoit, Virginie lui dit de se retirer; qu'elle avoit quelques mesures à garder où elle étoit; mais elle l'avertit que comme le lendemain elle devoit se masquer pour le bal de M. d'Olinville, elle n'éviteroit pas l'occasion de pouvoir le joindre pour l'éclaircissement qu'elle desiroit de lui. Et en même tems elle ferma si brusquement sa fenêtre, que nous jugeâmes que son amie étoit sans doute entrée dans sa chambre, & qu'elle ne vouloit pas en sa présence continuer cette conversation.

Cléante vint nous rejoindre fort satisfait de son expédition amoureuse; & nous nous en retournâmes très-contens par une autre route que celle que nous avions prise pour y venir.

Nous avions déja marché quelque tems par une petite rue qui ne servoit qu'à donner des issues de commodité à différens jardins, lorsque nous en vîmes un des plus grands, dont la porte étoit entr'ouverte; & nous ne parûmes pas plutôt, que deux hommes qui en étoient assez proche prirent la fuite; cette démarche nous fit imaginer que c'étoient des voleurs qui vouloient par-là s'introduire dans la maison;

mais Cléante en paffant, ayant mis la tête à cette porte entr'ouverte, y vit une figure d'homme toute femblable à la Camardière, avec une femme, qui fe promenoient enfemble, & qui parloient avec beaucoup de chaleur. Ils venoient de paffer la porte, & ne pouvoient plus nous voir, parce qu'ils marchoient le dos tourné le long d'une petite allée de charmille. Mais comme Cléante ouït prononcer le nom de Virginie, il nous fit refter pour demeurer maîtres de la porte, & en écarter ceux qui avoient pris la fuite en cas qu'ils vouluffent s'en rapprocher, & s'étant gliffé fans bruit dans le jardin, il marcha vis-à-vis de ces deux perfonnes, ayant la paliffade entre deux, & reconnut que c'étoit effectivement la Camardière avec Céphife.

Ayant donc prêté l'oreille avec attention, il ouït que cette emportée difoit à l'autre: n'en doutez point, vous dis-je, mon coufin, je fors de chez madame de la Boiffière, comme je vous l'avois promis; j'ai donné à la fervante ce que vous m'avez mis entre les mains, & vous pouvez compter que Virginie y eft encore. Mais, dit la Camardière, qui peut l'avoir empêchée de partir? Comme vous m'aviez affuré qu'elle partiroit, toutes mes mefures étoient fi bien prifes malgré le peu de tems que j'avois eu, que je n'aurois pas assurément manqué mon coup. Je ne puis le deviner, dit Céphise, l'avis étoit juste, & le carrosse prêt; mais l'on n'a pu me rendre raison de la cause de ce changement. Tout ce que je sais, c'est que Cléante l'aime à la fureur; c'est avec lui que vous avez eu la rencontre dont vous m'avez parlé. Il en est aimé; c'est le rival que vous devez craindre, plus que le vieux la Bourimière.

J'en suis persuadé, reprit la Camardière, & l'endroit où je l'ai rencontré me justifie assez leur intelligence; mais, puisque vous me marquez une si furieuse colère contre lui, vous en serez bientôt vengée & moi aussi, & mon adresse a si bien disposé toutes choses, qu'il n'échappera pas demain au piège que je lui tends.

Dans le moment qu'il disoit ces paroles, ils se trouvèrent tous trois vis-à-vis d'une ouverture; & Cléante ne pouvant retenir l'impétuosité de son ressentiment contre un rival aussi perfide qu'insolent, il se montra tout-à-coup, mit l'épée à la main, marcha droit à la Camardière; &, se mettant en posture de le charger: tu n'as pas ici tes assassins, lui dit-il, défends-toi, & tâche d'échapper à ma vengeance,

geance, si tu veux que je n'échappe point à ces pièges que tu me tends.

Céphise, éperdue de se voir découverte par Cléante dans le complot infâme qu'elle méditoit avec la Camardière, prit la fuite du côté du logis, & le laissa seul démêler la fusée ; mais, au lieu de se mettre en défense, il ne songea qu'à prendre la fuite du côté de la porte. Cléante le suivit ; & l'ayant atteint : tu fuis, lâche, lui dit-il, parce que tu ne te vois pas quatre contre deux. Il le saisit alors, & ne voulant pas le percer comme il auroit pu, il lui arracha de la main une grosse canne, & lui en donna tant de coups sur les oreilles & sur les épaules, qu'il le laissa tout étendu sur la place. Les cris que fit ce lâche mettoient en mouvement tout ce qui étoit dans le logis ; mais Cléante emportant sa canne, le laissa dans le jardin, dont il ferma la porte dès qu'il en fut sorti ; & voyant qu'au bruit qu'avoit fait la Camardière, ses deux sentinelles, qui s'étoient écartées, revenoient, il détacha sur eux ses deux laquais, qui les mirent en état de ne pouvoir rien reprocher à leur maître.

Céphise étoit parente de la Bourimière & de son neveu, & c'est ce qui, dans Paris, avoit donné à Virginie sa connoissance, & l'avoit engagée de l'accompagner aux Tui-

V.

leries ; elle avoit fort aisément découvert l'amour que Cléante avoit pris pour cette jeune cousine, & ce fut l'aveu qu'elle lui en fit qui, par un caprice bizarre & assez ordinaire aux femmes, la porta à vouloir enlever un amant à celle qui lui faisoit, avec tant de facilité, la confidence de sa passion. Le rendez-vous de Cléante & de Virginie ayant manqué par les incidens de la visite de Céphise & du combat de Florimond, cette jeune fille fut, dès le lendemain, obligée à un départ imprévu avec la Bourimière, sans avoir pu s'informer qui étoit Cléante ; & en effet elle ne l'apprit que de Florimond, après qu'il l'eut retirée des mains de ses ravisseurs.

Cependant la Camardière étant arrivé à Falaise, où Céphise étoit dès le jour précédent, il rencontra par hasard cette parente ; & lui ayant fait part du sujet de son voyage, il la trouva très-disposée, par son intérêt propre, à le servir.

Elle avoit donc en sa faveur déterré Virginie ; & comme leurs différens amours les portoient également à traverser Cléante, ils s'étoient unis pour les complots qu'ils tramoient dans ce jardin, & qui furent rompus par cette aventure.

Il étoit plus de deux heures lorsque nous

rentrâmes; je me mis aussi-tôt au lit; mais Cléante, rempli de sa passion, ne put se résoudre d'entrer dans le sien, qu'après avoir écrit à Virginie une lettre qu'il vouloit lui envoyer le lendemain matin, & qui étoit conçue en ces termes:

« Votre cœur étoit-il de concert avec le
» mien, tandis que votre voix s'unissoit à celle
» qui vous expliquoit mes véritables senti-
» mens? Quelle heureuse nuit, belle Virginie,
» si je puis me flatter que vous êtes enfin dé-
» trompée ! Ne prenez point pour des chan-
» sons celles que vous avez ouïes; je suis dans
» une impatience qui ne se peut exprimer, de
» l'occasion favorable que j'attends ce soir,
» pour effacer le reste des ombres qui pour-
» roient encore troubler ma félicité. Je la
» mets à vous apprendre que je vous aime
» d'une constance au-dessus de toutes les
» épreuves, & à vous faire avouer que si Vir-
» ginie a quelque sensibilité, on ne peut être
» plus fidèle que l'est

« CLÉANTE ».

Après que Cléante eut écrit cette lettre, soit qu'il voulût me la montrer avant que de l'envoyer, ou y ajouter quelque chose; au lieu de la fermer, il la mit dans son portefeuille toute ouverte, & le laiſſa ſur la table; puis s'étant mis au lit, les fatigues qu'il avoit eues pendant la journée l'enſevelirent dans un profond ſommeil.

La Bourimière cependant ſe leva de très-bonne heure; & étant entré dans notre chambre, & nous voyant encore endormis, comme les poëtes ſont naturellement de francs furets de porte-feuilles, il ouvrit celui de Cléante; & y trouvant cette lettre toute dépliée, il la lut.

Quelle ſurpriſe pour lui, d'apprendre tout-à-la-fois qu'il avoit un rival du mérite de Cléante, que ce rival avoit vu Virginie, qu'il avoit chanté avec elle, qu'il ſe flattoit d'en être aimé, & que le même ſoir il devoit la voir encore, & lui parler! mais ce qui redoubloit ſon étonnement & ſon dépit, c'étoit le myſtère que Cléante lui avoit fait de la découverte de Virginie, & de cette entrevue.

Il remit donc la lettre, deſcendit & s'informa avec tant d'adreſſe de tout ce qu'avoit fait Cléante, qu'il apprit ſans beaucoup de peine, qu'il avoit paſſé deux heures dehors, au lieu de ſe coucher; que nous avions arrêté vis-à-vis de chez madame de la Boiſſière; qu'on y avoit chanté & joué de la guitare, & que cette aventure avoit été terminée par des coups de canne & de bâton, dont on avoit régalé le dos épais d'un juge du Pont-de-l'Arche, & ses deux valets.

Instruit donc de toutes ces circonstances, il ne douta pas que Virginie ne fût chez madame de la Boissière, & nous laissant Cléante & moi endormis, il courut chez elle; & s'étant fait connoître à cette sage veuve, elle le conduisit elle-même à la chambre de Virginie, en fit sortir sa fille, & le laissa seul avec elle.

Virginie, qui ne croyoit point la Bourimière à Falaise, fit éclater sa joie par toutes les marques les plus vives qu'elle lui en put donner, & ses transports exprimoient tout-à-la-fois, de la manière du monde la plus tendre, & son zèle & son respect; lorsque ce poëte, prenant un visage altéré de dépit & de chagrin: eh bien! Virginie, lui dit-il, ce n'est donc plus un amant inconnu qui m'enlève votre cœur; c'en est un nouveau: avouez que les filles se laissent aisément surprendre, & qu'elles sont bien volages! Cléante arriva avant-hier avec moi, il vous vit hier sur ce que je lui ai conté de vous; &, dès le même jour, vous êtes éprise pour lui; vous lui parlez; vous lui faites connoître votre passion; vous chantez avec lui, & vous lui donnez ce soir des rendez-vous. Ah, Virginie, encore coup, que les filles sont volages, & que leur cœur tient à peu de chose !

Cléante n'avoit point voulu faire savoir à Virginie que la Bourimière étoit à Falaise ; & quoique ce poëte eût toute la journée couru la ville, elle n'avoit point eu occasion, ni de l'appercevoir, ni d'apprendre qu'il fût arrivé. Mais, étonnée que, d'un côté, Cléante lui eût fait ce mystère, &, de l'autre, que la Bourimière, venu avec lui, se trouvât instruit de sa passion, elle ne pouvoit attribuer cette connoissance qu'à quelque confidence indiscrète.

Elle étoit donc fort en peine de quelle manière elle répondroit ; mais enfin, s'étant tout-d'un-coup généreusement déterminée à ne lui plus cacher un secret dont elle lui avoit déjà donné une légère idée : ceux, lui dit-elle, qui vous ont instruit de l'amour que Cléante a pour moi, ont dû vous avoir appris que c'est cette même passion dont vous exigeâtes en père la confidence ; & vous pouvez vous souvenir de quelle manière je me plaignis alors du voyage que vous me fîtes faire à Paris, des promenades que je fis avec Céphise au Tuileries, & de l'oubli d'un amant que j'accusois d'une infidélité qu'il n'eut jamais.

Je vous avouerai donc, continua-t-elle, que c'est ce même Cléante que j'avois vu, &

que, sans savoir ni son nom, ni sa qualité, je pris pour lui un penchant si fort, que mon cœur en est devenu incapable de toute autre impression.

Elle lui conta ensuite de quelle manière elle l'avoit vu aux Tuileries, & le reste de ses aventures qu'il ignoroit ; lui dit que c'étoit Florimond qui l'avoit sauvée des mains de ses ravisseurs ; que c'étoit de lui qu'elle avoit appris qui étoit Cléante ; & que le hasard les ayant amenés dans un même endroit, il sembloit que le Ciel les y eût exprès conduits, pour les détromper des fausses idées qu'ils avoient prises, & pour serrer les liens d'un amour inviolable.

La Bourimière écoutoit avec toute la douleur d'un rival supplanté ce que lui disoit Virginie. Il redoubla tous ses efforts, pour lui faire comprendre l'avantage qu'elle tireroit de le préférer à un jeune homme presque ruiné, qu'elle étoit sans autre bien que ce qu'elle pouvoit attendre de sa bonté ; mais toutes ses paroles, toute sa passion, toutes ses caresses ne purent ébranler un cœur qui étoit à Cléante, & sans rien diminuer de l'ardeur avec laquelle elle l'aimoit comme son père, elle lui dit en un mot, que si elle étoit assez infortunée pour n'être jamais à Cléante, elle ne seroit jamais à personne,

& qu'elle iroit le reſte de ſes jours au fond d'une retraite, gémir de n'avoir eu ni le mérite ni le bien néceſſaire pour le poſſéder.

Et moi, dit la Bourimière, piqué de ſon obſtination, ſi vous refuſez d'être ma femme, je prétends conſerver ſur vous toute l'autorité d'un père; vous ne ſerez jamais à mon rival, & je veux que vous partiez tout-à-l'heure pour Caen. Peut-être que quand vous ſerez ſéparée de l'objet, votre paſſion perdra ſa force, & que la raiſon vous fera réfléchir ſur les avantages que je vous propoſe.

Virginie avoit un ſi grand reſpect pour la Bourimière, qu'elle ne ſe ſeroit point oppoſée à cette réſolution, ſans l'engagement dans lequel elle étoit avec madame de la Boiſſière de ſe maſquer le ſoir avec elle & ſa fille pour le bal. C'eſt le prétexte qu'elle prit pour le porter à différer ce départ juſqu'au lendemain; elle ne l'auroit pas cependant obtenu, ſi madame de la Boiſſière elle-même ne fût entrée dans ce moment, qui, ſachant le ſujet de cette conteſtation, acheva de gagner la Bourimière, & enfin après avoir lui-même réfléchi que cet éclat de chagrin jaloux ſeroit mal expliqué, il defendit à Virginie de découvrir à Cléante ni cet entretien, ni la réſolution priſe pour ce voyage de Caen, &

après avoir été prendre toutes ses mesures pour pouvoir dès le lendemain matin exécuter son projet ; il revint chez le bon-homme, & ne dit ni ne fit aucune chose qui pût donner le moindre soupçon qu'il eût vu cette lettre, mais bien résolu dans le cœur d'observer de si près Cléante, qu'il ne put joindre au bal Virginie, ni avoir avec elle aucun entretien particulier.

Nous nous levâmes cependant Cléante & moi, & sa lettre ayant été fermée, après qu'il me l'eût fait voir, un de ses laquais la porta à Virginie qui la reçut, & lui fit cette réponse.

» Un ordre auquel je dois un profond res-
» pect, me défend de vous découvrir mille
» choses importantes : mon penchant soutient
» sur ce silence forcé un combat qui m'est bien
» dur. Pourquoi votre passion est-elle connue
» d'autres que de moi ? & ne pouviez-vous
» vous abstenir d'en faire confidence à celui
» que la fortune m'a donné pour père, &
» la bizarrerie de mon sort pour amant. Je
» crains qu'il ne laisse ce soir de grands obs-
» tacles à l'entretien dont nous nous flattons ;
» comme c'est vous qui vous les êtes suscités,
» c'est à vous à chercher les moyens de les

» vaincre ; pour ce qui est de moi, pourvu
» que vous me fassiez connoître que vous ne
» m'avez point été infidelle, croyez que rien
» ne vous ôtera jamais le cœur de la fidelle

VIRGINIE.

Cléante par cette réponse, & par les assurances qu'il y trouvoit d'être aimé de Virginie, se vit au comble de son bonheur ; mais il ne pouvoit comprendre comment la Bourimière avoit pu être informé d'un amour qu'on lui cachoit avec toute l'exactitude possible.

Il me fit voir ce qu'on lui mandoit, & me conjura de joindre mes soins pour l'aider à vaincre les obstacles que le poëte voudroit apporter à l'entretien qu'il espéroit le soir avec Virginie, & je lui donnai sur cela des conseils que le hasard fit parfaitement bien réussir.

Cependant les coups de canne n'avoient causé sur le corps de la Camardière, que de larges & douloureuses contusions, & sa colère jalouse n'en fut que plus animée à la vengeance que sa lâcheté méditoit. Céphise d'autre côté, outrée de la découverte de son complot, en devint encore plus ferme dans la résolution qu'elle avoit prise d'ôter Virginie à Cléante, & de la mettre au pouvoir de son cousin ;

ainsi comme elle n'avoit fui que pour se dérober aux yeux d'un amant dont les mépris la désoloient, elle s'étoit contentée de se mettre à couvert dans le premier endroit qu'elle avoit rencontré ; mais si-tôt qu'elle n'ouit plus que la voix du battu, elle vint le rejoindre, & l'ayant conduit dans sa chambre, & étuvé toutes ses contusions, tandis que les domestiques couroient à demi-nus le jardin, pour chercher celui qui n'y étoit plus, ils passèrent le reste de la nuit à concerter ensemble tout ce qu'ils prétendoient faire.

La Camardière vouloit satisfaire tout-à-la-fois deux passions, son amour & son courroux, c'est-à-dire, se rendre maître de Virginie, par un enlèvement qu'il avoit déja manqué trois fois, & venger par une insulte sanglante, à bel assassinat comptant, les coups qu'il avoit reçus de son rival.

Il se réserva seul le projet & la conduite de cette vengeance ; mais il communiquoit avec Céphise, dont il avoit besoin, les moyens d'exécuter cet enlèvement, & voici la manière dont elle prétendoit en venir à bout.

Après que, par l'intrigue d'une servante elle eut découvert que Virginie étoit chez madame de la Boissière, elle avoit vu cette veuve en visite sérieuse, sous un prétexte qu'elle n'avoit pas eu de peine à inventer; puisqu'elle l'avoit autrefois connue à Caen d'où elle étoit. Mais comme Virginie se cachoit avec exactitude parce qu'elle ne savoit point que la Bourimière ni Cléante fussent à Falaise, elle n'avoit point vu cette cousine; elle résolut donc qu'elle retourneroit une seconde fois la voir sur l'heure du dîner, sous prétexte qu'on venoit de lui apprendre que Virginie étoit chez elle, ne doutant point que le commerce qu'elle avoit eu à Paris avec elle, ne la portât à la voir avec plaisir; & qu'alors elle tourneroit si adroitement les choses, qu'elle se mettroit de leur partie pour se masquer, & que se chargeant de la conduite de sa cousine, comme madame de la Boissière se chargeroit de celle de sa fille, elle trouveroit fort facilement le moyen de la détourner dans un endroit où la Camardière pourroit s'en rendre le maître, & que c'étoit ensuite à lui à prendre de si bonnes mesures, que rien ne pût faire obstacle à l'exécution de son projet.

Céphise accomplit chez madame de la Boissière, avec autant de ruse que de succès, ce qu'elle venoit de promettre à la Camardière; elle s'y rendit; elle y fut agréablement reçue, & Virginie qui ne connoissoit point son esprit fourbe, & qui n'avoit garde de pénétrer dans ses trahisons, se fit un extrême plaisir de recevoir celle qu'elle avoit vue presque seule à Paris, & qui lui avoit fait naître l'occasion de connoître Cléante.

Ce ne fut qu'embrassemens, ouvertures de cœur, confidences sincères d'un côté, & fausses de l'autre. On la retint à dîner, & elle se fit prier & presser pour la mascarade qui étoit le seul but de sa visite. Le déguisement fut proposé de manière que, Virginie & Marianne qui étoit la fille de madame de la Boissière, étant de même âge & de même taille, seroient en Bohémiennes, & madame de la Boissière & Céphise en Astrologues, & que chaque Astrologue donneroit la main à une Bohémienne.

Les choses ainsi arrêtées, Céphise, sous prétexte de se fournir de quelques ajustemens, sortit pour jusques sur le soir, mais ce fut pour voir la Camardière, l'instruire de tout, & disposer les choses pour lui livrer Virginie, qu'elle tiendroit par la main à la descente du carrosse, après qu'elle auroit laissé passer madame de la Boissière qui tiendroit sa fille.

De notre côté, nous n'étions pas en moindre mouvement pour nous préparer à la mascarade. Notre poëte qui, sous une dissimulation profonde, & dont on ne l'auroit pas cru capable, cachoit tout ce qu'il avoit appris, & le deſſein qu'il avoit formé de partir le lendemain matin, ne vouloit point abandonner de vue Cléante, & ſe mit de la partie.

On délibéra de quelle manière l'on maſqueroit, & l'on réſolut de prendre des habits de Scaramouches, qu'on trouva fort propres pour notre déguiſement ; mais pour tromper la vigilance avec laquelle nous ne doutions point que la Bourimière ne s'attachât à obſerver Cléante, les choſes furent par mon conſeil diſpoſées de manière, que le laquais Gaſcon de Cléante qui étoit de même taille que ſon maître, s'habilleroit ſecrètement de même que nous, & que dans le moment qu'on voudroit partir, il prendroit ſubtilement la place de Cléante, qui au plus vîte ſe déguiſeroit d'une autre manière pour ſe rendre ſeul & libre au bal, tandis que notre poëte tiendroit ſes yeux attachés ſur le laquais, & qu'on le détourneroit de tous les endroits où ſeroit Cléante.

Virginie fut avertie de ce double déguiſement, afin qu'elle pût aiſément reconnoître ſon amant, & elle prit le ſoin de nous avertir par la même voie qu'elle ſeroit déguiſée avec Marianne en Bohémiennes, & toutes deux d'une parure ſi ſemblable, qu'il ſeroit impossible de les démêler ni à leur taille, ni à leur habit ; mais que pour se distinguer, Marianne attacheroit sa croix de diamans avec un ruban or & couleur de feu, & qu'elle attacheroit la sienne avec son ruban or & bleu.

Dans ces dispositions, chacun attendoit avec une merveilleuse impatience l'heure du bal; Céphise & la Camardière pour l'exécution de leurs complots, Cléante & Virginie pour tâcher de s'entretenir une fois avec liberté, & la Bourimière pour les épier, rompre leurs mesures, & partir dès le lendemain pour l'emmener à Caen.

La Camardière qui n'épargnoit rien pour venir à bout de ses entreprises, avoit des espions qui lui rendoient compte des démarches de Cléante, & on l'avoit averti qu'il devoit être déguisé en Scaramouche avec la Bourimière & moi, & comme je suis d'une taille fort pleine, notre poëte d'une fort petite, & que Cléante étoit grand & délié, il n'étoit pas difficile de le démêler entre les deux autres Ainsi la Camardière ayant résolu de lui faire rendre avec usure les coups qu'il avoit reçus, posta à la porte de madame de Florimond, chez qui se donnoit le bal, un de ses valets avec trois autres assassins, armés de bons bâtons, & très-bien payés pour remplir cette glorieuse expédition ; & réferva ses deux autres valets avec lui-même, & un carrosse prêt pour enlever Virginie.

Le bon-homme, monsieur l'abbé de Long-Repas, nous avoit régalés selon sa coutume, c'est-à-dire parfaitement bien ; & voyant que l'heure du bal s'approchoit, il nous avoit laissé toute la liberté de nous y préparer. La chose fut bien-tôt faite, & nous étant habillés, nous fîmes fort aisément l'échange du laquais contre le maître, & Cléante ayant pris au plus vîte un autre habit qu'il tenoit prêt, il nous dévança, & se rendit bien plutôt que nous chez Florimond.

Nous montâmes donc en carrosse la Bourimière, le Gascon & moi, & étant arrivés à la porte & descendus, j'étois déja entré dans la cour, & le poëte sur la porte, tandis que le Gascon étoit arrêté dehors pour un petit besoin, lorsque les quatre assassins de la Camardière le prenant pour Cléante, fondirent tous ensemble sur ce laquais, & le chargèrent si brusquement à coups de bâton, qu'il ne put porter sa main droite à une épée qu'il tenoit sous son bras gauche.

Au bruit que causa cette insulte, la Bourimière entra vigoureusement dans la cour,

soit

soit qu'il ne jugeât pas à propos de s'exposer à partager une grêle, dont l'orage tomboit d'une furieuse abondance, soit qu'il se réjouît peut-être intérieurement de cet accident de son rival ; mais pour moi je sortis l'épée à la main, & secondé d'un valet de Monsieur d'Olinville, qui étoit à la porte, je chargeai si à propos ces assassins, qu'ayant coupé le visage au premier sur lequel je tombai, ils prirent soudain la fuite à la lueur de nos deux épées, & ayant relevé le Gascon qui étoit par terre, je le dégageai de la recette onéreuse qu'il faisoit pour son maître.

Mais dans le même tems que cette scène violente se jouoit à la grande porte de ce logis, Céphise pour exécuter ce qu'elle avoit promis à la Camardière ne fut pas plutôt déguisée avec ses trois compagnes, qu'elles montèrent toutes quatre en carosse, & se rendirent à la porte de derrière du même logis, suivant les mesures qu'elle avoit prises avec son cousin.

Un laquais qui étoit à elle, & qui les éclairoit, éteignit le flambeau dès qu'elles furent vis-à-vis de la porte qu'on leur ouvrit, & madame de la Boissière étant entrée avec l'une des Bohémiennes à laquelle elle donnoit la main, Céphise au lieu d'entrer avec l'autre qu'elle tenoit aussi, tira la porte & la ferma,

& enveloppée en même tems de trois ou quatre hommes, elle feignit qu'on l'enlevoit elle-même, & priant celle qu'elle tenoit de ne la point abandonner; elle l'obligea de monter avec elle dans un caroffe qui fe trouva prêt, le cocher en même tems pouffa fes chevaux & les mena en diligence à la porte du même jardin où Cléante avoit la veille trouvé Céphife avec la Camardière, d'où leur deffein étoit de paffer au travers de la maifon pour rompre les voies à ceux qui les auroient voulu fuivre, & prendre une nouvelle voiture qui les attendoit de l'autre côté.

La Bohémienne avoit été fi furprife de cet enlèvement, ignorant fi c'éroit pour elle ou pour Céphife, & l'exécution en fut fi foudaine, qu'elle n'avoit prefque pas eu la force de crier ni de parler; & fes raviffeurs étoient dans une fi grande émotion du coup hardi qu'ils venoient d'entreprendre, qu'ils ne reconnurent que dans la maifon de Céphife qu'ils avoient enlevé Mariane au lieu de Virginie.

En effet dans l'obfcurité qu'avoit foudainement caufée le flambeau éteint, Virginie & Mariane en defcendant de caroffe s'étoient mêlées, de manière que madame de la Boiffière au lieu de prendre fa fille prit Virginie, & que Céphife qui croyoit la tenir, prit Mariane & la livra à la Camardière.

Leur étonnement fut terrible lorsqu'en entrant dans la maison, & à la lumière qu'on leur apporta, ils découvrirent cette méprise. Cependant madame de la Boissière avoit traversé la petite cour, & monté une partie de de l'escalier par lequel on la conduisoit, sans s'appercevoir qu'elle n'étoit point suivie de Céphise; mais s'étant tout-à-coup retournée & ne la voyant point, elle l'attendit long-tems, s'imaginant qu'un besoin l'avoit retenue dans la cour; enfin l'impatience la prit, & s'adressant à Virginie qu'elle prenoit pour Mariane; descendez là-bas, ma fille, lui dit-elle, & voyez ce qu'elles font. Virginie en se démasquant répondit qu'elle y alloit, & l'autre ne l'eut pas plutôt reconnue qu'une inquiétude de mère la saisit, & qu'elle descendit elle-même avec Virginie; mais ne trouvant personne ni à la porte, ni dans la cour, ni même le carosse qui les avoit amenées, elle tomba dans une surprise égale à sa colère.

Une lionne à laquelle on vient d'enlever son petit, ne fait pas des cris plus horribles que ceux que fit cette mère désolée lorsqu'elle ne trouva pas sa fille, & à ses cris monsieur d'Olinville, Florimond, & ensuite madame sa mère, & Cléante étant venus, suivis à la file de la plupart de ceux qui étoient déjà assemblés, & la cour étant tout-à-coup éclairée de quantité de lumières; madame de la Boiffière toute en pleurs conta le fujet de fa douleur, & dit que fa fille avoit difparu avec Céphife, fans qu'elle fût ce qu'elle pouvoit être devenue.

Tout étoit dans une furieufe émotion; Florimond qui connoiffoit le mauvais caractère de Céphife, n'en parla pas comme d'une perfonne à qui l'on dût confier une jeune fille; chacun s'efforçoit de confoler la mère, on l'environnoit de toutes parts, & l'on dépêchoit de tous côtés du monde pour en découvrir quelque chofe.

Cependant Cléante s'étant tiré de la foule, & ayant apperçu Virginie démafquée & féparée du gros, il la joignit, & lui dit qu'on ne pouvoit pas trouver une occafion plus favorable pour l'éclairciffement qu'elle défiroit, & que tandis que l'aventure de fon amie occupoit tout le monde, elle pouvoit lui accorder ce moment précieux pour le fuivre dans un petit jardin dont l'entrée étoit à côté de cet efcalier, & dont Florimond lui avoit confié la clef, qu'ils pourroient là en toute liberté s'entretenir, fi elle vouloit bien s'y rendre, & qu'il alloit lui en ouvrir la porte.

Virginie fouhaitoit avec trop de paffion cet

éclaircissement pour en perdre l'occasion, & le départ dont elle étoit menacée pour le lendemain matin, étoit encore un puissant motif pour ne pas refuser à son inquiétude amoureuse un moment qui ne se trouveroit peut-être jamais; ainsi elle le suivit, & tous deux étant entrés dans le jardin dont ils refermèrent la porte sur eux, ils furent s'asseoir sous un petit berceau qui étoit dans le fond.

Ce fut là que Cléante après mille assurances de sa fidélité, lui conta la passion honteuse que Céphise avoit eue pour lui, le combat de Florimond qui avoit rompu leur rendez-vous, sa blessure, la rencontre de Céphise à Falaise, & enfin tout ce qui pouvoit être capable d'effacer entièrement les fausses impressions qu'elle avoit prises de son infidélité.

Il n'étoit pas difficile de persuader un cœur qui ne demandoit qu'à être détrompé. Virginie de sa part l'informa de tout ce qui pouvoit lui marquer la violence de sa passion, lui apprit tous les combats qu'elle avoit soutenus contre celle de la Bourimière, & lui marquant enfin & ce qu'elle étoit, & l'état auquel elle se trouvoit sans biens & sans naissance, & ainsi sans proportion avec lui, & sans apparence qu'il dût penser à l'épouser, elle l'assura qu'elle l'aimeroit uniquement jusqu'à son dernier soupir;

mais que pour ne pas le rendre malheureux par une alliance qui lui feroit trop onéreuse, & que sa famille n'approuveroit jamais, elle avoit résolu une retraite qui l'arracheroit à tout le monde, sans jamais l'arracher à celui qui avoit toutes ses inclinations.

Cléante se jetta à ses pieds, lui dit tout ce que l'ardeur la plus vive peut inspirer; lui expliqua sérieusement l'état de ses affaires, qui étoient pour le présent assez médiocres; mais que l'espérance de la succession d'un oncle qui l'aimoit cordialement lui paroissant infaillible, il pouvoit l'assurer qu'il en auroit toujours assez pour l'un & pour l'autre; qu'il ne lui demandoit que son cœur & sa main, sans aucun bien & sans autre espérance que d'en être éternellement aimé, & qu'il les préféreroit à toutes les richesses de la terre.

Vous pouvez croire, dit-elle, qu'étant obligée de rompre pour vous avec celui qui jusqu'ici m'a servi de père, je ne puis plus rien attendre de lui si-tôt qu'il vous verra le maître de ma destinée, & qu'ainsi je ne puis vous donner autre chose que ce cœur & cette main que vous me demandez; je vous les donne donc, mon cher Cléante, ajouta-t elle en lui tendant la main, & versant des larmes de tendresse, & je vous promets de réparer, par une si grande complaisance, & par un amour si pur & si constant, les injures que la nature & la fortune m'ont faites en naissant, que vous ne vous repentirez jamais des bontés dont votre amour m'aura comblée.

Et moi, dit Cléante, belle & sage Virginie, je vous donne mon cœur & ma foi, & vous fais maîtresse de tous mes biens. Je vous prends dans ce moment pour mon épouse, & je vous jure d'être toute ma vie inviolablement à vous. Il mit, en disant ses paroles, sa main dans la sienne, & un baiser scella cette promesse réciproque. Ils se levèrent en même tems & sortirent tous deux du jardin pour voir si madame de la Boissière avoit appris quelques nouvelles de Mariane.

Elle venoit de rentrer toute seule, & fort émue, & tout le monde retourné dans la salle prêtoit attention au récit qu'elle faisoit. Elle leur avoit dit que Céphise, par une trahison indigne de son sexe, & de la confiance qu'on avoit eue à sa fausse pruderie, l'avoit livrée à un homme qui lui étoit inconnu, qu'elle n'avoit pas cru d'abord être l'objet & la victime de cet enlèvement; mais que les discours du Ravisseur auquel elle ne répondoit rien l'avoient bien-tôt détrompée. Qu'on l'avoit conduite à la porte d'un jardin dans une maison, mais que Céphise & cet homme n'eurent pas plutôt vu son visage à la clarté qu'on avoit apportée, que paroissant tout-à-coup interdits, elle reconnut dans l'émotion de leur visage leur surprise, que s'étant ensuite long-tems parlé en secret, cet homme l'avoit enfin abordée, & fait de grandes excuses, mais fort mal digérées de l'insulte qu'elle venoit de recevoir, ajoutant qu'il s'étoit trompé, qu'elle devoit pardonner à son erreur, & qu'elle pouvoit remonter librement dans le même carosse qui l'avoit emmenée, & qui la remettroit dans le même lieu où l'on l'avoit prise ; mais que Céphise ni lui ne pouvoient pas se résoudre à l'accompagner, de sorte que dans cet état elle avoit cru n'avoir pas d'autre parti à prendre que celui de remonter en carosse & de venir rejoindre sa mère.

Il ne fut pas difficile à Cléante de juger que c'étoit une nouvelle entreprise de la Camardière sur Virginie, & que le seul hasard avoit fait avorter comme les autres. Il détesta la méchanceté de Céphise, & résolut de se venger à la première occasion de toutes les fourbes de ce rival, mais d'une manière plus forte qu'il n'avoit encore fait, & son courroux redoubla même lorsque je lui appris l'insulte dont il avoit été l'objet, & son Gascon la victime.

Cette aventure par le tumulte qu'elle caufa, mit une étrange confufion dans les difpofitions du bal, & avoit empêché qu'on ne le commençât; mais il en furvint une autre beaucoup plus importante, & qui caufa une bien plus étrange furprife dans tous les efprits.

Virginie étoit fortie du jardin où elle avoit paffé une demi-heure avec Cléante dans un tête-à-tête qui avoit fini fes inquiétudes, & déterminé fes réfolutions; elle remonta dans la falle, & voyant Mariane de retour qui achevoit de conter fon aventure, elle ne put s'empêcher, par la tendreffe qu'elle avoit pour elle, de fendre la preffe & de l'aller embraffer.

Cléante étoit entré prefqu'en même-tems que Virginie, & comme il croyoit qu'après les paroles qu'elle venoit de lui donner, il pouvoit fe difpenfer des mefures qu'il avoit jufques-là gardées avec la Bourimière; il fe tenoit démafqué, & embraffoit Florimond, en lui rendant compte à l'oreille du fuccès de fon entrevue, lorfque notre poëte, qui depuis une heure s'étoit rendu l'inféparable efpion du faux Cléante, reconnut le véritable, & fe voyant trompé par un ftratagême qui ne pouvoit que renfermer un grand myftère, il ne douta point que Virginie ne vînt de lui accorder cet entretien qu'il redoutoit fi fort, & que par toutes fortes de moyens il vouloit empêcher. La joie même qu'il apperçut sur le visage de son rival, lui fit augurer un contentement qui le mettoit au désespoir.

Il ne consulta donc plus que les mouvemens impétueux de sa jalousie, & se détachant avec dépit du Gascon & de moi, il courut à Virginie, la prit par le bras, & la retirant des embrassemens de Mariane, tandis que madame de Florimond étoit allée donner quelques ordres; ah! Virginie, lui dit-il, cruelle Virginie, c'est m'insulter trop ouvertement, je ne puis être plus long-tems le témoin de ma honte & de la félicité de mon rival ; suivez-moi, & que je n'aie plus la douleur de vous voir ici.

Depuis que je suis au monde, répondit Virginie, je vous ai révéré comme le doit une véritable fille, j'aurai jusqu'à la mort les mêmes respects pour vous, mais pouvez-vous forcer mon cœur, & croyez-vous qu'il me soit possible de regarder comme amant celui que j'honore comme mon père?

Ah ingrate! dit la Bourimière, si l'amour que vous avez pour Cléante ne vous aveugloit pas, vous n'auriez pas recours à ce nom imaginaire de fille pour vous défendre de répondre à ma passion, & refuser d'être mon épouse.

Je ne puis vous nier, répliqua Virginie, ce

que vous savez déjà ; & afin que vous soyez informé de ce que vous ignorez encore, sachez que Cléante n'a pas seulement mon cœur, mais que je viens de lui donner ma foi, & que telle que soit ma destinée, rien ne peut m'empêcher d'être à lui. Je suis fâchée que vous me forciez à une déclaration si publique, mais les choses sont réduites à un point que je ne puis plus me dispenser de vous les apprendre.

Tandis que la Bourimière & Virginie parloient de la sorte en présence de quantité de personnes qui les écoutoient ; Cléante qui voyoit ses intérêts en de bonnes mains pour les défendre, gardoit le silence & souripit de tems en tems avec Florimond qui venoit d'apprendre de lui ce qui s'étoit passé dans le jardin.

Mais dans le même tems madame de Florimond étant rentrée, & au bruit de cette contestation s'approchant de Virginie qu'elle n'avoit point encore vue, elle n'eut pas plutôt porté ses yeux sur une croix de diamans qu'elle vit attachée au devant de sa gorge, & suspendue à un ruban or & bleu ; que portant la main dessus, & faisant paroître sur son visage une émotion extraordinaire, elle regarda fort attentivement l'une & l'autre.

Vous regardez, madame, lui dit Virginie, tout ce que j'ai jamais eu de ceux qui m'ont donné la vie, & qui ne m'ont pas crue digne qu'on prît aucun soin de moi.

A ces mots, madame de Florimond la regardant fixement, & voyant ses yeux aussi grands, aussi brillans, & de même couleur que ceux de monsieur d'Olinville, qui les avoit parfaitement beaux, & joignant à toutes ces marques ce que la Bourimière avoit compté la veille, elle fit un cri, & l'embrassant, ah Virginie ! dit-elle, seroit-il bien possible que vous fussiez cette même fille, qu'une femme à laquelle seule je me confiois, eut la cruauté d'exposer après que votre naissance secrete, & la disgrace de votre père m'eurent mise à deux doigts de la mort, & ôté toute la liberté de penser à vous ?

Puis se tournant vers la Bourimière, voilà donc cette même Virginie dont vous nous parliez hier, & que vous trouvâtes il y a vingt ans à Caen, avec cette même croix, & ce même ruban ? C'est elle-même, dit la Bourimière, & non-seulement elle avoit ces marques que vous avez si-tôt reconnues ; mais je conserve précieusement chez moi la corbeille dans laquelle elle fut exposée, & tout ce qui l'enveloppoit.

Ce spectacle jetta toute l'assemblée dans une surprise étonnante ; Florimond qui étoit présent, se voyoit tout-à-lafois, & contre son attente, pourvu non-seulement d'un beau-père, mais d'une sœur de vingt ans, qui remplissoit le cas de l'acte que sa mère lui avoit fait signer; cependant l'intérêt ne l'empêcha point de prendre toute la part possible à la joie de sa mère, qui ne se pouvoit lasser d'embrasser une fille qu'elle avoit pleurée, qu'elle avoit souhaitée, & qu'elle retrouvoit dans une conjoncture si heureuse.

Monsieur d'Olinville, à qui cette nouvelle fut portée dans une chambre voisine où il étoit allé, accourut, & reconnut lui-même la croix & le ruban, & ne douta point que cette fille ne fût le fruit de ses premières amours avec madame de Florimond, & de la promesse réciproque d'un mariage que l'affaire cruelle qui lui survint l'avoit empêché d'exécuter; il embrassa donc Virginie, & ayant ensuite embrassé la Bourimière, il l'assura d'une éternelle reconnoissance des soins qu'il avoit pris de son éducation, & de l'en récompenser.

Je suis, répondit la Bourimière, assez récompensé de tous mes soins par la joie sensible que j'ai de ce qu'elle retrouve ses véritables parens. Je sais bien que la naissance illustre que la fortune lui rend aujourd'hui,

& les grands biens qu'elle doit attendre de vous & de madame sa mère, l'élévent si fort au-dessus de moi, qu'ils ôtent à mon amour tout l'espoir dont il pouvoit se flatter lorsque je ne lui voyois ni bien ni naissance ; mais si cette disproportion me force à étouffer une passion qu'elle n'a jamais voulu écouter, & qui m'a presque rendu fou, elle n'étouffera jamais la tendresse de père que je veux toute ma vie lui conserver, & dont elle ressentira des effets plus puissans qu'elle ne croit.

Il n'y eut personne dans l'assemblée, qui ne vînt témoigner à Virginie par ses embrassemens le plaisir général qu'on ressentoit d'une si heureuse reconnoissance ; mais le seul Cléante, joyeux du bonheur de sa maîtresse, trembloit qu'il ne fût fatal à son amour.

Il voyoit son aimable Virginie autant au-dessus de ses biens, & même de toutes ses espérances, qu'il s'étoit vu au-dessus d'elle lorsqu'ils s'étoient promis une foi réciproque. Il n'ignoroit pas qu'elle entroit sous la puissance d'un père & d'une mère dont sa destinée alloit dépendre, & qui auroient pour son établissement des vues bien plus élevées, il espéroit néanmoins, & sur l'amitié de Florimond, & sur la sincérité d'ame de la généreuse Virginie, qui avec tant de tendresse & tant de bonté venoit de lui donner sa foi & sa parole.

Il ne lui fit donc qu'en tremblant son compliment de conjouissance sur sa nouvelle qualité, & lui dit tout bas : Cléante ne vous perd-il point, lorsque d'heureux parens vous retrouvent. Non, Cléante, dit Virginie, non, mon cœur est au-dessus de la fortune, j'étois à vous avant que le ciel m'eût rendu à mes parens, & je ne serai point leur fille, que vous ne soyez leur gendre.

Florimond, qui voyoit bien sur le visage de Cléante, que la crainte de perdre Virginie troubloit la joie qu'il devoit avoir de son bonheur, s'approcha d'eux, & se doutant bien de ce qu'ils se disoient tout bas, il prit la main de sa sœur & celle de Cléante, les mit l'une dans l'autre, & s'adressant à lui ; j'ai été, lui dit-il, comme votre ami, le confident de votre passion, mais à présent comme frère, je prétends en être le protecteur, & je vous promets que Virginie ne sera jamais de mon consentement à d'autre qu'à vous.

En disant ces mots, & sans quitter les deux mains qu'il tenoit, il se tourna vers M. d'Olinville & madame de Florimond occupés à répondre à une infinité de complimens qu'on leur faisoit sur le mérite & la beauté de Virginie, & il leur dit : le ciel vous rend une fille & à moi une sœur, & elle nous feroit encore inconnue si je ne l'avois pas moi-même retirée des mains de ses ravisseurs ; je ne prétends pas m'être acquis par-là quelques droits sur elle au-dessus des vôtres ; mais je ne pourrai goûter le plaisir de posseder une sœur si aimable, si vous rendez le meilleur de mes amis le plus désolé de tous les hommes.

Cléante, ajouta-t-il, est un homme de mérite, & mon plus intime ami ; il aime ma sœur d'une passion si généreuse, que sans biens & sans naissance il l'auroit élevée à l'honneur d'être son épouse, il en est aimé avec passion ; vous n'ignorez ni l'un ni l'autre quels sont les effets de l'amour sur deux cœurs qui en sont vivement pénétrés, puisque Virginie est elle-même le fruit de votre amour ; je vous demande donc à l'un & à l'autre, que le bonheur de ma sœur ne fasse pas deux infortunés.

M. d'Olinville très-riche, & madame de Florimond très-ambitieuse, formoient déja sur cette fille des projets de quelque alliance illustre dans la province ; c'est ce qui fit qu'ils ne répondirent pas à Florimond de la manière

nière qu'il espéroit; ils ne le rebutèrent pas néanmoins par un refus, mais M. d'Olinville lui dit qu'une affaire de cette importance n'étoit pas d'une nature à être précipitée, qu'il étoit bon de reprendre haleine sur l'émotion que cette aventure venoit de leur donner, que la première chose qu'ils avoient à faire, c'étoit d'accomplir leur mariage pour assurer l'état de Virginie, qu'ensuite on pourroit écouter tout, & qu'on verroit quels égards on auroit pour le mérite de Cléante, pour les bonnes intentions de Florimond, & pour le penchant de Virginie.

La Bourimière étoit présent, qui, après avoir attentivement écouté ce que disoit M. d'Olinville, prit la parole, & par une saillie, à laquelle qui que ce soit ne se seroit attendu; il n'y a pas une heure, dit-il en le regardant, que vous êtes le père de Virginie, & il y a vingt ans que je le suis, ainsi je prétends avoir quelque voix en chapitre pour son mariage; je connois Cléante pour un des plus honnêtes hommes du monde, & son oncle est bien la meilleure pâte de vivant qui soit sous le ciel. Qu'aurez-vous à dire si l'oncle assure à Cléante sa succession ? & je suis persuadé qu'il ne le refusera pas. Quoi qu'il en soit, je vous déclare, moi, que j'ai conç une estime si singulière pour Cléante, que pour exécuter le dessein que j'ai toujours eu d'assurer tous mes biens à Virginie, que j'aime comme ma vraie fille; & pour priver mon indigne neveu d'une succession qu'il ne mérite pas, j'adopte ces deux amans pour mes enfans; & que je leur donnerai tout mon bien, qui monte à plus de cent mille écus, pour en jouir après ma mort, pourvu que vous consentiez à leur mariage; si la proposition vous plaît, parlez?

Tandis que M. d'Olinville & madame de Florimond, surpris de cette proposition, se regardoient comme pour se consulter réciproquement, Cléante & Virginie embrassèrent tour à tour la Bourimière, & lui dirent tout ce que leur amour put leur faire imaginer de plus tendre & de plus reconnoissant, & ensuite Virginie s'étant jettée aux pieds de M. d'Olinville, lui dit, qu'elle étoit forcée de lui déclarer que non-seulement elle aimoit Cléante d'un amour qui seroit éternel, mais qu'ils s'étoient engagés réciproquement leur foi d'une manière si absolue, & avec des sermens si inviolables, que s'il ne l'épousoit point, elle étoit résolue d'entrer dès le lendemain dans un couvent où elle étoit attendue, & que jamais elle n'en épouseroit d'autre.

Cette déclaration appuyée des empressemens de Florimond, à qui toute l'assemblée se joignit en faveur de ces deux amans, ébranla M. d'Olinville, & madame de Florimond s'étant rendue la première, le porta enfin elle-même à consentir à ce mariage. Cléante voulut se jetter à leurs pieds pour les remercier, mais ils l'embrassèrent l'un & l'autre, & lui firent toutes les caresses possibles.

Cependant dès que j'eus ouï la Bourimière, je crus qu'il étoit à propos de sonder le bonhomme pour ne point perdre des momens si précieux; ainsi je pris un carrosse à la porte, & courus chez l'oncle de Cléante que je fis éveiller, & lui ayant en peu de mots compté cette aventure merveilleuse & en quel état étoient les choses, je le trouvai très-disposé à faire tout ce qui pouvoit contribuer à l'établissement avantageux de Cléante.

Il aimoit tendrement le neveu, & s'étant au plus vîte habillé, il monta en carrosse avec moi, & nous arrivâmes chez madame de Florimond dans le tems que tout venoit d'être conclu. Le bon-homme leur déclara qu'il étoit prêt d'assurer à son neveu la succession entière de tous ses biens, & que dès-à-présent il lui donneroit pour cinq mille livres de rente de bons contrats. Et la Bourimière promit aussi de tenir la parole qu'il avoit donnée, & il la tint en effet.

Tout étoit dans une joie inconcevable, & la Bourimière se préparoit à faire, disoit-il, les plus beaux vers du monde, sur une aventure dans laquelle il n'avoit pas la moindre part ; mais afin que toute la famille participât à ce plaisir, Florimond entretenant la fille de madame la Boissière, trouva que sa beauté étoit soutenue de tant de douceurs, que, comme elle étoit d'ailleurs fille unique, & un très-bon & très-riche parti, il ne trouva aucun obstacle à la résolution soudaine qu'il prit de l'épouser, & d'ajouter ce mariage aux deux autres qui étoient déja conclus.

Ainsi, le tems du bal s'étant passé sans que l'on pensât à danser, on servit entre deux & trois heures une magnifique collation qui étoit toute préparée ; on mit la Bourimière à la première place de la table, comme celui à qui l'on avoit toute l'obligation du bonheur de Virginie ; il anima la joie comme par une infinité de saillies divertissantes, on but, on rit, & l'on ne manqua pas d'y parler de la conduite infâme de la Camardière, & de la violence téméraire de toutes ses entreprises.

On les jugea très-coupables, & Florimond vouloit que Cléante le pourſuivît, pour lui faire faire ſon procès ; mais la Bourimière dit, que tout méchant qu'il fût, c'étoit ſon neveu ; que, comme il avoit l'ame auſſi intéreſſée que lâche & perfide, il ſeroit aſſez puni par la privation de ſa ſucceſſion, & que l'abandonnant & Céphiſe auſſi à leurs remords & à leur malheureuſe deſtinée, il ne falloit penſer qu'à tout ce qui pouvoit nous faire plaiſir à tous.

A ce mot, il prit un verre & nous mit tous en train de chanter ; on tint table juſqu'à la pointe du jour, & l'on prit heure ſur le ſoir, pour paſſer tous les contrats chez le bon-homme, qui donna un ſuperbe ſouper à toute la compagnie ; & afin que qui que ce ſoit ne pût être mécontent de tout ce qui s'étoit paſſé, il voulut que Cléante comptât au Gaſcon autant d'écus qu'il avoit reçu de coups de bâton pour lui, & dont il ſeroit cru à ſon ſerment juſqu'au nombre de cent, & en même-tems il prêta les deniers à ſon neveu pour le payer.

Il voulut même le lendemain ſe rendre avec tous les autres à Caen, pour être préſent à la célébration des trois mariages qui ſe firent tout-à-la-fois devant une afluence prodigieuſe d'aſſiſtans, qui prenoient un plaiſir ſingulier de voir Virginie tout en un même jour mise sous le drap de ses père & mère, pour être légitimée & sous le drap avec Cléante, pour en être l'épouse.

Fin du voyage de Falaise.

VOYAGE

DE

MANTES.

Par BONNEVAL.

VOYAGE DE MANTES.

CHAPITRE PREMIER.

Réflexions sans suite sur ce qui a donné lieu au reste.

DE tous les tems, il y a eu des originaux. Les mêmes, quant au fond, la forme seule a changé.

Les bonnes gens dont je me propose de tracer les ridicules, ressembloient par leurs travers à ceux d'à présent. Inhabiles à les cacher, ils n'avoient pas besoin d'impudence pour les soutenir, quand ils se voyoient découverts. Alors on rougissoit encore. Avouer sa faute en bégayant, c'étoit commencer à réparer ses torts. Depuis le départ de la pudeur, tout a bien changé de face.

Partisan né du plaisir, cédant au torrent des passions, je ne pouvois manquer de me trouver au même titre des contemporains de mon libertinage : c'étoit marchandise mêlée, comme on le verra dans la suite ; & je dois au hasard le bonheur de m'en rappeller la mémoire sans être obligé d'en rougir. Que de gens en voudroient pouvoir dire autant ! Le souvenir des écarts de la jeunesse nous couvre souvent de honte, & nous fuyons avec autant d'empressement les compagnons de nos plaisirs passés, que nous les recherchions autrefois.

Qu'il importe ou non de le savoir, j'ai pris naissance au fond d'une province éloignée de la capitale. Où ? Il m'importe beaucoup que l'on l'ignore, & l'on saura pourquoi.

Echappé de la férule, j'abusai des premiers momens de ma liberté pour me livrer avec excès aux plaisirs, d'autant plus attrayans, qu'ils étoient nouveaux.

La raison, dont la force n'étoit fondée que sur la théorie de la volupté, pouvoit-elle être une barrière assez forte pour arrêter la fougue de mes desirs ? Le dégoût des plaisirs a, peut-être, fait autant de sages que les réflexions les plus prévoyantes, sur-tout quand on vous les fait faire sur des choses que l'on ne vous fait entrevoir que pour vous détourner de les comnoître. Le feu de l'âge me fit souhaiter de les approfondir ; il me falloit des ressources pour satisfaire mon goût ; elles étoient légères : mon père me paroissoit trop économe ; il me taxoit à son tour de prodigalité : nous avions tort tous les deux, à regarder les choses d'un certain côté ; je l'ai senti depuis.

Pour arrêter le cours de mes caravanes, le papa résolut de m'envoyer à Paris ; il espéroit, en me dépaysant & flattant mon amour-propre d'un établissement honorable, que le travail qu'il me faudroit faire pour m'en rendre digne, écarteroit entièrement les idées de dissipation qui lui paroissoient si opposées à celles qu'il avoit pour mon avancement & la satisfaction de sa vanité. Les progrès de son commerce n'avoient servi qu'à lui faire sentir la prétendue bassesse de son état ; il vouloit se dédommager de la contrainte où l'avoit réduit l'uniformité de sa situation avec ses confrères. La première charge de judicature devoit l'en venger ; il me falloit mettre en état de la posséder. Les richesses applanirent la difficulté ; mais les richesses ne nous sauvent du sifflet, qu'autant que le savoir en justifie l'emploi : on m'en fit sentir l'importance, & je courus me ranger sous la conduite d'un procureur de Paris, qui s'étoit attiré la vénération de la famille, & cela fondé, comme presque toutes les réputations, plutôt sur le hasard que sur le savoir, à moins que l'on n'appelle science le méchanisme de l'état. Que l'on soit ignorant, que l'on passe même pour ne pas avoir d'esprit au dire de certains appréciateurs, c'est en avoir, & du meilleur, que d'avoir l'esprit de son métier. On n'est pas estimé dans la société, il est vrai, mais on a l'essentiel. L'esprit qui convient dans cette société, est l'esprit de tous les hommes en général ; ordinairement superficiel, mais estimable quand on sait l'allier avec le savoir de la place que l'on occupe. Je m'apperçois que je me débats de l'esprit au sujet du plus borné de tous les procureurs, quant à l'esprit de société. Combien de ses pareils se sont piqués, & se piquent d'en avoir, qui se rendent plus ridicules. Que l'on ne s'ennuye pas de mes digressions, si elles ne satisfont pas mes lecteurs ; & je le dis, malgré tout mon amour propre, s'il se trouve des lecteurs d'un ouvrage que l'on ne doit qu'à mon oisiveté, qu'ils se préparent ces lecteurs à de plus grandes digressions. Mon goût, peut-être, pourra changer par intervalle. Au reste, comme j'écris par sacade, on peut me lire de même.

CHAPITRE II.

Départ, arrivée, projets.

A mon départ, mon père se justifia amicalement du passé, en m'alléguant des raisons dont les pères ne manquent jamais en pareilles rencontres. Il me fit une peinture de tous les périls que j'allois braver, en homme qui les avoit vus de près. Je promis de profiter de ses conseils, & lui ai tenu parole en homme plus heureux que sage.

A mon arrivée, je songeai sérieusement à me mettre en état de remplir les devoirs de la charge qu'on me destinoit ; elle demandoit une étude profonde de la chicane, pour en savoir démêler les détours.

Un travail continuel auroit pu m'accabler. Mon esprit, qui s'y soutenoit plus par raison que par goût, demandoit du relâche. Le cœur revendiquoit ses droits ; il lui falloit de l'amusement ; au moins les sens entroient pour leur part dans cet arrangement.

Faire l'amour au-dehors, je sentis combien mon tems m'étoit précieux. Pour mettre tout d'accord, & n'être point distrait dans mes occupations, je résolus d'adresser mes vœux à la fille du procureur, par convenance d'abord, ou si l'on veut, par une espèce de reconnoissance qui n'est que trop d'usage dans le monde envers ceux qui nous obligent.

Mademoiselle Hugon reçut mes petits soins avec plaisir, & sans s'effaroucher du but que je paroissois me proposer. Dans une situation égale des deux parts, tout dépendoit de l'occasion pour remplir nos vues. Après s'être montrée sous les plus beaux dehors, la perfide s'échappoit au moment que nous croyions la saisir.

J'étois préparé à tout événement, & dans l'âge où la témérité rend souvent heureux. Si j'eusse rencontré dans ma petite maitresse un peu plus de résolution, nous aurions profité d'instans courts, à la vérité, qui sont d'autant plus précieux, que leur peu de durée ne nous laisse que les moyens d'esquisser le plaisir. Le souvenir de ces instans & l'espoir d'en retrouver de pareils remplissent l'imagination de peintures voluptueuses, presque égales au plaisir, si elles ne le surpassent quelquefois. Je rencontrai, malheureusement pour moi, une fille toute neuve : la bonne volonté n'étoit pas ce qui lui manquoit : les desirs la dévoroient ; mais le vent d'une mouche la faisoit trembler.

CHAPITRE III.

Motifs du voyage.

L'AUTOMNE nous fut plus favorable que le printems : M. Hugon, le plus laborieux & le plus âpre des procureurs, se trouvant, par un excès de travail, presque sans affaire, se détermina, pour la première fois, à quitter son étude pendant les vacances, & en aller passer le tems auprès d'une nièce qui résidoit aux environs de Mantes. Soit pour obliger sa nièce, ou par un principe d'économie, vu l'inaction présente, il se rendit à ces sollicitations. Inviter un bourgeois à venir à la campagne, c'est inviter toute la maison, les animaux n'en sont pas même exempts. On mit deux clercs & la servante à la porte ; les clefs du corps-de-logis qu'occupoit M. Hugon, furent déposées chez un huissier, son voisin & son intime. On me proposa d'être du voyage comme une chose sur laquelle on avoit compté. J'y taupai d'autant plus volontiers, que j'espérai tirer un grand avantage de la liberté dont on jouit à la campagne pour triompher des irrésolutions perpétuelles de mademoiselle Hugon. Nous voilà donc un beau matin emballés dans la grande cariolle de

Saint-Germain. M. Hugon, madame sa chère épouse, mademoiselle Hugon, le petit Hugon son frère, Dépêches, maître-clerc & fidèle Ecuyer de madame Hugon, & moi, sans oublier plusieurs sacs de nuit, & autres paquets très-embarrassans; *item*, deux chiens qu'il fallut mettre du voyage; un gros caniche, le bien-aimé de madame Hugon : notre maître-clerc se chargea du soin de sa conduite : je m'emparai d'un petit guerdin dont on avoit fait présent à mademoiselle Hugon depuis quelques jours; plus, une grande cage de perroquet, & un perroquet dont les cris perçans nous étourdirent jusqu'au pont de Neuilly, où la voiture arrêta. Aux cris du perroquet, du jappement des chiens qui le secondoient par intervalle, & aux propos de deux femmes dont nous essuyâmes à ce sujet la mauvaise humeur, succéda une scène capable d'attendrir un lecteur facile à émouvoir, si ma plume étoit assez éloquente pour la lui rendre.

CHAPITRE IV.

Combat de Neuilly.

Les deux femmes à qui la compagnie des chiens & du perroquet avoit tant déplu, sautèrent à bas de la voiture à l'aide d'un gros garçon boulanger qui leur tendit les bras. Notre maître-clerc présenta l'épaule à madame Hugon; j'enlevai la petite Hugon, lui faisant faire demi-tour à gauche. Le petit Hugon donna du pied en terre; & M. Hugon en le grondant, & voulant se débarrasser de tous les paquets que nous avions obligeamment distribués autour de lui, pensa se casser le col. Nos mitronnes, après avoir bu un coup de chaque main, alloient pour monter dans une charrette qui les attendoit à quatre pas, lorsqu'un diable de fiacre qui passa dans le moment, s'avisa, par une malice naturelle à ces messieurs, d'embarrasser son essieu dans la roue de la charrette. Il l'emmenoit grand train à reculons. Le garçon dont j'ai parlé ci-dessus, que le hasard ramenoit sur la porte du cabaret, s'élança au secours de son pauvre limonier; il le rassura en le prenant à la bride; & ne voulant pas céder à son adversaire, fit faire à son tour la même manœuvre au fiacre. Le carroffe culbuta ; des cris fourds apprirent aux fpectateurs que la voiture renfermoit des gens mal à leur aife. Inutilement fe jetta-t-on au-devant des chevaux qui traînoient le carroffe ; les paifibles animaux demeurèrent comme immobiles, fans cependant paroître effrayés du défordre. Le fiacre, tout bouillant de colère, & outré de fa défaite, defcendit le fouet haut, en menaçant le mitron. Les deux champions s'accablèrent d'injures ; l'air retentit de tous les mots propres en pareille occafion. Un coup de fouet bien déployé, qui enveloppa les jambes nues du mitron, fut le fignal du combat le plus fanglant. Les deux parties s'accrochèrent, après avoir réfifté réciproquement aux plus fiers coups de poing que l'on lançât jamais. Une des mitronnes voulut les féparer ; après avoir attrapé des coups des deux côtés, elle alla en culbutant rejoindre fa camarade, & toutes deux fe mirent à miauler en chorus. Les uns rioient ; les autres applaudiffoient : chaque paffant reftoit comme ftupéfait, & formoit le cercle. Les deux champions fe bourroient fans mot dire ; plus les témoins augmentoient, plus leur vigueur fe renouvelloit. Un croc en jambe, un tour de rein, les fit rouler enfemble fur la pouffière. A cet afpect, nous fortîmes de l'admiration que nous avoit causé la façon dont ils avoient mesuré leurs armes, & l'on courut, comme de concert, à des baquets plein d'eau que l'on leur versa sur le corps pour les pouvoir séparer. Nos athlètes entraînés chacun de leur côté, on se ressouvint de la voiture. J'apperçus en ouvrant la portière une assez jolie jambe, avec un bas vert & un soulier couleur de rose ; on m'aida à retirer une jeune fille, & cependant avec toute la décence que l'on pût observer avec des jupes sans dessous-dessous. Suivit un jeune homme qui avoit un œil poché, & un autre femme à tête chauve, à qui, visite faite, on ne trouva que cinq ou six bosses.

Le fiacre fut la première victime du jeune homme, qui débuta par lui appliquer vingt coups de canne, d'un bras vigoureux & dispos ; se retournant comme un éclair vers le mitron, qui le regardoit avec plaisir, il lui en distribua autant.

La justice rendue, l'on prévint les effets d'un emportement qui n'étoit plus tolérable ; on se jetta à la traverse, & la jeune demoiselle nous aida à calmer la furie du jeune homme. La vieille, qui, pendant la dernière expédition, s'étoit remise avec cinq à six verres de ratafia, voulut aussi entrer en lice ; & commençant par des apostrophes qui la décélèrent, elle

Z ij

alloit renouveller la querelle, sans deux capucins qui arrivèrent à propos pour rétablir la tranquillité par leur exhortation.

Les boulangères entraînèrent leur mitron, qui ne cessoit de faire des grimaces & des gestes.

Bien battu, bien payé, le fiacre très-satisfait de sa course, remontant de sang-froid sur son siège, s'en retourna presque en triomphe.

CHAPITRE V.

Reconnoissance.

Pansé, essuyé, rafraîchi, chacun se mit en devoir de continuer la route. Les capucins nous honorèrent de leur présence ; la soit-disante mère, la jeune fille & son prétendu mari montèrent aussi dans la voiture. A vingt pas de là, un inconnu demanda place : ce que le cocher lui accorda sans nous consulter. Il monte, s'asseoit à une portière, nous salue ; le cocher touche, & nous trottons.

Bien cahotés, bien pressés & mourans de chaud, on proposa de baisser les portières. Maudit expédient, qui nous mit en proye à un conflit d'odeurs insoutenables. Je l'avoue, les capucins devinrent intérieurement les victimes de ma mauvaise humeur.

Après un peu d'examen, je leur rendis justice, ils n'y étoient tout au plus que pour leur part.

Les portières allant au gré des secousses de la cariolle, nous procuroient un peu d'air : triste situation où il falloit souhaiter d'être cahoté pour respirer.

Madame Hugon lia la conversation la première ; elle fit l'éloge des revérends pères, qui donnèrent tout le tort au fiacre. Etant trop près du jeune homme pour oser dire ce qu'ils pensoient de sa pétulence : le père, au nom de mes revérends pères, jugea à propos de se faire connoître en apostrophant son compagnon, dont il loua la charité avec laquelle il avoit dérobé une partie des coups en les recevant lui-même. Frère Ambroise, s'écria-t-il séraphiquement, se croit toujours au milieu des combats; & cette intrépidité qui lui fit affronter les plus grands périls pour soutenir la gloire de nos armes, se renouvelle en lui toutes les fois qu'il s'agit du bien du prochain. Le Frère, tandis que l'on faisoit son panéryrique, récitoit humblement ses patenôtes.

Il faut l'avouer, messieurs & mesdames, continua le père, que le ciel semble nous avoir heureusement envoyés pour empêcher monsieur de se compromettre : il a daigné se rendre à mes représentations ; je ne puis non plus passer fous silence la façon généreuse avec laquelle l'épouse de monsieur s'est jointe à mes prieres. Ces malheureux sont plutôt dignes de pitié que de colère. Ma foi, mon père, dit le jeune-homme, quelque part qu'il vous trouve, il vous doit de grands remercimens ; vous lui avez épargné, & à l'autre coquin, plus de vingt coups de canne. J'étois en train, vous l'avez vû, & ils n'en eussent pas été quittes à si bon marché.

Ah ! monsieur, lui répliqua le père d'un ton béat, passe pour un premier mouvement, il est des cas où l'on nous force de nous oublier ; mais continuer d'accabler de coups des gens que l'on doit se contenter de mépriser quand ils nous manquent, permettez-moi de vous représenter que la charité en est blessée. Ah ! vraiment, dit le jeune-homme, vous me la baillez bonne ; je voudrois vous y voir dans un Fiacre renversé par-dessus tête, comment vous prendriez la chose.

A Dieu ne plaise que j'aie aucun dessein de vous offenser, monsieur, reprit le zélé capucin ; c'est une licence que ma robe autorise ; conservant toujours pour vous les déférences que vous méritez & qui vous sont dûes, ainsi qu'à madame votre épouse, ces dames, & toute la compagnie.

Le capucin n'auroit pas quitté prife, fi madame Hugon ne lui avoit pas coupé la parole ; & s'adreffant à la vieille à qui l'on avoit mis quantité de compreffes, fans ce qu'elle avoit bû ; & qui pour mettre le comble à notre malheur, lui faifoit lâcher de tems à autre, de colériques bouffées d'eau-de-vie. Mon Dieu, madame, lui dit madame Hugon, comment vous trouvez-vous de vos bleffures ? Bleffures, reprit la vieille, de ce ton qui la caractérifoit ; bleffures, moi ! appellez-vous des boffes des bleffures ? Si mieux ne voulez dire des écorchûres ; je n'en ai qu'une un peu au-deffus du genou, dit-elle, en nous la montrant ; c'eft lui auffi qui, en fe débattant, me l'a fait avec l'aiguillon de fa bouche ; mais cela fe paffera, j'en ai bien eu d'autres, & plus confidérables, & fi, voyez-vous, je ne m'en fuis pas plus émue pour cela.

L'inconnu, qui jufqu'à ce moment, avoit gardé le filence, frappé par le fon roque de la vieille : eh ! dit-il en fe retournant, ou je me trompe fort, ou c'eft madame Laramée que je viens d'entendre : oui, repartit-elle, à votre fervice : je ne me comptois pas en pays de connoiffance, s'écria-t-il. C'eft donc là votre fille, je ne vous en connoiffois pas, elle eft vraiment fort aimable ; il me paroît aussi que vous vous êtes bien engendrés. Le jeune-homme rougissoit & cherchoit à se cacher en tirant son chapeau; il marmottoit entre ses dents : grande ressource pour ceux qui n'ont rien de bon à dire. Parbleu, dit l'inconnu, tu cherches en vain à te cacher, je te remets; voilà bien des façons, & avec moi encore. Va, va, si je ne suis plus jeune, j'aime toujours à le paroître. Rassures-toi, je n'irai pas étourdir les oreilles de ton oncle de cette rencontre. Et à propos, comment se porte-t-il le bonhomme ? Es-tu raccommodé avec lui ? Quoi ! te voilà tout décontenancé ; & tu ne te réjouiras jamais si jeune ; voyager seul cela ennuye, il faut de la compagnie une fois, & tu choisis bien, passe pour cela : si tu veux venir à Poissy nous rirons ; j'y vais en emplette, nous boirons ensemble le vin du marché.

La vieille étoit accommodante, la partie fut liée en dépit du jeune-homme, qui n'osa s'y opposer que foiblement. Le boucher qui se fit connoître, auroit, si on l'en avoit crû, régalé toute la carossée ; quand ces sortes de gens se mettent en train, tout y va ; c'est une effusion de cœur dont la politesse est à charge quelquefois ; mais en l'examinant, sa source est plus pure, & vaut bien le phantôme du savoir-vivre dont on est si souvent la dupe dans la société des gens plus civilisés.

Mademoiselle Hugon & moi nous occuppions l'autre portière, après avoir pris une légère part à cette aventure, nous employâmes nos yeux à un meilleur usage. Mademoiselle Hugon, comme je l'ai déjà remarqué, étoit de ces filles auxquelles il pèse furieusement de l'être dans la dernière exactitude. Elle avoit dix-neuf ans, son tempéramment étoit formé, & la chagrinoit de plus en plus depuis notre connoissance: une taille courte & ramassée, de la gorge jusqu'au menton, & des yeux qui, agités dans ce moment par la situation de son ame, possédoient cet attrait qui fait tant faire de folies. Les gens qui ont vêcu m'entendent.

Nous étions à la gêne, un geste nous eût trahi ; les regards ne s'élançoient qu'à la dérobée, l'expression en étoit plus vive : on se frottoit furtivement le bout des doigts, faveur unique dont l'instant formoit le prix ; ce que c'est que la contrainte ! loin de s'en plaindre, on devroit la chérir ; elle fait souvent valoir, ce que sans elle on n'auroit pas recherché.

Après avoir essuyé maints quolibets, nous arrivâmes, & chacun gagna l'auberge selon son goût ; nous nous rendîmes à celle que l'on nous avoit indiquée dès Paris.

CHAPITRE VI.

Réception à Saint-Germain.

Un silence morne régnoit dans toute la maison ; la maîtresse nous reçût d'un air abattu, les servantes avoient la physionomie renfrognée ; l'hôte juroit quand nous entrâmes, ces carognes de filles nous portent toujours malheur, disoit-il, sans oublier plusieurs expressions dont ces sortes de gens sont seuls en possession. C'est assez pleurer bégueule, le mal est fait, prends-le en patience ; la bégueule pleuroit avec grace, elle en devenoit plus intéressante ; les larmes ne vont pas à toutes les femmes ; aussi quand elles leur siaient, elles en sont plus dangereuses.

Qui nous vient là, dit l'hôte, en nous appercevant, un perroquet, des chiens, des femmes, des enfans ; bonne pratique : eh catau, margot, alertes donc, que faites-vous les bras croisés, menez ces dames à la chambre verte. Nous suivons Catau & Margot pour aller reconnoître notre logement. En montant je demandai la cause du vacarme ; oh ! vraiment, dit l'une, c'est une histoire : je n'ai pas le tems de la faire ; voilà la chambre, c'est ce qui nous reste, choisissez.

Quatre lits à colonne en occuppoient les quatre coins ; madame Hugon après les avoir bien tâtés, les trouva fort mauvais ; M. Hugon prit occafion des quatre lits pour lui dire avec ce ton de mauvais plaifant, qu'il s'étoit rendu fi naturel : oh ! parbleu, tu coucheras avec moi Babet, pour le coup, il n'y a pas moyen de s'en dédire. Toujours de vos coq-à-l'âne, mon mari, vous êtes incorrigible : coucher deux ? le beau projet ! il me faut une chambre à deux lits pour moi & pour ma fille, ou je garde celle-ci, nous dit-elle, s'il n'y en a point d'autre ; arrangez-vous, & tout de fuite ; allons donc, meffieurs, quelle jeuneffe eft-ce là ? Defcendez, n'avez-vous pas une langue ? qu'en voulez-vous faire ? Pour vous, mon mari, plus de chanfons, elles m'ennuyent. Mérote, lui dit M. Hugon, fur quelle herbe avez-vous marché ? Oh ! mérote, écoutez-le, il a tout dit.

Je les laiffai aux prifes ; & faififfant l'occafion de mettre à exécution un projet qui me paroiffoit bien conçu, j'allai, fuivi de Dépêches, notre Maître-Clerc, m'adreffer à l'hôteffe, comme me paroiffant plus accommodante ; n'auriez vous pas d'autres lits ? lui dis-je, en l'abordant, on les paiera ce qu'il faut. Comment d'autres lits ? ceux-là font bons, il ne loge ici que ce qu'il y a de mieux. Vous êtes donc bien difficiles ? Ces dames font fatiguées, repris-je. Fatiguées ! ne diroit-on pas ? elles viennent de Paris ; voyez, qu'elle peine. Faites comme il vous plaira, je n'en ai point d'autres, à moins que monsieur, dit-elle, en montrant un abbé qui entroit, ne veuille vous céder sa chambre. De quoi est-il question, répartit l'abbé en nous saluant ? D'obliger des dames, repliquai-je, peu faites à voyager ; je vous entends, monsieur, ma chambre est à leur service, mais je doute qu'elles gagnent au change. Au change, dit l'hôtesse, pour un abbé de campagne vous êtes donc bien délicat. Point de querelle, maman Poitiers, reprit l'abbé, je cède ma chambre ; je ne puis mieux faire, mais messieurs, procurez-moi l'honneur de saluer ces dames ; en qualité de voyageur, peut-être voudront-elles me permettre de souper avec elles. Si le chemin s'adonne du même côté, ce sera pour commencer à lier la connoissance. Nous allons à Mantes, lui repliquai-je, & moi de même, répondit-il. Est-ce pour y faire quelque séjour ? C'est pour passer les vacances au château de Blémicour ; je connois fort, madame, de Blémicour, & suis presque tous les automnes chez elle, nous dit l'abbé ; c'est sa tante & sa cousine à qui vous cédez si galamment votre chambre. La rencontre est heureuse, nous dit-il, je meurs d'impatience de leur rendre mes devoirs, daignez m'introduire. Je recommandai le soupé à l'hôteſſe ; ſoutenez votre réputation la mère Poitiers, lui cria l'abbé en ſortant. De l'appétit, répondit-elle, avec un petit ſaut, nous avons du poiſſon excellent, & pour l'accommodage, je m'en vante. C'eſt ici que deſcend ordinairement le procureur de l'abbaye de ... qui eſt bien auſſi difficile que vous, pour le moins ; montez toûjours, & me laiſſez faire ; nous ſuivîmes ſon conſeil. J'annonçai la politeſſe de l'abbé en le préſentant. Grands remercîmens à ce ſujet, force phraſes ſuſpendues & des révérences, reſſource ordinaire de ceux qui ne ſe piquent pas d'être éloquens. On prit des ſiéges, & nous entourâmes une grande table longue, principal ornement de la chambre où nous étions. Nous ſûmes que l'abbé poſſédoit un prieuré ſitué près du château de Blémicour ; maintes queſtions ſur le château, la dame & le train qu'elle menoit, & puis, ſans autre tranſition, franchement notre hôte nous a effarouché en entrant ici, dit madame Hugon, & peu s'en eſt fallu que nous n'ayons été privés de l'honneur de vous connoître ſitôt. Ah ! dame, dit l'abbé ; vous lui paſſeriez ſa mauvaiſe humeur ſi vous ſaviez ce qui l'a occaſionnée. Le pauvre bon-homme a cauſé par entêtement son malheur & celui de sa fille. En savez-vous quelque particularité, lui dis-je? Oui, répliqua-t-il, & je puis vous faire part de ce que j'ai recueilli. Je passai avant tout sur la galerie, & criai que l'on nous apportât de quoi attendre le souper; après une légère collation, on invita l'abbé à commencer son récit.

CHAPITRE VII.

Histoire de Lolote.

Je vais, nous dit l'abbé, vous raconter tout naturellement la chose, comme spectateur de la catastrophe. Entre de meilleures mains elle seroit susceptible d'ornemens qui vous la rendroient plus agréable; mais ce n'est point un roman que je veux vous faire, le fait est simple, & parle de lui-même. Je n'ai pû m'empêcher d'être touché de la situation de la petite fille, & de celle de son amant; elle méritoit un meilleur sort; vous avez pu la voir, la nature l'a assez bien bien partagée de ses dons, & je puis vous assurer que son esprit & son cœur répondent aux graces extérieures.

Depuis deux ans un jeune commis réduit à un emploi des plus modiques, en devint amoureux; il trouva les moyens de plaire, ses vues étoient légitimes, sa recherche ne pouvoit que faire honneur; il est de bonne famille, & unique héritier d'un oncle à son aise qui l'aime beaucoup. Lolotte fut touchée de ses soins, & se livra au penchant qu'elle avoit à l'aimer, ne doutant pas que ses parens n'approuvassent la recherche du jeune Miron: c'étoit le nom de son amant.

L'oncle de Miron envisageant que les richesses de Poitiers feroient de sa fille un très-bon parti, vint en faire la demande pour son neveu. Poitiers demanda du tems pour réfléchir, l'oncle assuroit sa succession; mais en bon parent, ne vouloit rien retrancher de son usufruit. La guerre survint, Miron obtint un emploi dans les vivres. Le bonheur lui en voulut; il en écrivit à sa maîtresse, elle porta ces lettres au père, qui vouloit profiter de l'absence de l'amant pour la déterminer à épouser un marchand de bœufs. Ce dernier éblouit Poitiers par les avantages qu'il prétendoit faire à Lolotte. Une légère dot lui suffisoit; il offroit même de faire entrer Poitiers dans son commerce, n'acceptant des fonds que pour le rendre plus considérable. Poitiers lui avança une somme assez forte; le marchand de bœufs qui sentoit son crédit balancer, pressoit la conclusion du mariage. Miron n'écrivit plus; un homme en passant annonça sa mort, le départ de l'oncle sembla la confirmer. Lolotte sans espoir se résolut d'obéir à son père, & s'en fit un mérite. En revenant ce matin de l'église, quel objet se présente à sa rencontre ? c'est Miron, c'est son amant qui attache son cheval à la grille. Elle s'évanouit, Miron court à son secours ; Poitiers & sa femme le font éloigner ; le marchand de bœufs à qui Miron étoit inconnu, alloit demander son nom, quand des archers lui sautent au colet, & l'entraînent en prison pour dettes considérables. J'ai suivi Miron, & lui ai annoncé avec ménagement ce qui venoit d'arriver ; le pauvre garçon est inconsolable ; il arrivoit en homme assuré du succès. Sa fortune a surpassé ses vœux ; une maladie qui l'a réduit à l'extrémité, a occasionné la fausse nouvelle de sa mort : je crains que dans la situation où sont les choses, nos amans ne prennent conseil que de leur passion.

CHAPITRE

CHAPITRE VIII.

Grande nouvelle.

DES cris redoublés, nous attirèrent sur la galerie. Plus curieux que les autres, je descendis pour en savoir la cause. Une vieille femme avoit pris au crin maman Poitiers, un homme tenoit Poitiers au colet, tout le monde suivit mon exemple; & étant descendu, les sépara. Miron que le prieur me fit remarquer, parut aussi sur la scène. Quelle surprise! quelle joie! la vieille étoit la femme du marchand de bœufs, & l'homme étoit frère de la vieille; on leur avoit débité que Poitiers & sa femme avoient débauché le marchand; c'étoit la cause de l'incartade de la vieille & de son frère. Que devinrent-ils quand ils apprirent la nouvelle du mariage? La gaieté de Miron, la sérénité de Lolotte, l'air stupéfait de la vieille & de son frère, l'air hahuri de Poitiers & de sa femme, la suffisance de M. Hugon qui se jetta à travers, pour instruire le procès dont il envisageoit les émolumens comme son bien propre, la satisfaction du prieur & la mienne, les haussemens d'épaule & les hélas de madame Hugon: tout cela formoit un tableau inimitable.

Poitiers pleura la perte de son argent, sa femme redevint mère, & partagea le plaisir de sa fille. M. Hugon voulut instrumenter avec son clerc, pour dresser la plainte en cassation à ce qu'il disoit : il étoit si transporté de l'événement, qu'il fallut tout le sang froid de notre maître-clerc pour le faire désister du projet. Nous accueillîmes Miron, & l'engageâmes, lui & sa maîtresse, à souper avec nous. Maman Poitiers se surpassa, & ne vint nous trouver qu'au dessert. Nos amans se regardoient pendant tout le repas, & ne mangeoient point. Poitiers, tout honteux, se présenta comme nous allions lever table. Miron le rassura, en lui offrant sa fortune, & tout le monde fut se coucher : Miron seul sortit pour hâter son bonheur.

CHAPITRE IX.

Passage de la forêt.

Toute la maison fut en l'air, personne ne put dormir, ainsi je remis l'exécution de mon projet à un moment plus favorable; on se leva, je payai, nous partîmes. Madame Hugon, grasse & replette, prit sans façon le bras du prieur & celui du maître-clerc, je donnai le mien à sa fille. M. Hugon formoit l'avant-garde avec son fils & les deux chiens, madame Hugon le corps-de-bataille ; trois polissons suivoient chargés de la cage & des paquets, & je fermois la marche avec ma petite maîtresse.

Le bruit de plusieurs chevaux qui venoient derrière, nous firent retourner la tête. Nous apperçûmes un homme lié & garrotté sur un méchant mulet, qu'entouroient plusieurs archers qui paroissoient tous fiers de leur capture. Qu'a donc fait ce pauvre homme pour être si mal à son aise, dit madame Hugon en s'adressant à un des cavaliers ? On l'a pris pour un autre, à ce qu'il prétend, madame. Méprise ou non, nous pourrions bien avoir rencontré l'équivalent de ce que nous cherchions. Le prisonnier voulut parler, ils piquèrent des deux, & nous empêchèrent de l'entendre.

Il a mauvaise phisionomie, nous dit décidément M. Hugon, qui à peine avoit pu le distinguer. La justice est trop clair-voyante pour se tromper ; nous fûmes très-heureux d'échapper à une longue suite d'exemples qu'il se mit en devoir de nous citer, & pour lesquels il avoit la mémoire très-prompte, aux circonstances près qui étoient toujours fort embrouillées. Eh ! mon mari, dit madame Hugon, nous ne sommes pas en place marchande; n'êtes vous pas las de nous répéter toujours les mêmes contes ? à moins que M. le prieur n'en veuille passer sa fantaisie. Je vous rends grace, dit le prieur, le soleil paroît vouloir prendre le dessus; ménagez votre poitrine, monsieur, & gagnons du terrein, nous n'avons pas de tems à perdre. En vérité, M. le prieur, dit madame Hugon, je ne sais ce que je serois devenue sans vous; je meurs de chaud & de lassitude; on m'a fait envisager ce chemin comme une promenade. Eh! mais, c'est un voyage, & je n'en ai jamais tant fait de ma vie. Eh bien, madame, reprit le prieur, faisons une pause, & réparons nos forces par un déjeûner, sans façon; je vois d'ici un endroit où j'ai décoëffé maintes bouteilles. Le prieur en homme prévoyant, avoit chargé un des polissons d'un manequin rempli de quoi faire halte. Nous fûmes nous établir à quatre pas de la route au pied d'un chêne, qui nous mit à l'abri de la chaleur, qui commençoit à se faire sentir. Vive les gens qui ont voyagé, dit madame Hugon. Pour cela, M. le prieur, vous êtes un homme adorable; la vue d'un saucisson, d'une langue & d'un morceau de veau mariné, lui fit oublier les maux de cœur dont elle s'étoit plainte à diverses reprises.

Voyages de Martin.

Mettez-vous là, ma fille, dit-elle d'un air joyeux; prenez place, mon mari; ici petit garçon : asseyez-vous donc, messieurs, & vous M. le prieur, venez à côté de moi. L'on fit un cercle sur l'herbe, il n'y eut plus que des signes; l'on mangea, & l'on but en silence.

Madame Hugon le rompit la première; il n'est rien tel que la campagne pour donner de l'appetit; eh! mangez donc vous autres, disoit-elle, en nous donnant l'exemple; sa bouche & son verre ne désemplissoient pas; personne ne me seconde, quelle espèce est-ce là ? Avouez, M. le prieur, que je réponds bien aux attentions que l'on a pour moi. Je vous admire, lui dit-il, & me fais un gré infini de ma précaution; vous étiez née pour voyager; la fatigue bien loin de vous ôter l'appetit, l'aiguise. Je ne comptois pas la supporter comme je fais; à la santé du prieur, je vous la porte, messieurs; versez donc mon mari, il est là comme dans son banc, tout d'une pièce; êtes-vous sourd ? Paix ma femme; je pense, répondit M. Hugon; & à quoi donc, lui dit sa femme ? A cet homme lié & garrotté, que l'on a arrêté par méprise : oh! si cela est, que de dommages à répéter, il y aura bien des gens de ruinés. M. le prieur, vous ne pourriez pas trouver les moyens de me procurer cette affaire-là ? oh, pour moi, je ne penfe qu'à boire & à voyager, dit madame Hugon, mais je voudrois toujours un prieur avec moi. Vous avez vu Verfaille, fans doute, mais c'eſt trop loin ; vive S. Cloud & Auteuil, ce font mes galeries, la voiture eſt douce, & cette galiotte eſt fort bien compoſée, au moins, d'ailleurs on voyage fans découcher, cela eſt commode, & ce que j'aime le mieux, l'eau & le grand air donnent de l'apétit ; on part à la fraîche, on s'en revient de même ; parlez-moi de cela, & non pas de votre carriole de S. Germain. Si vous aimez l'eau, tant mieux, dit le prieur, nous prendrons les batelets à Poiſſy, & nous arriverons fans peine juſqu'aux portes de Mantes. Ah ! les batelets, j'en ai entendu parler, dit M. Hugon ; on eſt là rangé comme des harengs, n'eſt-ce pas ? Prendrons-nous auſſi des mazettes? Que voulez-vous dire avec vos harengs & vos mazettes ? reprit madame Hugon, je ne vais point là-dedans ; auſſi vous avois-je bien dit, M. Hugon, que nous aurions mieux fait de prendre un fiacre ; voilà de vos épargnes, voyager avec des harengs & des mazettes. Vous vous trompez, dit le prieur ; eh ! pardonnez-moi, non, dit madame Hugon, je m'entends bien, c'eſt comme ſi l'on venoit par les chaſſe-marées, nombre de nos pratiques viennent comme cela ; nous autres gens de Paris nous sommes au fait, on ne nous en donne pas à garder.... Et puis un coup de fusil lâché à vingt pas troubla l'entretien.

Madame & mademoiselle Hugon s'évanouirent ; le procureur & son fils gagnèrent Poissy sans débrider ; l'arrivée de deux chasseurs nous rassura ; on fit revenir madame Hugon, les bouteilles furent visitées ; heureusement que nos polissons ne s'effrayoient pas du bruit, sans cela le bagage nous seroit tombé sur les bras.

En vérité, dit madame Hugon, après s'être fortifié le cœur, il est bien disgracieux d'être exposé comme cela au milieu d'une forêt. Oh ! voilà qui est fini, je ne voyage plus. Eh mais ! où est donc ce M. Hugon, que je le gronde ? à Poissy sûrement, dit le prieur ; la peur l'a pris ; il alloit à tire d'aîles, & son fils l'imitoit ; nous les rejoindrons bien-tôt. Allons, madame, à ce détour, nous découvrons Poissy. Madame Hugon ne se faisoit plus traîner, la frayeur & le vin la ranimèrent. Nouvel assaut ; que vois-je, s'écria-t-elle, des cavaliers qui viennent à nous à bride abattue : ah ! voilà un jour bien malencontr'eux ; nous sommes perdus, messieurs : ma fille, point de résistance, la vie, dit-elle, en se jettant à genoux au beau milieu du chemin ; le vin dont elle avoit pris un peu plus que de raifon, l'empêcha de s'appercevoir que ces cavaliers étoient de la maréchauffée; ils nous entourèrent: miféricorde, s'écria madame Hugon; comment, madame, de quoi eft-il queftion? Enfans ferrez de près, les chevaux pensèrent la fouler aux pieds; le prieur mit le brigadier au fait de l'aventure; M. Hugon étoit la caufe de l'algarade: tour de badaud, dirent-ils, en nous quittant, & éclatant de rire. Badaud, dit madame Hugon, qui s'étoit un peu remife pendant le récit du prieur; voyez un peu ces vifages qui raifonnent comme leurs chevaux; en ont-ils? c'eft rimer ça, allons, allons, je ne vous laverai pas mal la tête, monfieur Hugon.

Un orage qui nous menaçoit fondit fur notre troupe en fuccès. Madame Hugon ne cria plus, mais elle heurla, devinez comme. Nous arrivâmes tout trempés & bien haraffés de tant de fcènes.

CHAPITRE X.

Arrivée à Poiſſy. Hiſtoire du Prieur.

Madame Hugon étoit rendue, elle demanda un lit en entrant dans l'hôtellerie ; ne ſouhaitez-vous pas vous rafraîchir auparavant, dit l'hôte, vous me paroiſſez avoir autant beſoin d'un verre de vin que d'un lit. Que parle-t-il de rafraîchiſſement ce ſot là, dit madame Hugon ; me fait-on entrer ici pour m'inſulter ? Il s'exprime mal, dit le prieur, mais ſon intention eſt bonne ; faites-nous monter du meilleur, notre maître, & qu'on nous allume un grand feu. Ma foi, dit l'hôteſſe, ſi les termes vous choquent, on n'y ſauroit que faire ; fâchez-vous ſi vous voulez, encore faut-il donner le tems de baſſiner vos lits ; voilà bien de quoi ſe gendarmer, c'eſt une pluie d'automne, que ne veniez-vous en carroſſe, cela ne vous ſeroit pas arrivé ; eſt-ce ma faute ?

L'on étendit les jupes & les manteaux devant un grand feu, qui, ſecondé de quelques verres de vin de Mantes, acheva de nous refaire. Madame Hugon ne ſachant à qui s'en prendre, paſſa ſa mauvaiſe humeur ſur ſon fils & ſon mari. Un batelier offrit ſes ſervices, on les accepta pour partir après la dinée. Madame Hugon s'écria que l'on vouloit sa mort; après bien des paroles inutiles, elle se rendit à nos instances, elle avoit besoin de repos; sa fille resta auprès d'elle ; Despêches, M. Hugon & son fils allèrent faire un tour à la cuisine ; le soleil étant venu à reparoître, le prieur & moi nous sortîmes pour nous promener en attendant le dîné.

Nous nous mîmes à l'ombre de quelques saules d'où nous découvrions ce Poissy si fameux par ses conférences & la naissance d'un de nos rois, qui ne nous offroit alors qu'une retraite de pêcheurs que l'on ne connoît aujourd'hui que par ses marches ; la décadence des lieux amena insensiblement à celle de la fortune des hommes ; moi, qui vous parle, dit le prieur, j'en suis un exemple bien surprenant, & il a fallu toute la force de mon esprit pour supporter les revers que j'ai essuyés. Ce début excita ma curiosité, & je le priai instamment de la satisfaire. Volontiers, me dit-il, je céde avec plaisir à votre impatience ; c'est adoucir sa douleur que d'en exposer la cause, & l'on flatte les malheureux quand on les engage à faire le récit de leur infortune ; puis il commença de la sorte.

La fortune de mon père a été cause de tous

nos malheurs ; il avoit reçu le jour de parens aisés, bons laboureurs de père en fils, & qui demeuroient depuis long-tems dans un bourg auprès de Meulan. Mon grand-père coq de son village, ayant gardé deux aînés pour le labour, destina par prédilection mon père son cadet à la prêtrise. Les paysans croyant attirer le bonheur dans leur famille, quand ils peuvent consacrer aux autels un de leurs enfans, mon père fut envoyé à Rouen pour faire ses études ; il réussit assez bien, mais il fit de plus grands progrès dans le libertinage : au tems prescrit il ne voulut point entendre parler de séminaire; mon grand-père fut outré de voir ses projets renversés ; envain le fit-il revenir auprès de lui, il lui fut impossible de rien gagner sur un jeune homme plein de passions impétueuses ; remontrances, corrections, peines perdues, mon père ne se rendit à rien. Enfin, poussé à bout après avoir tenté vingt moyens différens, mon grand-père chassa son fils de la maison : je vous défends, lui dit-il, de ne vous jamais renommer de moi ; je vous abandonne à votre mauvais sort, & vous renonce pour mon fils ; mon père fort désorienté s'adressa vainement à la famille, chacun avoit le mot, & lui ferma impitoyablement la porte en le chassant avec mépris, & feignant de le méconnoître. Un laboureur des environs fut le seul qui lui tendit les bras, & l'accueillit dans son désastre ; quelques jours après, de concert avec mon grand-père, il offrit de lui donner de quoi passer dans les îles.

Mon père accepta l'offre, elle lui parut sa ressource unique, il se résolut d'en profiter ; la sévérité dont on usoit, lui fit une si grande impression, qu'elle le changea tout-à-coup ; malgré toutes les promesses de ne rien négliger pour réparer ses fautes, il ne put obtenir de tomber aux genoux de son père ; le bon-homme tint bon, & se contenta d'augmenter sous main la pacotille.

Dix ans passés sans recevoir de ses nouvelles, mon grand-père ne présumant pas que ce fils revînt jamais, établit ses autres frères en conséquence ; on le mit au rang de ces libertins dont on n'entend plus parler.

Plusieurs années après, le bruit se répandit que le seigneur du village dont mon grand-père étoit fermier principal, avoit vendu sa terre avec toutes ses dépendances sans aucune réserve ; le contrat de vente avoit été passé à Meulan. Mon grand-père impatient de voir arriver son nouveau maître, & de renouveller ses baux dans la crainte d'être traversé, alloit monter à cheval pour s'informer à Meulan de sa demeure. Quand il apperçut un équipage à six chevaux, qui, loin de prendre le chemin du château, venoit en droiture à la ferme. Un valet-de-chambre précédoit la voiture de cent pas, il lui annonça son nouveau seigneur; mon grand-père courut chapeau bas à la portière pour lui présenter son premier hommage. Quelle est sa surprise ? il voit sortir du carrosse un homme magnifiquement vêtu, qui se jette à ses genoux & les embrasse. Monsieur, s'écrie mon grand-père, c'est moi, votre fermier, qui dois être aux vôtres. Mon père, mon cher père, lui répond son fils, car c'étoit lui-même : de quel œil voyez-vous cet enfant qui vous a causé tant de chagrins ? Il va mourir à vos pieds si vous ne lui rendez toute votre tendresse. Ah mon fils, mon cher fils, dit ce bon vieillard transporté de joie, & le tenant étroitement serré entre ses bras ; c'est donc toi que je revois ! sans un prompt secours, le père & le fils tomboient embrassés. La nature usa amplement de ses droits, ils versèrent des larmes de joie, le père prodiguoit caresse sur caresse, & le fils avec des transports qu'on ne sauroit exprimer, baisoit & rebaisoit les mains de son père. La famille qui accourut aussi-tôt, fut témoin de la plus tendre des reconnoissances, & partagea leurs plaisirs & leurs larmes ; les domestiques en eurent plus d'attachement & de respect pour leur maître.

Mon père vit tous ses parens du même œil; mon pardon obtenu, leur dit-il, il ne me reste plus qu'à faire votre bonheur; c'est le premier usage que je dois faire de mes richesses pour mieux cimenter ma fortune. Ses biens étoient immenses, il satisfit son humeur généreuse, & donna à chacun de quoi vivre dans une honnête aisance.

Mon père pressa son fils de se marier, vous le dirai-je à ma honte ? voilà l'époque de nos malheurs.

Mon père céda d'autant plus volontiers aux instances du sien, qu'il étoit devenu éperdûment amoureux de la fille d'un gentilhomme du voisinage, alliance sortable pour soutenir mon père dans une charge dont il s'étoit revêtu, & convenable au gentilhomme à qui il ne restoit qu'une carcasse de château ; & beaucoup de présomption de sa naissance. Sa fille élevée dans ses principes, fit un effort sur elle-même en faveur des grands biens que mon père possédoit; mon père l'aima de bonne foi, elle ne put long-tems se contenir, & fit éclater tout le mépris qu'elle ressentoit pour une alliance aussi disproportionnée selon elle : mon grand-père voulut la ramener avec douceur ; on le traita avec tant de dureté, que le pauvre homme en mourut de faififfement, ne prévoyant que trop ce qui alloit arriver. Délivrée de la préfence importune d'un contrôleur qui lui étoit fi fort à charge, ma mère fe livra à toutes les folies qui lui pafsèrent par la tête ; foit par foibleffe ou pour acheter la paix, mon père acquiefça à toutes les fantaifies de fa femme; cette complaifance ne la fatisfit pas, & les nouveaux perfonnages qu'elle introduifit à fon gré, achevèrent de lui rendre mon père odieux; il devint pour elle un objet de mépris ; les marques les plus infultantes qu'elle lui en donna, le conduifirent au tombeau.

Elle eut l'adreffe de fe racommoder avec lui dans les derniers momens de fa vie, & fe rendit maîtreffe abfolue de nos deftinées. Nous étions quatre enfans de ce mariage mal afforti, trois garçons & une fille ; mon père nous recommanda une obéiffance aveugle : méritez par-là, nous dit-il, dans fes derniers inftans; méritez de jouir de la fortune que je vous laiffe, votre mère en peut difpofer à fon gré; il comptoit en vain fur les promeffes d'une marâtre. A peine eût-il fermé les yeux, qu'elle rompit tout commerce avec la famille, & nous amena à Paris pour remplir fes vues. Un mariage dont elle s'étoit flattée comme d'un moyen sûr pour se réhabiliter, s'en alla en fumée : elle se donna bien des travers à ce sujet. Celui qui les occasionna, fut le premier à la tympaniser, n'ayant pu réussir dans toutes ses prétentions. Il a péri misérablement, je l'ai su depuis ; quelle satisfaction ! Hélas ! je je n'ai pu m'empêcher de le plaindre.

Mais, monsieur, je ne m'apperçois pas qu'en abusant de votre complaisance le tems s'écoule, & nous impatientons peut-être la pétulante, madame Hugon. Allons rejoindre notre compagnie ; vous apprendrez à loisir un enchaînement de malheurs, auxquels vous daignez vous intéresser par cette sensibilité naturelle à tous les honnêtes gens. Par politesse le prieur ne me taxa pas de curiosité. Je souhaitois de savoir la catastrophe, mais il fallut se rendre à ses raisons. Je lui fis promettre de renouer l'entretien à la première occasion.

CHAPITRE XI.
Querelle de chiens.

Nous regagnions tranquillement l'hôtellerie, le prieur & moi, & ne nous attendions pas à de nouvelles scènes. Un tas de gens assemblés paroissoit assiéger la maison. Nous perçâmes

mes la foule, & étant parvenus jusqu'à la la porte, à l'aide de nos coudes, dont nous distribuâmes des coups libéralement à droite & à gauche, nous trouvâmes cette porte gardée par deux archers, qui nous repoussèrent brusquement au premier abord. Le prieur leur en demanda la cause.? Venez-vous augmenter le tumulte, nous dirent-ils? Ce n'est pas notre intention, répondit le prieur, nous voulons seulement rejoindre notre compagie pour dîner, & partir après. Votre compagnie reprit un des archers: ah, ah, si cela est ainsi, entrez, entrez, ce son de nos gens sans doute. Vous paierez les pots cassés, la peine du juge & notre salaire: soyez les biens venus; ils nous saisirent sur le champ, & nous poussèrent en-dedans. J'apperçus en entrant les officiers du lieu qui verbalisoient sur la table de cuisine. Les buches à demi brûlées avoient roulé à quatre pas de l'âtre. Les cendres étoient toutes éparpillées, casserolles renversées, ragoûts sur le plancher, broches, lêchefrittes & autres instrumens de cuisine en monceau. L'hôte avoit la tête cassée, le sang en ruisseloit encore. L'hôtesse crioit à tue tête, ses enfans miauloient; & un homme acculé dans un coin par les servantes, tenant un grand chien par le collier, juroit par intervalle. Trois bassets chargés du foin de faire aller le tourne-broche, que je n'aurois pas imaginé être presque les auteurs du défordre, la queue entre les jambes obfervoient un profond filence; nous nous regardions le prieur & moi, fans favoir à quoi attribuer ce tapage.

Le juge, juché fur le billot de cuifine, s'adreffant à nous d'un ton magiftral, vos noms & qualités, meffieurs. Le prieur voulut s'informer pourquoi. Répondez à la juftice, lui dit-on, & précifément. Qui êtes-vous, & comment vous appellez-vous? Le prieur de Belle-montre répondit mon compagnon; au nom du prieur, le juge quitte fon air févère, fe laiffe couler de fon fiège, s'avance les bras ouverts, & en l'embraffant le tire à l'écart & me fait figne de m'approcher. Eh, quoi! M. le prieur c'eft vous, dit le juge le bonnet à la main; mille pardons, je ne vous ai pas d'abord reconnu dans le trouble où nous a mis tout ce qui vient d'arriver. Par quelle aventure vous trouvez-vous compris dans cette affaire? Raffurez-vous, & foyez perfuadé que je perdrois plutôt ma charge que de vous caufer la moindre peine; ces gens-ci me font dévoués, & quelque argent fuffira pour accommoder le tout. Vous ne me remettez pas fans doute, j'ai pourtant l'honneur de vous appartenir, dit-il en hauſſant la voix; je ſuis Nicolas Courtil, le fils de votre grand-couſin Pierre Courtil; auſſi-tôt embraſſades réciproques & excuſes du prieur de ne l'avoir pas d'abord remis.

Moi, qui ſavois mieux que perſonne, de quel bois ſe chauffoient ces ſortes de gens; je commençai à me raſſurer en nous trouvant en pays de connoiſſance. Mais enfin M., lui dis-je, de quoi s'agit-il donc ? Nous venons M. le prieur & moi de nous promener ſous ces ſaules, au bord de l'eau, nous avons laiſſé la maiſon fort tranquille, qui peut avoir occaſionné tout ce déſordre ? Vous avez reçu les plaintes, & perſonne ne peut mieux que vous nous en informer. Vous penſez juſte, monſieur, me dit-il, les informations ſont bien faites; & je puis me vanter, que dans le plus grand tribunal on ne les dreſſeroit pas mieux. Cet homme, & ſon chien, que vous voyez là, ſont les agreſſeurs : car je ſens bien à préſent, nous dit-il, en nous comblant de politeſſes, & nous faiſant aſſeoir à ſes côtés, que ces dames & ces meſſieurs de votre compagnie n'ont trempé en rien dans tout ce délit. La face des affaires changea bien pour notre ſociété; bien nous valut d'être alliés aux Courtils. L'hôte en dit ſa penſée, le juge lui imposa silence ; & tout de suite nous apprit que cet homme au grand chien avoit trouvé le caniche de madame Hugon, qui cherchoit à dérober quelque chose ; & qui, ayant réussi dans son entreprise emportoit un reste de gigot. Le grand chien appuyé par son maître en avoit disputé la possession. Les tournes-broches avoient quitté le coin de l'âtre pour se mettre de la partie. Le dogue les avoit maltraités ainsi que notre caniche. Despêches notre maître-clerc survenu dans ces entrefaites, étoit tombé sur le dogue à coups de canne, en répandant aussi sur le dos des chiens de la maison, l'hôte avoit soutenu les domestiques. Le maître du dogue, Despêches & l'hôte s'étoient coletés. Chacun des chiens avoit défendu son maître, en s'attaquant aux habits des parties adverses. L'hôtesse & deux servantes criant toutes trois comme des aigles, avoient pris tout ce qui s'étoit rencontré sous leurs mains pour accabler indifféremment les combattans. Au bruit de tout ce chamaillis la canaille amassée, avoit, pour soutenir leur compatriote, appellé la maréchaussée qui déjeûnoit à quatre pas dans un bouchon. Le juge s'étoit trouvé à souhait, sa présence avoit rétabli la tranquillité. Despêches, sa déposition faite en homme du métier, s'étoit retiré dans sa chambre pour panfer une large eſtafilade, que probablement lui avoit fait l'hôteſſe avec ſes ongles. Son habit étoit en lambeaux, & ne pouvoit ſervir qu'à faire un épouventail de chenevière. Les chiens s'étoient auſſi plus acharnés à lui qu'aux deux autres ; mais en récompenſe il avoit caſſé la tête à l'hôte. C'eſt ce qui rendoit le juge perplexe. L'alliance décida en notre faveur ; Nicolas Courtil fort altéré par ſon récit éloquent, demanda du vin ; il fut ſervi ſur le champ, & nous bûmes à la nouvelle connoiſſance.

Les archers eurent ordre d'écarter la populace, dont ils payèrent la curioſité à coups de bourrades, pour mieux témoigner leur zèle. Par un eſprit de paix, nous réſolûmes, tout bien conſidéré, de payer les écritures du greffier, qui n'auroit pas manqué, après notre départ, de revendiquer ſon ſalaire de notre hôte. On fit donner un morceau aux archers ; & nous priâmes à dîner M. le juge & l'homme au grand chien, que nous ſçûmes être un marchand de Mantes. Deſpêches, que l'on fit venir pour ſigner le traité, avec quelques verres de vin, en fut pour ſon habit qui étoit tout en loques. Pour l'hôte, il ſe conſola de ſa tête caſſée, voyant que l'on commençoit de payer le dîner qui étoit tombé dans les cendres, indépendamment du ſecond, moyennant qu'il ſe hâtât de le préparer.

Enfin tout fut calme un demi-quart d'heure après notre arrivée. Nous rejoignîmes la compagnie, pour annoncer à M. & madame Hugon notre accommodement, & lui préfenter le marchand de Mantes & Nicolas Courtil, qui, pour un juge de village, ne manquoit pas de mauvaife mine; mais il étoit parent du Prieur, & la parenté a fouvent fait paffer fur bien des chofes. D'ailleurs fon procédé nous prévint en fa faveur, & nous le vîmes tous d'un très bon œil.

Nous effuyâmes une rude vefperie de madame Hugon, dont il fallut patiemment écouter les remontrances. Je jugeai que M. Hugon n'avoit pas voulu fe mêler dans cette affaire, crainte de fe compromettre.

Quelque tems après, l'on fervit; & puis de boire largement. Nicolas Courtil fit les frais de la converfation. J'admirai comment cet homme, mangeant beaucoup & buvant de même, put, fans perdre un coup de dent, fuffire à toutes nos queftions; il nous régala de quantité de faits paffés depuis qu'il étoit en exercice. Nous le laiffâmes enfin bien conditionné, & partîmes après avoir promis de le revoir en paffant.

CHAPITRE XII.

Les batelets.

LE marchand de Mantes devant faire le voyage avec nous, il fallut partager les chiens: le prieur, M. Hugon, son fils, Caniche avec les paquets se fourrèrent dans un batelet qui alloit de conserve avec le nôtre. Madame Hugon, sa fille, le petit gredin, le perroquet, Despêches & moi, le grand dogue, son maître & deux Bas-Normands dans le nôtre. Nous nous arrangeâmes suivant l'usage, couchés comme des harengs pieds entre tête. Malheureusement pour moi, les pieds des deux Bas-Normands serroient ma tête de près ; je ne crois pas que l'on puisse souffrir de supplice plus grand que celui-là. Je serois mort en chemin, je pense, s'il n'eût plu à ces messieurs de se faire descendre à Meulan.

Je fis entendre assez clairement ce que j'avois souffert, quand ils nous eurent quitté. Ma foi, dit le marchand, vous avez bien fait de ne le pas témoigner plutôt. Ces messieurs, avec l'esprit processif que je leur connois, vous eussent infailliblement traduit en justice. Bon, dis-je, je suis fâché de ne m'être pas expliqué plutôt, j'aurois donné lieu à une cause bien singulière & bien plaisante. Les rieurs ne se seroient pas trouvés de votre côté, repartit le marchand : ces messieurs savent donner un tel tour aux affaires, que rarement n'obtiennent-ils pas gain de cause. Ils sont nourris dans la plus subtile chicane, & en font tout leur délice. Ils aiment tant les procès, que, par passe-tems, quoiqu'intimes amis, ils plaident l'un contre l'autre sur la moindre vétille. Cela leur procure autant de plaisir qu'une partie de jeu. C'est le lien de leur société. Ils seront bien fâchés du silence que nous avons observé pendant que nous étions avec eux. Et mon dieu, dit madame Hugon, mon perroquet ne nous attirera-t-il pas quelque procès ! Je n'en jurerois point, madame, repliqua le marchand. Le manteau de l'un d'eux étoit prêt de la cage ; je les ai vus dire deux mots à l'oreille d'une des personnes qui sont venues au-devant à la descente du bateau. Gare la déposition, la plainte & l'information, & que l'on ne nous assigne en conséquence. Ma foi, dit le batelier, si l'on m'assigne, je dirai ce que j'ai vu : comment ! tu déposerois contre nous, dis-je au batelier ? Qu'importe ; on paie les témoins ; c'est de l'argent qui me reviendra ; mieux vaut-il que je le gagne qu'un autre : si nous n'avions quelqu'aubaines, de pauvres diables comme nous, comment nous tirer ? Et puis, que vous fait cela ! Vous avez bon droit fans doute. Qu'ils plaident, qu'ils plaident, dit madame Hugon; mon mari eft procureur, dieu merci, il leur répondra bien. En tout cas que vous ayez befoin d'un fergent, madame, j'ai un fils honnêtehomme qui exerce la charge avec applaudiffement à Mantes, dit le batelier; chargez-le de vos pièces, &, en cette confidération, je témoignerai pour vous. Et tu voulois fervir de témoin pour ces meffieurs, lui dis-je ? Eh oui, fans doute, je m'entends bien, repartit le batelier; je recevrai leur argent pour dire que j'ai vu le perroquet auprès de leur manteau; & le vôtre, pour affurer qu'il n'a pu y porter de dommage. Ce feroit deux au lieu d'un. On dit bien vrai, qu'un bonheur ne vient jamais fans l'autre. Que je vous fais gré de m'avoir porté fi bonne chance. Ces meffieurs de Paris, la fortune les fuit par-tout. Je n'en fuis pas envieux, puifque je dois m'en reffentir. Le mal que je vous veux m'arrive. Nous débarquâmes à Mantes, fur la brune. Le marchand nous conduifit à l'auberge indiquée par madame de Blémicourt; il nous témoigna combien il étoit mortifié que fa maifon ne fût pas en état de nous recevoir. Madame Hugon ne fut pas en reste, & l'invita à venir souper avec nous. Despêches & lui s'étoient tout-à-fait raccommodés dans le bateau. Le marchand, qui dèslors avoit ses vues, crut faire sa cour à madame Hugon en offrant à Despêches un surtout de chasse. Despêches, dont l'acoutrement n'étoit pas présentable, l'accepta sans hésiter. Le marchand ne fit qu'un saut de l'auberge chez lui, & revint avec une honnête souquenille : eh ! comment nommer autrement le sac qu'il lui présenta ? Au reste, les choses ne tirent leur prix que du moment & de la façon dont elles nous sont offertes. Comme nous étions à table, nous entendîmes entrer une voiture : on demande si M. Hugon est arrivé : oui, dit la femme, qui portoit toujours la parole ; qu'est-ce qu'il y a ? C'est un équipage que madame de Blémicourt envoye au-devant de vous, répondit la servante. Un équipage, répondit madame Hugon ! vraiement, mon mari, cela est fort honnête : je ne savois pas que ma nièce eût des équipages à sa disposition. Que l'on ait bien soin du cocher : ma fille, recommandez-le bien à votre maîtresse, lui & ses chevaux.

Nous voulions partir de bonne-heure. Le marchand prit congé de nous, nous assurant qu'il nous rejoindroit bientôt ; il étoit de la connoissance de madame de Blémicourt, & son commiſſionnaire, & s'appelloit Euſtache Babouin, à l'enſeigne du veau-pendu, épicier-mercier, près du pont de Mantes.

Je l'appris par une carte qu'il me gliſſa dans la main, en me diſant adieu.

Je n'avois pu joindre ma petite maîtreſſe un ſeul inſtant ; nous nous dîmes du coin de l'œil un bon ſoir des plus tendres. Je demandai à l'hôte s'il y avoit loin de Mantes à Blémicourt : une bonne lieue, me répondit-il ; & tenez, voilà celui qui doit demain vous conduire. N'eſt-ce pas, Jean, une demi-lieue d'ici à Blémicourt ? Oui, repartit-il, en moins de deux heures je vous y mène ; j'ai deux bons chevaux. D'ailleurs je vous montrerai, à la première métairie, un ſentier qui vous racourcira de moitié, ſi vous voulez prendre les devants. Voilà pour m'en faire reſſouvenir, lui dis-je, en lui donnant un écu. Jean m'entendit, & m'aſſura que je pouvois conter ſur ſa mémoire. J'allai me mettre au lit, l'imagination toute remplie de l'exécution du projet du lendemain.

CHAPITRE XIII.
Intéressant pour l'auteur.

Dès le grand matin, madame Hugon n'eut qu'un cri pour l'équipage; elle manqua tomber de son haut, quand on lui montra une espèce de fourgon rempli de paille. Le charretier arrangea les paquets tout de travers; j'engageai cependant tout le monde à se fourrer dans la voiture; nous étions mal à notre aise faute d'ordre; je l'empêchai pour remplir mes vues à un petit village où nous arrêtâmes pour rafraîchir les chevaux, que Jean avoit mené grand train; je descendis avec madame Hugon & son frère; comme nous faisions mine de remonter: eh! que faites-vous donc là, vous autres jeunes-gens, nous dit-il; vous avez des bonnes jambes, gagnez-moi ce sentier, vous irez jusqu'à cette ferme que vous voyez sur la hauteur, & là vous trouverez votre chemin droit comme un I; en tout cas, il ne vous fera faute de gens pour l'enseigner; à votre place, j'y serois déja. Mademoiselle Hugon demanda à sa mère d'être de la partie, elle le lui permit, sur ce que le prieur l'assura qu'il connoissoit le chemin, & que pouvant facilement arriver avant eux, nous annoncerions son arrivée. Le petit Hugon nous suivit : je pris ma petite maîtresse par-dessous le bras, & nous décampâmes au plus vîte, crainte d'un contre-ordre. Tant que l'on put nous appercevoir, nous allions grand train ; au détour de la ferme, nous rallentîmes notre marche. Le petit drôle m'embarrassoit ; je pris mon parti sur le champ, & je résolus d'enivrer mon futur beau-frère : Jean m'avoit indiqué un village sur la gauche ; cela nous écarta de deux grandes lieues ; je feignis d'être fort étonné en l'apprenant ; mademoiselle Hugon fit la fâchée, son petit frère en rit & s'en moqua. C'est sur moi que tombera tout le blâme, dis-je à mademoiselle Hugon ; il est près de midi ; le meilleur parti à prendre est de dîner ici, & nous reposer en attendant la fraîcheur. Le petit Hugon avoit de qui tenir pour la gourmandise. L'idée d'un repas où il espéroit d'avoir ses coudées franches, lui fit trancher du grand garçon ; il gronda sa sœur qui sembloit ne pas se rendre à mes raisons, & tint plusieurs propos puérils, que je ne manquai pas d'appuyer ; elle mouroit d'envie de se rendre, & le fit en apparence avec bien de la peine. Allons, madame, du vin frais, dis-je en entrant dans l'auberge, & le déjeûné le plus prompt. Le vin fit tout l'effet que je m'étois promis ; à peine eûmes-nous mangé un morceau, que nous nous trouvâmes débarrassés de notre surveillant. C'est un enfant, il a eu chaud, le vin l'a surpris, dis-je à l'hôtesse ; que l'on en ait soin ; le sommeil réparera tout : voyez ce que vous pourrez nous donner : nous attendrons ici que la chaleur soit passée ; il n'y a pas bien loin d'ici à Blémicourt ; & c'est-là où nous voulons nous rendre. Tranquillisez-vous, me repliqua l'hôtesse, en partant au déclin du jour, vous y serez de reste.

J'ordonnai le repas aussi fin & aussi délicat que l'on peut l'espérer dans une hôtellerie de village. C'étoit un repas de nôce, dont l'amour devoit faire les honneurs, & nous tenir lieu de parens, amis, témoins, & de toute cette ennuyeuse sequelle que de pareils festins entraînent.

En attendant que l'on fût en état de nous servir, nous gagnâmes le fond du jardin, dans l'espoir d'y trouver ce que nous cherchions depuis long-tems. Il étoit partagé par plusieurs treilles, dont une partie formoit par intervalle des berceaux fort touffus. L'hôtesse me parut physionomiste ; point d'incommode nécessaire ne vint nous interrompre de sa part.

Mademoiselle Hugon, dont toutes les résolutions étoient prises, me suivit sans hésiter ; nous nous établîmes à l'ombre du berceau le plus éloigné. Je l'avoue, je n'ai jamais connu de fille plus pénétrante ; elle comprit dès l'instant ce que je prétendois lui enseigner. Après ce qui se sent mieux qu'on ne l'exprime, nous fûmes obligés d'appeller le sommeil à notre secours.

L'hôtesse vint elle-même nous réveiller ; nous nous mîmes joyeusement à table ; & après un repas des plus prompts, où les yeux firent presque tous les frais de la conversation, il fallut partir ; l'heure pressoit ; je payai, & promis de revenir pendant mon séjour. L'hôtesse m'en remercia : elle m'a été utile comme on l'apprendra. Le petit Hugon étant rétabli, nous nous remîmes en marche.

CHAPITRE XIV.

Arrivée à Blémicourt.

Nous tardâmes peu à gagner Blémicourt ; le chemin nous fut bien enseigné, & rien ne nous portoit à le manquer : madame Hugon avec sa compagnie ne nous ayant pas trouvés au château, y répandit l'allarme. Elle redoubla de moment en moment ; tous les manants du hameau furent envoyés à la quête. L'un d'eux que nous rencontrâmes dans une espèce d'avenue, se doutant avoir trouvé ce qu'il cherchoit, nous aborda avec empressement : M. & madame, nous dit-il, vous êtes sans doute les personnes dont on est inquiet chez madame de Blémicourt. Vraiment la grosse madame, qui est arrivée ce matin, fait un beau tapage, elle ne va pas mal vous laver la tête ; (& sans attendre notre réponse), je vais vîte lui dire que vous voilà ; cela la fera bien aise. Nous nous sommes écartés, m'écriai-je, comme il doubloit le pas. Oh vraiment, cela se voit de reste, me répondit-il tout en courant ; mais n'allez pas prendre à gauche, suivez-moi, vous y serez bientôt. Le petit Hugon tâcha de le joindre ; pour nous, sans aller si vîte, nous nous donnâmes le tems de concerter les excuses que je me chargeai de faire ; je rassurai ma petite maîtresse : comme nous nous étions concertés, madame de Blémicourt vint à notre rencontre, suivie de toute la compagnie. Vraiment, monsieur, me dit-elle, vous nous avez fort allarmés. Oh ! je ne vais pas mal les ajuster, dit madame Hugon : cette petite coureuse-là, en s'adressant à sa fille, je voudrois bien savoir ce que cela a fait toute la journée !

Le petit Hugon lui coupa la parole. Oh dame !

dame! ma chère mère, si vous saviez en vérité..... Tiens, fripon, lui repliqua-t-elle en lui appliquant deux soufflets, cela t'apprendra une autre fois à les suivre : pour vous, monsieur, c'est bien malhonnête de nous mettre dans des transes pareilles.

Mademoiselle Hugon eut recours aux larmes, & je justifiai respectueusement notre retard, comme j'en étois convenu.

L'on se contenta de mes excuses ; M. Hugon même se mêla du raccommodement ; madame de Blémicourt nous prit sous sa protection ; & la paix faite, on gagna la masure antique & recrepie, dont les dedans me parurent assez commodes. On n'attendoit que nous pour se mettre à table ; madame de Blémicourt me plaça à côté d'elle ; je fis l'aimable ; mes façons ne lui déplurent pas ; tout se passa gaiement, & l'escapade fut oubliée.

Les dames étoient fatiguées ; elles se retirèrent de bonne heure. Le prieur & moi nous passâmes dans le jardin pour jouir de la promenade au clair de la lune.

Vous êtes un méchant garçon, me dit-il ; doit-on inquiéter ses amis de la sorte ? Je vous félicite, au reste, de la façon dont on a pris la chose. Ne vous y risquez pas une autre fois, ou sachez bien prendre vos mesures. La cause du retardement est comme je l'ai exposé, lui repartis-je très-naïvement. Je suis disposé à vous croire, je le suis trop à être votre ami, pour penser autrement, me dit-il ; croyez-moi, si vous n'êtes pas absolument votre maître, soyez sage. Vous m'embarrassez, prieur ; si vous êtes plus sincère que curieux, nous en resterons-là. Soit, me dit-il, profitons de la promenade c'est ma folie, & le calme qui règne pendant la nuit me la rend plus agréable. A propos, lui dis-je, vous me devez, seriez-vous d'humeur à vous acquitter ? Vous me prenez par mon foible, repliqua-t-il, asseyons-nous sur ce banc, je vais achever de vous conter mes malheurs & mes folies ; puissiez-vous tirer quelque profit de l'exemple.

CHAPITRE XV.

Suite de l'histoire du prieur.

MA mère, comme je vous ai dit, s'étoit donnée bien des ridicules ; elle se servit du manteau de la dévotion pour en cacher les traces. Que cette dévotion mal entendue nous a causé de maux ! elle donna l'entrée de la maison à des gens qui achevèrent de bouleverser notre fortune. Pour plaire à ma mère, ayant connu son foible, ils la flattèrent, & mirent tout en usage pour satisfaire sa vanité : tandis qu'ils tiroient des sommes réelles, ils repaissoient son esprit de grandeurs imaginaires. Mon frère aîné & ma sœur furent élevés auprès d'elle. Mon second frère & moi, nous fûmes confinés dans une pension : à peine avions-nous atteint l'âge de prendre un parti, que l'on nous signifia que nous devions nous destiner à l'église. Les idées chimériques de ma mère devoient déterminer notre vocation ; mon frère & moi ne nous sentions aucun penchant pour cet état, nous pliâmes cependant sous le joug, espérant par-là avoir un peu plus de liberté. En effet, nous n'eûmes pas plutôt arboré le petit colet, que l'on nous introduisit dans le monde. Je fis alors connoissance d'une personne dont le souvenir trouble encore ma tranquillité. Hélène, je ne vous la ferai connoître que par son nom de fille, Hélène venoit souvent sous la conduite d'une tante, dans une maison où l'on m'avoit donné accès. Je ne l'eus pas plutôt vue, que je l'aimai à la folie : c'étoit ma première inclination. Je dis adieu à toutes les places dont on ne cessoit de m'entretenir. Que les premières impressions sont dangereuses ! Je ne songeai qu'à trouver les moyens de détruire les projets que l'on faisoit pour mon avancement.

Mes assiduités me firent parvenir au point de tirer un aveu que je ne déplaisois pas. Ce petit colet étoit un obstacle, il paroissoit insurmontable. Je formai un dessein que je ne pus mettre à exécution. L'on veilloit sur mes démarches, & dans la crainte de me trouver trop engagé quand on voudroit disposer de moi, l'on m'annonça que je ne devois plus chercher à la voir. La tante d'Hélène, que mes parens intimidèrent, me signifia cet ordre de la manière la plus dure. L'on eut beau m'éclairer de près : vaine précaution, les miennes étoient trop bien prises. Une fille-de-chambre que j'avois su mettre dans mes intérêts, me ménagea une entrevue. Ma passion y parut dans son plus beau jour; que de raisons spécieuses en apparence ne me fournit-elle pas en ce moment ? Hélène, séduite par l'efficacité de mes larmes, & encore plus par la passion que je lui avois inspirée, me promit de me suivre. Je ne me rappelle qu'en tremblant les suites du projet qu'elle nous avoit suggéré; que de regrets, si nous l'eussions rempli ! Nos biens, nos rangs étoient sortables; nous croyons qu'un coup d'éclat tireroit de nos parens un consentement que nous n'espérions avoir d'eux qu'à ce prix. Hélène eut été la victime du ressentiment de mes parens ; la honte de cette démarche en seroit rejaillie plus sur elle que sur moi, & j'aurois eu les remords en partage. Un cœur délicat ne peut jamais se pardonner d'avoir perdu sa maîtresse de réputation : vu l'inflexibilité de mes parens, voilà l'abîme où je l'aurois précipitée. Le crédit de leurs connoissances n'auroit pas manqué de me tirer d'affaire, & ma maîtresse eût été déshonorée. Un heureux incident rompit les mesures que nous avions prises. Je l'appelle ainsi, puisqu'il m'épargna des chagrins que j'eusse envisagés comme plus grands encore que ceux que la perte d'Hélène m'eût causé.

Il faut d'abord que vous sachiez que ma mère avoit sacrifié la meilleure partie de son bien pour faire entrer ma sœur dans une famille dont elle a été la risée & le jouet tant qu'elle a vécu. Mon frère aîné eut un régiment ; il fit cent sottises, fruit de la mauvaise éducation qu'il avoit reçue. On les répara à force d'argent ; grande ressource des sots quand ils sont riches. Il fallut néanmoins vendre le régiment. On s'avisa d'une charge à la cour : il y a de certains sujets à qui l'agrément d'y être coûte bien cher. Je regarde ce pays-là comme un couvent, où certaines personnes payent beaucoup, afin d'y pouvoir recevoir gratis, pour ainsi dire, les gens de talent.

Epuisée par tant de dépenses, ma mère voulut s'emparer de la légitime de mon frère & de la mienne. Selon les premières dispositions de mon père, cette légitime étoit considérable : pour nous en priver & nous réduire à la pension la plus modique, elle abusa du pouvoir qui ne lui avoit été confié qu'en cas de désobéissance, qu'elle interprêta à son avantage.

On nous dit positivement qu'il falloit nous préparer à prendre les ordres ; malheureusement nous avions entrevu les charmes si séduisans de ce monde pour qui n'en connoît pas le tuf. Nous résistâmes : conseils amicals, dévotes insinuations, représentations des plus graves, menaces ; tout fut inutile, notre opiniâtreté en devenoit plus grande ; on la traita de révolte, & un ordre supérieur que l'on surprit, nous renferma à titre de libertinage dans une maison de force.

Nous voilà donc déshonorés, deshérités & privés de la liberté, pour satisfaire l'orgueil de la plus injuste de toutes les femmes.

Pour ravoir cette liberté qui nous tenoit tant à cœur, nous résolûmes en étourdis, mon frère & moi d'escalader les murs du jardin de notre prison, où l'on nous permettoit quelquefois de nous promener sur le soir. Mon frère fut plus heureux que moi, il grimpa à l'aide d'une palissade, & se laissa glisser sans accident de l'autre côté. Je montai après lui, une barre qui rompit sous moi, me fit retomber dans le jardin : je me cassai la cuisse & ne put le suivre : mon frère s'évada. Attiré par mes cris, l'on vint me relever ; en dépit du peu de soins que l'on y apporta je me rétablis entièrement. J'étois las de tant de souffrances ; je fis ce que l'on exigeoit de moi, & passai de ma prison dans un Séminaire. Mon frère aîné étoit mort pendant le cours de ma maladie ; ma sœur avoit aussi perdu la vie sans laisser d'héritiers. Après des procès à l'infini, pour ravoir vainement la dot, ma mère mourut : j'appris tout ce détail en sortant du séminaire. La nouvelle de ma mort que l'on avoit répandue, & les sollicitations en conséquence, déterminèrent Hélène à remplir les vues de ses parens. Un gentilhomme l'avoit recherchée en mariage depuis mon absence ; ayant perdu tout espoir elle se résolut d'obéir ; moi qui avois sacrifié ma liberté, je fus assez injuste pour lui vouloir mal d'avoir disposé de la sienne. Une jalousie déplacée m'inspiroit ce sentiment : c'étoient les restes d'une passion, que les exercices & les méditations de mon état n'avoient pu éteindre.

Je cherchai à revoir Hélène ; & quel étoit mon but ? De l'accabler des reproches les plus vifs, elle qui les méritoit si peu ; mais elle évita toutes les occasions de m'entretenir, & dans une vue bien plus sage, puisqu'elle ignoroit mon dessein, elle empêcha sans doute que nous ne tombassions dans l'abyme, où infailliblement nous nous serions précipités. J'employai vainement tous les moyens pour me procurer le plaisir de la voir ; Hélène refusa constamment de m'en donner la satisfaction. Une fièvre lente qui la minoit depuis l'instant de son mariage la mit au tombeau au bout de deux ans. Sa mort sembla me rendre la liberté de l'ame, si souhaitable dans les gens de mon état. Je m'armai de tout ce qu'une piété solide me put fournir contre les premiers mouvemens de la douleur ; & grace au ciel, je suis parvenu à la vaincre. J'ai fait plus : j'ai appris à respecter la mémoire d'une mère, dont je n'ai éprouvé que des rigueurs. Après avoir recueilli les restes d'une fortune délabrée ; je m'habituai à Mantes, ayant obtenu un bénéfice auprès de cette ville. Enfin mon frère que je cherchois envain, me donna de ses nouvelles de Lyon, où il avoit toujours demeuré depuis notre séparation. J'y volai ; notre première entrevue fut arrosée de nos larmes. Nous nous aimions dès l'enfance,

& la conformité de nos malheurs n'avoit pas peu contribué à resserrer les nœuds du sang. Ce fut pour moi un grand plaisir de le revoir; je l'avoue, & cela au moment que je désespérois d'y parvenir. Je le trouvai marié avec la fille d'un négociant fort accommodé. Je crus leur apprendre la nouvelle de la mort de ma mère & celles de nos aînés. C'est la nouvelle de la mort de cette femme impérieuse qui vous a fait recevoir des miennes, me dit mon frère : tant qu'elle a vêcu, j'ai trop redouté son pouvoir tyrannique pour découvrir mon asyle. Voilà donc le fruit de toutes ses prétentions chimériques, les idoles de son ambition en sont devenues les victimes, une éducation plus sage, un autre état; nous les aurions peut-être encore. Je suis le seul qui ai eu le bonheur de se soustraire à sa vengeance; pour toi, tu n'as pu échapper. C'est notre mère, lui répliquai-je; nous lui devons toujours assez pour tirer le rideau sur toutes ses actions : oui dit-il, n'y pensons plus. Il me raconta ensuite que la peur qui l'avoit fait éloigner de Paris, le conduisit sur le chemin de Lyon, dont il prit la route sans la moindre ressource, après avoir vendu le peu de hardes qui le couvroient; il tomba dans la dernière misère. Il entra dans Lyon, dans un équipage affreux, la faim chassa sa honte. Il offrit de rendre les services les plus vils : que ne fait-on pas quand il faut du pain ?

Un marchand à qui sa physionomie revint, le retira chez lui, & l'ayant fait habiller le prit pour son domestique. Tant de douceurs inespérées lui firent bien-tôt perdre de vue la situation dont il sortoit. La fille de la maison étoit fort aimable. Mon frère conçut de l'amour pour elle, les soins qu'un domestique peut se permettre, des attentions & du respect, furent les premières marques de son attachement; il est bien fait, & d'une figure agréable ; il s'apperçut que ses prévenances ne déplaisoient pas, il redoubla de zèle, en attendant le moment favorable pour se déclarer. Il ne tarda pas à venir. Un particulier en dînant chez son maître, parla de ma mère, & la peignit avec des traits peu avantageux : on peut dire ce que l'on en pense, poursuivit-il ; elle vient de mourir ; mon frère m'a avoué qu'il tressaillit de joie. La réflexion en modéra l'excès, & me faisant sentir la faute que je commettois, me dit-il, il eut beau me l'assurer, je présumai facilement que le premier mouvement avoit prévalu. Je lui en représentai toute l'horreur ; il en convint avec moi, & ne chercha plus à s'excuser.

Mon frère se fit connoître au marchand pour

ce qu'il étoit; beaucoup d'excufes du marchand en fe retranchant fur fon ignorance. Reproches obligeants au fujet du peu de confiance, offre de fervice réalifés à l'inftant même; & fans beaucoup d'examen, le marchand reçut fa demande pour fa fille, & le traita comme fon gendre; à mon arrivée je preffai la conclufion, & après les avoir mis en poffeffion de la meilleure partie de mes biens, je me fuis borné à l'ufufruit d'une rente fuffifante pour un homme qui tient légèrement à la fociété. Ma belle-fœur & fon mari doivent me venir voir ces vacances, je ferois charmé de leur procurer votre connoiffance, peut-être ne ferez vous pas fâché de lier amitié avec eux. Pardonnez-moi la longueur des détails, les gens qui font dans le même cas fe plaifent trop à defcendre, & abufent fouvent de la complaifance que l'on a à les écouter. Il faudroit s'être trouvé dans le même cas pour leur pardonner facilement. Pour moi je fouhaite que vous puiffiez toujours regarder pareille chofe comme un roman. Mille graces de l'attention que vous avez bien voulu prêter à mes difcours. Nous nous fouhaitâmes un grand bon foir, & chacun de nous gagna fa chambre.

CHAPITRE XVI.

Chasse.

JE comptois dormir la grace matinée : je comptois mal ; au lever de l'aurore on fit un bruit du diable à ma porte, je fus contraint de me lever pour voir ce que l'on vouloit de moi. Qui m'a donné des paresseux comme cela, s'écrioit-on, en frappant de plus belle : alerte jeunesse, tout le monde est aux champs. Est-ce que l'on dort à la campagne ? Ah vraiment ! vous n'y êtes pas.

Je reconnus, en ouvrant, M. Babouin notre marchand de Mantes, qui nous avoit quittés la surveille. Je ne manque pas à ma parole, me dit-il en entrant, & en me sautant au cou ; je suis ponctuel à remplir ma promesse. Eh dame, me voilà ! C'est bien moi. Allons, habillez-vous, nous irons chercher du gibier, je viens de le dire à ces dames, que j'ai été embrasser dans leur lit. Savez-vous que cette petite demoiselle Hugon est bien appétissante. Dieu me pardonne, si je n'ai pas envie d'en faire ma seconde : car je suis veuf depuis trois mois, afin que vous le sachiez. Ma femme ne m'a laissé qu'un enfant malingre qui mourra bien-tôt, & mes affaires sont bien faites; on ne peut m'inquiéter pour le bien, & sans vanité j'ai un bon commerce : que nous menons-là; vantez. Faites cette affaire-là, vous monsieur, à moins que : voyez-vous. Je ne sai pas vos idées, je n'en suis pas moins votre serviteur. Son projet me surprit & me fit rire par réflexion; son flux de paroles m'empêcha de lui répondre; nous en discourerons plus amplement, continua-t-il; & puis arrive qui plante. Je m'habillai promptement & nous descendîmes à la cuisine pour joindre ceux qui nous attendoient en déjeûnant. Je trouvai le prieur & trois grands messieurs en habits de chasse. On me les présenta comme voisins, amis du logis; gentilhommes de création, & chasseurs déterminés de profession. La connoissance se fit avec un reste de pâté & quelques bouteilles de vin.

M. Hugon voulut être de la partie; on lui chercha des armes. Oh! point de fusil, dit-il, il y a si long-tems que je n'ai manié de çà; car nous autres gens de Paris, nous n'allons à la chasse qu'à la vallée. Si fait parbleu, je me trompe; on m'a mené une fois à l'affut au lapin dans le parc de Vincennes. Je fus ma foi deux grandes heures couché à plat-ventre par un brouillard des plus épais : aussi j'y gagnai une colique qui m'en dégoûta pour toujours; je vous parle de loin, nous étions jeunes dans ce tems-là; mais cela ne me fait pas peur, je veux être des vôtres; & puis j'irai bien à la chasse sans fusil, cela me promenera d'autant : notre chasse fut des plus malheureuses. Ces tireurs que l'on m'avoit tant prônés épouvantèrent quelques lièvres qui nous montrèrent le derrière.

A trois quarts de lieue de la maison une pluie affreuse nous surprit, elle fut passablement longue : bien nous en prit de nous réfugier dans une cense. Pour le coup j'y laissai ma liberté; la nièce du Metayer me tourna la cervelle dans le moment : c'est l'instant le plus critique de ma vie; & sans un évènement favorable, j'aurois payé cher ma folie. Nous demandâmes des œufs frais, j'aidai à la belle Colette à les dénicher; je ne la trouvai ni offensée, ni surprise des petites libertés que je prenois avec elle; cependant son air honteux & modeste tout ensemble m'en imposa : je fus la dupe, de l'air innocent qu'affectoit si parfaitement la jeune fermière, je la pris bonnement pour la fille la plus simple & la plus ingénue; & commençant à aimer véritablement, je sentis des remords qui modérèrent ma vivacité; ainsi je résolus de traiter sérieusement la chose.

C'étoit une de ces petites phisionomies chiffonnées qui n'en font que plus extravagantes. Ses cheveux étoient noués en touffe sur sa tête ; un chapeau de paille mis négligeamment de côté & rattaché par-dessous le menton ; un petit cotillon blanc, une juste de soie, une colerette qui au moindre mouvement laissoit échapper une gorge naissante. L'air naïf, deux beaux yeux, teint frais, & de ces propos dont on ne sent le prix que quand on aime. Tout contribua à ma défaite, & je me crus asservi pour jamais.

L'orage cessé, nous reprîmes le chemin du château. Je regardai tendrement Colette, qui demeura sur sa porte tant qu'elle put nous appercevoir ; j'augurai bien de cette façon, & me promis de tourner souvent mes pas de ce côté. Comme nous étions prêt de rentrer, M. Hugon nous dit qu'il voyoit une compagnie de perdrix dans un champ de sarasin : chacun ouvroit les yeux & ne voyoit rien : on le plaisanta. Parbleu, messieurs, j'en suis si sûr, que si elles osent m'attendre, nous dit-il, en s'emparant d'un fusil, j'en tirerai parti. Notre homme prend un sentier qui conduisoit au sarasin. Il avance à petits pas, & se croyant à portée, lâche son coup sur cinq à six canards domestiques qui ne s'attendoient pas à pareille aubade. A moi, s'écria M. Hugon; je les ai manqués, mais ils n'iront pas loin. Nous nous mîmes à entourer la pièce de farafin le fufil bandé; mais en nous rapprochant les uns des autres, quelle fut notre furprife de voir des barbotteux qui rendoient les derniers foupirs. On félicita M. le procureur fur fa chaffe, & nous le chargeâmes du gibier en l'accompagnant en triomphe.

Un payfan à qui les canards appartenoient, vint tout courant en demander le paiement. Il fallut débourfer, & nous les mîmes au plus haut prix, au grand regret de notre nouveau chaffeur, qui jura de ne tirer de fa vie. Nos dames étoient levées & venoient en fe promenant au-devant de nous. Je leur fis un détail très-circonftancié des hauts faits de M. Hugon; mon récit lui attira de nouveaux complimens qui redoublèrent fa mauvaife humeur.

Le colombier & la baffe-cour fuppléèrent au gibier, fans oublier les canards que l'on mit à toute fauffe; à la campagne l'appétit affaifonne tous les mets & les fait trouver excellens. Nos chaffeurs en fourniffoient la preuve : qu'ils étoient expéditifs! ils me ravirent en extafe. De la table qui dura long-tems, l'on paffa à de petits jeux. On donna des gages,

on

on impofa des pénitences; madame de Blémicourt en impofa une, ce fut de faire fur le champ une hiftoire pour amufer la compagnie. Celui qui tenoit les gages montra un vieux couteau à gaine, il s'éleva un murmure agréable en faveur de celui à qui il appartenoit. Je fuis charmé d'avoir fi bien rencontré, dit la Blémicourt, puis s'approchant de mon oreille : vous allez convenir que la province a fes beaux efprits auffi bien que votre Paris. Je n'en ai jamais douté ; lui répliquai-je : je me mis à confidérer le perfonnage : c'étoit un de nos chaffeurs, un grand homme fec, qui tira d'un air fuffifant un vieux brouillon de la poche de fon furtout. C'eft du nouveau, nous dit-il, & vous conviendrez, j'ofe le croire, que vous n'avez jamais rien entendu de pareil. Il y a environ quatre-vingt ans que cette hiftoire parut avec un manteau gothique ; mais je l'ai rhabillée de manière à la faire paffer pour neuve.

CHAPITRE XVII.

Conversation.

Ayant déroulé son papier, notre homme tira d'un dessus d'almanach qui lui servoit d'étui, une vieille paire de lunettes qu'il essuya à diverses reprises. Après les avoir bien assurées, commençons par le titre, nous dit-il. Oh oui! le titre, répartit madame Hugon : c'est fort bien. C'est ce qui fait toujours juger d'un ouvrage. Le *parfait écuyer*, mes dames, voilà le titre, poursuivit notre campagnard, d'un ton nasal. Le parfait écuyer, que vous en semble ? Le parfait écuyer, dit M. Hugon ; j'ai vu cela quelque part. Je ne lis cependant jamais. Eh! oui vraiment, je l'ai vu affiché aux coins des rues. On m'a même expliqué ce que c'étoit, car je suis curieux. Ah! monsieur, seriez-vous l'auteur de ce livre-là : je ne sais pas de quel livre vous voulez parler, répondit le campagnard, j'en ai composé plusieurs ; mais à moins que l'on ne m'ait dérobé mes manuscrits, je ne crois pas qu'aucun ait vu le jour : à présent le goût est si singulier, que le beau qui est toujours simple & dépouillé d'ornemens superflus, n'est pas ce que l'on recherche le plus. Ma foi je ne fais ce que vous voulez me dire, répliqua M. Hugon; mais pour le livre dont je vous parle, il traite, à ce que l'on m'a dit, de la façon dont on monte à cheval, dont on dreffe les chevaux: que fais-je ? enfin on y parle de tout cela.

Eh non! répondit M. Deboifcaré c'étoit le nom du perfonnage, eh non, monfieur! c'eft une métaphore. Une métaphore! je ne vous entends point, reprit M. Hugon. Un titre allégorique dit notre auteur. Auffi peu l'un que l'autre, répartit le procureur; ces termes-là me font inconnus & nous n'en employons jamais de pareils, je n'ai pas lu au refte tous les procès-verbaux, ils s'y pourroient bien trouver, & j'en ai vu d'auffi finguliers.

Trêve à vos digreffions, dit madame de Blémicourt. Difgreffions, eh! que diable eft cela, répondit M. Hugon. Auffi mon mari vous parlez comme un avocat, dit madame Hugon, vous ne finiffez point. Ne vous ai-je pas répété cent fois, que rien n'étoit fi ennuyeux que de vous entendre bavarder à tout propos. Vous avez raifon ma femme, répartit M. Hugon: voilà qui eft fini. Je ne dis plus mot de toute la foirée. Vous nous faites-là une grande menace : vraiment, répondit madame Hugon, on y perdra beaucoup. On y perdra ce que l'on y perdra, dit M. Hugon, mes paroles en valent bien d'autres, je ne tire pas de mauvais argent de mes écritures. Oh! le voilà fur fes écritures, répliqua madame Hugon, nous n'avons qu'à nous bien tenir. Eh! paix donc ma femme, lui dit-il, paix, refpect à la compagnie & attention à Monfieur. Vous allez entendre comme il va parler de chevaux : felon ce que l'on m'a dit, cela doit être fort amufant, & je m'apprête à bien rire ; commencez monfieur, commencez : je ne vous interromprai pas.

Je commence dit Boifcaré ; mais c'eft à condition que l'on me laiffera continuer tout d'une haleine. Ah! mon Dieu, lui dit madame Hugon ; c'eft pour vous étouffer, ne vous y jouez pas : eh non! reprit Boifcaré, qui commençoit à fe fâcher, c'eft une métaphore. Auffi, dit madame Hugon, que n'avertiffez-vous, on ne s'attend point à cela ; tout d'une haleine, une métaphore. Au moins, vous remarquerez, meffieurs, nous dit M. Hugon, que ce n'eft pas moi qui parle. Corbleu, dit Boifcaré, qui que ce foit je quitte la partie ; tous de concert obfervèrent un profond filence ; & il commença comme on peut le voir dans le chapitre fuivant.

CHAPITRE XVIII.

Le parfait écuyer.

Si le défir infatiable d'entaffer connoiffance fur connoiffance a été funefte à ceux qui s'en font laiffé féduire, la volupté inépuifable dans fes recherches n'a pas caufé moins de maux à fes fectateurs.

Prêtez, je vous prie, une grande attention au commencement : car il renferme toute la morale dont on peut profiter en écoutant cette hiftoire. C'eft-à-dire, que la morale eft au commencement, dit madame Hugon, que Boifcaré pétrifia d'un coup-d'œil, ces paffions fi néceffaires pour nous rendre la vie agréable, deviennent les inftrumens de nos malheurs, quand nous ne favons pas fagement leur impofer un frein, & les empêcher de paffer le but qu'il nous fuffit d'atteindre pour jouir autant qu'il eft en notre pouvoir d'une félicité parfaite. Cette phrafe eft un peu longue, mais elle renferme un très-grand fens.

Ce feroit l'affoiblir, repartit judicieufement madame de Blémicourt, que d'ôter un de fes membres. Un de fes membres, dit madame Hugon, avec vivacité, je ne favois pas que les phrases eussent des membres, je m'imaginois... Eh! c'est par métaphore, reprit Boiscaré. Foin de la métaphore, je m'y trompe toujours, dit la Hugon. Boiscaré continuat.

De toutes les victimes de la curiosité, je n'en ai pas trouvé qui méritât mieux de l'être qu'un jeune médecin, dont je vais vous raconter l'aventure.

Après avoir mérité d'endosser la robe du vénérable Rabelais, il vint faire montre de son savoir dans la bonne ville de Paris. Bientôt on n'entendit parler que de ses cures merveilleuses. Chacun couroit en foule chercher sa guerison auprès de lui; & sa réputation surpassa de beaucoup celle de ses devanciers; la nouveauté autant que son mérite personnel, lui procura ce concours prodigieux de malades de toute espèce. C'étoit à qui pourroit obtenir un moment d'audience, son étoile, son exactitude, sa sagacité, & la prudence le tirèrent avec honneur de toutes ses entreprises. L'amour de la patrie fit chercher les moyens de fixer ce phénomène en ce séjour pour le bien de la société. Il étoit garçon, & il n'y eut personne qui ne recherchât son alliance. Le père présentoit sa fille la plus aimable avec une riche dot. L'oncle vouloit se dépouiller en faveur de sa nièce. Le frère se relâchoit de ses droits, pourvu qu'il préférât sa sœur. Il n'y eut point de tuteur, qui n'offrît de rendre le compte plus clair, si le choix tomboit sur sa pupille. Entre mille, un heureux; Alidor, bourgeois opulent, l'emporta sur tous ses rivaux. La beauté, la jeunesse & ce que notre médecin mettoit au-dessus, l'ingénuité de la charmante Laure, lui firent remporter la victoire. Le nouvel Esculape vouloit une épouse qu'il pût former à sa fantaisie, & ayant trouvé son fait, il ne tarda pas à conclure le mariage. Le voilà donc possesseur du plus beau présent de la nature. Dans quel détail voluptueux n'entre-t-il pas ! Les proportions d'un corps moulé sur celui des Graces, lui faisoient admirer la texture de l'ouvrage, rien n'échappa à son avide curiosité. Mais quelle satisfaction peuvent procurer les transports de l'amour le plus ardent quand ils ne sont pas rendus avec la même vivacité? à peine notre jeune médecin étoit-il revenu de l'yvresse de ses sens, qu'il se trouvoit entre les bras d'une statue froide & insensible. Le marbre le plus dur vaincu par des causes aussi pressantes se feroit plutot animé que la jeune Laure.

Mais, dit madame Hugon, je n'entends pas cela. Je pense que, ah ! M. je vous demande excuse : Boiscaré continuant ; immobile &

toute honteuse elle n'osoit dire une seule parole, & la pudeur dans l'instant même du plus beau désordre ranimoit l'incarnat de ses joues, & lui fermoit les paupières. Notre docteur, chagrin d'un plaisir imparfait, en témoignoit sa mauvaise humeur à sa jeune épouse ; ainsi l'homme au sein du bonheur se plaint encore de sa destinée : quel mari n'eût pas envié la situation de celui-ci ! Quel bien, le plus avare n'eût-il pas donné pour en jouir ! tant la trop grande sensibilité de leur épouse leur est à charge.

La mauvaise étoile du médecin le fit passer des plaintes aux reproches, & aux reproches les plus durs, aussi déraisonnables qu'ils étoient déplacés. Laure avoit recours aux pleurs : son époux attendri & ranimé par ses larmes, cherchoit en vain à rendre Laure plus sensible : nouveau sujet de mauvaise humeur qui terminoit la scène la plus tendre.

Eh ! reveillez-vous donc mon mari, dit madame Hugon, en le poussant ; il semble que vous.... qu'est-ce qu'il y a, dit M. Hugon, en se frottant les yeux ? Ah ! ma foi pardon monsieur, j'écoutois avec tant d'attention, que cela m'a un peu assoupi ; mais cela est bien beau ; il étoit donc question d'une statue qui étoit animée sans l'être : c'est comme qui diroit le fluteur automate. Voyez si je dors, n'est-ce pas que j'y suis ? c'est trop fort, dit Boiscaré, je n'y puis plus tenir : heureusement l'arrivée de nouveaux personnages l'empêcha d'éclater.

CHAPITRE XIX.

Quelles étoient les personnes annoncées.

EH ! voilà ma belle-sœur & mon frère qui viennent à nous, si je ne me trompe, dit le prieur ; mais je ne remets pas bien le monsieur qui les accompagne ; je crois cependant le connoître. Ils étoient à vingt pas de nous : le prieur courut à sa belle-sœur & l'embrassa ; nous profitâmes de l'exemple, & madame Hugon de l'occasion, pour donner & recevoir de ces gros baisers bourgeois, que l'on entend de vingt pas. Madame de Blémicourt fit fort bien les honneurs de chez elle, & se félicita d'avoir privé, par un heureux hasard, son voisin le prieur du plaisir de recevoir une compagnie aussi aimable. Il fut décidé que le prieur nous les laisseroit quelques jours, & que nous irions le visiter ensuite. Le prieur me fit faire connoissance avec sa belle-sœur

& son frère. Le cavalier qui les avoit accompagnés, me regardoit fixement, il me cherchoit & moi de même ; nous ne pouvions nous rappeller où nous nous étions vus. N'est-ce pas M. que j'ai apperçu avec vous dans la forêt de S. Germain, dit-il au prieur ? Dans la forêt de S. Germain, repliqua le prieur ? nous n'avons pas eu l'honneur de vous y voir : vous ne vous en seriez pas fait honneur, repartit le cavalier. Vous rappellez-vous, continua-t-il, cet homme lié & garotté, qu'un des archers vous dit avoir été arrêté par méprise, à ce que prétendoit le prisonnier ? C'étoit moi : eh ! par quel bonheur, dit le prieur vous êtes-vous tiré de leurs mains ? La chose est simple, répondit-il, je suis connu de M. votre frère ; je m'étois joint à lui pour avoir le plaisir de vous voir. La maréchaussée nous a arrêtés à S. Germain à notre arrivée, parce que je ressemble parfaitement à un homme que l'on fait passer pour l'assassin d'un gentilhomme de notre province. Votre frère qui sait la vérité du fait, & qui sait de plus que ce n'est pas moi, m'a suivi jusqu'à Rouen. Il a vu ses amis, & n'a pas eu de peine à prouver mon innocence. Bien m'en a pris cependant, d'avoir eu votre frère avec moi ; sans lui je ne m'en serois pas tiré si facilement. Voilà un cavalier, dit-il, en me montrant, avec lequel je me fens porté d'inclination à faire connoiffance. Sa phifionomie me plaît, & s'il eft auffi prompt que moi à fe déterminer, nous ferons bien-tôt des plus intimes. Je répondis comme je devois à fes avances ; le prieur qui avoit eu le tems de s'informer de fon frère, quel étoit ce cavalier, fe rapprocha de nous en fouriant. Eh bien ! mon cher baron, vous voilà donc prêt à vous lier avec M. ? c'eft aller bien vîte, lui dit-il. C'eft mon défaut, répondit le baron ; je me prends de goût facilement ; je l'avoue, quand on me revient, je crois que l'on pourra fympatifer avec moi ; je juge des autres par moi-même ; j'ai le cœur fur les lèvres ; je me livre avec franchife ; le premier mouvement me détermine ; les honnêtes gens doivent-ils héfiter à fe connoître & à s'aimer ? D'ailleurs, ne nous avez-vous pas dit que M. étoit votre ami ; il ne peut l'être fans que vous l'eftimiez, & votre eftime eft mon excufe, fi je l'aime. Je ne pus démêler en ce moment ce qui fe paffoit dans mon cœur. L'amour-propre étoit-il flatté de tant de prévenances ? A-t-il été le feul à m'engager à y répondre ? Oui fans doute, j'ignorois dequoi il étoit queftion ; j'en étois, comme on dit, à cent lieues. On fait ordinairement connoissance avec trop de précipitation. Cela est bien dangereux ; c'est un des grands écueils de la société ; bien loin de m'être funeste, je n'ai eu lieu que de me féliciter de cette connoissance. M. de Lisle, frère du prieur, fit beaucoup de guerre au baron qui se défendoit avec tant d'esprit, que madame de Blémicourt en fut enchantée. Je m'apperçus qu'il lui revenoit beaucoup. La dame étoit prompte à s'enflammer, le baron s'en est amusé quelque tems, & l'a abandonnée dans le moment le plus critique. La conclusion du roman devoit-elle me regarder ?

CHAPITRE XX.

Suite du parfait écuyer.

Monsieur de Boiscaré, par son attention à gesticuler avec son manuscrit, nous fit assez connoître qu'il ne vouloit point se relâcher des droits que notre sotte curiosité lui avoit donnés sur nous ; pour nous en débarrasser, je fus le premier à l'inviter à continuer sa lecture. M. & madame Hugon, s'interrompant à l'envi l'un de l'autre, cherchèrent envain à mettre les nouveaux venus au fait de ce que l'on leur avoit déja lu. Le baron rit beaucoup de leur galimathias, & engagea Boiscaré à recommencer. Il le fit, & Boiscaré donnoit carrière à son imagination libertine, la réflexion m'en fait supprimer la peinture; il suffit de savoir que l'on lui prodigua des éloges qu'il ne dut qu'à l'usage établi de gâter les auteurs par ignorance, ou par malice.

CHAPITRE XXI.

Ce que l'on verra.

JE n'avois point oublié la petite Colette, il me falloit un prétexte pour autoriser mes absences, je prévoyois qu'elles seroient fréquentes. Je m'érigeai en chasseur; & afin de ne pas manquer de gibier, je courus chez l'hôtesse où j'avois célébré mes nôces clandestines avec la petite Hugon, pour concerter avec elle comment je pouvois faire pour m'en procurer. Quel bon vent vous amène chez moi, me dit-elle, vous ennuyeriez-vous déja à Blémicourt? Tant s'en faut, lui répondis-je; tout m'y plaît; mais j'ai des raisons pour faire semblant de m'en écarter, sous prétexte de la chasse : j'ai jetté les yeux sur vous, & me suis flatté que vous ne refuseriez pas de me seconder. De quoi s'agit-il; & que puis-je faire pour vous obliger, me dit-elle ? Je suis humaine & des plus traitables, tout le monde me connoît sur ce pied-là dans le canton : il faut me procurer, en payant, une certaine quantité de gibier, que je viendrai prendre tous les matins. J'ai votre affaire, soyez tranquille, me dit l'hôtesse ; mon cousin est un des plus alertes braconniers du canton, & si vous en voulez dès aujourd'hui vous n'en manquerez pas. Bon, lui dis-je, il est tout au plus cinq heures, & je vais battre le buisson jusqu'à dix. Eh oui, battre le buisson : adieu le beau monsieur : du vin frais au retour ; & voilà pour le déjeûner, lui dis-je, en lui jettant de l'argent. Mais voyez un peu quelles façons : allez toujours & comptez sur moi.

Je gagnai la ferme où j'espérois trouver Colette. En effet, je la rencontrai à deux pas ; où allez-vous belle Colette, lui dis-je en l'abordant ? Porter les ordres de mon oncle à ses ouvriers, qui sont là-bas vers ce taillis. Me seroit-il permis de vous accompagner ? Oh ! monsieur, me répondit-elle, la candeur peinte sur le visage, que diroit-on de voir un monsieur accompagner comme cela une simple paysanne ? Voyez-vous, monsieur, il y a des yeux aux champs comme à la ville, & de malignes gens. On prend souvent tout en mauvaife part; & fi l'on rapportoit que l'on m'a vue avec vous, aucune de mes camarades ne voudroit plus fe trouver en ma compagnie. Quoi, vous quitter fi-tôt, lui dis-je ? Il le faut bien, me dit-elle : du moins que je baife cette main, avant que de partir. Eh ! monfieur, ne fauriez-vous partir fans cela ? Non, belle Colette, je ne vous quitte pas que vous ne m'ayez accordé cette faveur. Tenez donc, je ne fais qui me porte à ne vous pas refufer ; fi je fais mal, au moins ne vous en fâchez pas contre moi ; je fens que cela me cauferoit bien du chagrin : vous reverrai-je demain, lui dis-je, en retenant la main que je baifois ? Finiffez donc, me dit-elle ; voilà mon oncle ; s'il s'eft apperçu de quelque chofe, il me grondera & vous en ferez la caufe ; elle s'échappa, & je regagnai le logis de mon obligeante hôteffe. Voilà de quoi régaler vos dames, s'écria-t-elle, d'auffi loin qu'elle m'apperçut ; elle me préfenta fon coufin. Je fus bientôt d'accord, & il n'a pas manqué de me tenir ma provifion prête tous les jours. Je retournai au château très-fatisfait : mademoifelle Hugon vint à ma rencontre ; elle s'étoit levée de grand matin, dans l'efpérance que nous irions faire un tour de promenade enfemble ; elle voulut fe fâcher, elle croyoit en avoir le droit. Je ne voulus pas la brusquer; & l'imagination remplie de Colette, je mis tout en usage pour la calmer: j'y parvins. Nous revenions tranquillement, quand Baboin parut. Je ne sais ce que cet homme-là m'a fait, me dit-elle, je ne le puis souffrir; nous sommes trop près pour l'éviter, lui dis-je; écartons tout soupçon de notre intelligence. Baboin nous joignit: je crois, dieu me pardonne, que nos jeunes gens se font l'amour, dit-il en nous abordant. J'ai rencontré M. par hasard & je ne vois pas qui peut vous porter à me tenir un pareil propos, lui dit-elle, d'un ton fort sec. Mon dieu que vous êtes revêche ma belle demoiselle, repliqua Baboin, je ne prétends pas vous fâcher si j'en parle; quoique je n'aie pas lieu d'être jaloux, vous êtes assez aimable pour que je le devienne. Que veut-il dire avec sa jalousie? c'est bien à vous qu'il conviendroit d'en avoir; je vous ai déja répété que vos propos d'amour, de jalousie & de mariage, m'ennuyoient beaucoup. Laissez-moi tranquille; vous ne pouvez mieux faire, nous dit-elle, en s'en allant; eh, bon dieu! elle est bien de mauvaise humeur; elle m'avoit embrassé l'autre jour de si bon cœur, que j'avois conçu de l'espérance. Je vous en ai touché quelques mots; mes intentions sont bonnes;

bonnes; qu'a-t-elle donc ? bon lui repartis-je, ne favez-vous pas ce qu'ont les filles quand elles font d'âge à être mariées ? Ah! vous avez raifon, dit-il, il leur manque toujours quelque chofe. Oh! bien, bien, il ne tiendra pas à moi qu'elle ne foit bien-tôt contente. J'en veux parler, & dès aujourd'hui ; qu'en dites-vous ? Ma foi je vous le confeille, lui dis-je : quitte à être refufé, repliqua-t-il ; qui ne demande rien, n'a rien : en tout cas je n'en mourrai point. Vous avez raifon, lui dis-je ; mais je fuis chargé, avançons.

Ah! vraiment, je n'y prenois pas garde, me répondit Baboin; diable, votre carnacière est bien pleine : comme vous y allez, il n'y a qu'à vous laiffer faire. Dame excufez, quand on a l'amour en tête, on ne croit que cela ; qui auroit dit cela de moi ? j'ai pourtant quarante-cinq bonnes années fur la tête. Je ne l'aurois pas cru, lui dis-je, à vous voir le teint fi frais & fi fleuri. Sans flatterie me trouvez-vous bien, me dit-il ? Au mieux repliquai-je. Dame, c'eft que je n'ai jamais été libertin, me répondit-il : voyez-vous, je n'ai connu que la défunte ; cela fait votre éloge, lui repliquai-je. Oh! je ne vous parle pas de ma jeuneffe, me dit Baboin ; elle a paffé fi vîte, & puis mon pére s'eft hâté de me ma-

E é

rier. Diable, il favoit ce qui en étoit lui, & j'aurois eu de qui tenir; mais mon commerce m'a toujours fi fort occupé, que je n'ai pas eu le tems de fonger à la bagatelle : vous avez fort bien fait, lui dis-je, car la bagatelle nous mène bien loin; c'eft ce que m'a toujours dit mon oncle le chanoine, repliqua Baboin. La bagatelle l'avoit rendu fi vieux lui, qu'à cinquante ans il en paroiſſoit quatre-vingt-dix, voyez-vous. Que cette bagatelle change bien les gens!

Mademoiselle Hugon avoit annoncé mes fuccès; l'on vint au-devant pour m'en féliciter. Ma foi c'eft à faire à vous, me dit M. Hugon. Oh! pour aujourd'hui nous ne mangerons pas de canards, lui répondis-je. Ne me parlez plus de ces vilains canards, répliqua-t-il, je les ai encore fur le cœur.

CHAPITRE XXII.

Arrangement.

JE partageai mon tems de façon, que je donnois les premiers momens du jour à Colette, le refte de la matinée à la petite Hugon, & l'après dînée aux amufemens de la fociété : je devenois plus amoureux de la petite fermière;

elle ne manquoit pas de m'attendre ; tous les matins elle paroiſſoit me voir avec un nouveau plaiſir ; mais à peine étions-nous enſemble quelques inſtans , qu'elle trouvoit de nouveaux prétextes pour me quitter. J'étois enchanté de ſa retenue, je voulus m'émanciper ; mais en-vain, & dans l'idée que je m'étois formée de cette petite fille, je ne ſais pas de quoi j'aurois été capable. Le prieur me propoſa un jour de m'accompagner à la chaſſe ; je refuſai aſſez légérement ; il ſentit qu'il y avoit du myſtère ; ſon frère & le baron m'en firent la guerre ; je leur donnai d'aſſez mauvaiſes défaites. Le baron ſur-tout , qui ne ceſſoit de me lutiner, voulut abſolument être le dépoſitaire de mes ſecrets ; je fus contraint pour m'en débarraſſer, de lui faire de fauſſes confidences; il m'épia, & étant au fait , je fus obligé de convenir de tout. Il me fit des reproches de mon peu de confiance , & m'engagea inſenſiblement à lui ouvrir mon cœur. Il parut en agir de même avec moi ; il ſe dépeignit comme un homme qui s'étoit donné bien des travers en ſe livrant à ſes paſſions. Sa jeuneſſe, ſelon lui, avoit été des plus orageuſes. Les réflexions qu'il me fit faire à cette occaſion me parurent très-ſenſées. C'eſt un mauvais tems à paſſer , me dit-il, tous les hommes en ſont-là ; heureux celui qui fait profiter de ses fautes. Allons, je veux être votre mentor ; mais soyez sincère. Je lui fis le détail de ma situation ; je lui avouai mon amour pour Colette, & mon commerce avec la petite Hugon : il me dit qu'il ne manquoit que de faire la conquête de la Blemicourt; elle m'a fait bien des avances, me dit-il ; mais n'étant pas d'humeur d'y répondre ; j'ai fait la sourde oreille. Un motif bien singulier le faisoit agir ; j'ai été bien étonné quand je l'ai découvert : à propos de la Blemicourt, la connoissez-vous ? pas autrement, lui dis-je. Eh quoi ! faut-il qu'un nouveau venu soit plus au fait que vous, me dit-il ? je ne vous ai précédé que de quelques jours, lui répondis-je. Eh bien ! me dit le baron, j'ai fait passer madame Hugon sur le compte de sa nièce, je louois beaucoup la Blemicourt & témoignois combien j'étois satisfait de la façon dont elle nous avoit reçus. Ma nièce a cela de bon, m'a-t-elle dit ; elle ne se méconnoît pas ; elle se souvient toujours d'où elle est sortie. Son grand-père étoit fermier, afin que vous sachiez ; il s'étoit établi dans le Maine, & avoit si bien pris l'esprit du pays, qu'il avoit autant de bien en procès qu'en fonds de terre ; pour se venger des torts que la chicane lui avoit faits, il fit M. Hugon son fils, & mon mari, procureur; & le père de la Blemicourt huissier. M. Hugon a assez bien profité; pour l'huissier, il a eu du malheur; sa fortune prenoit un assez bon train, mais on l'a desservi: il fut interdit; & pour réparer son interdiction, il travailla sous le nom de tant d'autres, que l'excès de ses occupations l'a mis au tombeau. C'étoit un grand sujet; & il a été fort regretté. Sa fille s'est établie lingère au bas du palais, en mémoire de son cher père. Sa boutique étoit le rendez-vous des beaux esprits: cela a servi à cultiver son esprit, & a fait tort à son commerce. M de Blemicourt en fit connoissance; elle sut lui plaire; & se trouve aujourd'hui par sa mort usufruitière de ce château.

Je suis bien instruit, comme vous voyez, me dit le baron; aussi tôt que je m'établis dans un endroit, je m'attache à connoître mes originaux. Je vous charge de tirer de Boiscaré ce qu'il peut être lui-même & ce qu'il sait de la Blemicourt, depuis son séjour en ce pays; nous nous amuserons faute de mieux. Il ne faut point de vuide dans la vie; les momens où l'esprit & le cœur demandent du relâche, doivent être employés à la curiosité. Au reste, continua-t-il, chargez-vous de m'acquitter envers la Blemicourt; ses importutunités me deviennent à charge ; c'est un service d'ami que je vous demande, & dont je vous tiendrai compte quelque jour ; en tout ceci j'ai mes vues ; je prétends vous faire goûter du dérangement, pour que votre épouse future ne soit pas dans le cas de se plaindre de vous. Quand les premiers feux de la jeunesse sont passés, on goûte mieux le plaisir qu'il y a de s'attacher au même objet. On est revenu du frivole avantage de la variété ; passer d'un objet à l'autre est la ressource des gens dont le goût est épuisé ; que leur situation est triste ! l'ennui les ronge. Je vous parle une langue que vous n'entendez pas à présent ; un jour viendra où je m'expliquerai mieux ; adieu, j'apperçois Baboin qui vient implorer, sans doute, votre secours pour son futur mariage. Ne le traversez pas, croyez moi ; il est d'un galant homme de procurer un établissement à l'objet qu'il aime. On appelle cela un procédé ; & il est trop bien établi pour ne pas s'y conformer.

CHAPITRE XXIII.

Mariage à la mode.

L'IMPATIENT Baboin ne tarda pas à me joindre : les choses sont plus avancées que vous ne croyez au moins, me dit-il en m'abordant : j'en ai glissé deux mots à madame de Blemicourt ; elle est d'avis d'en parler à l'instant même ; la voilà qui entraîne M. & madame Hugon. M. le prieur qui sait mes intentions, est aussi de la partie ; & je viens en raisonner avec vous, & vous prier d'appuyer ma proposition. On ne manquera pas de vous demander conseil. Madame de Blemicourt peut beaucoup ; mais on n'a pas trop de tout le monde. Eh ! mais à propos ; savez-vous bien que vous lui plaisez à cette madame ? Je m'en suis apperçu, moi qui vous parle. A quoi donc, lui dis-je ? Oh ! vous faites le discret, reprit Baboin. Eh ! là, là, nous voyons clair ; pendant tout le repas elle n'est occupée que de vous ; vous faites toujours semblant de ne regarder que mademoiselle Hugon, vous paroissez tout occupé d'elle, & tout cela je sais bien pourquoi ; vous servez la dame à son goût ; j'ai toujours entendu dire qu'elle aimoit le myftère ; elle vaut la peine que l'on la ménage ; on ne trouve pas toujours un château en état, & un revenu auffi clair. Au refte ce font vos affaires; revenons aux miennes : je vous promets de m'y employer de tout mon pouvoir, lui dis-je : que la petite Hugon vous fera obligée, me répondit Baboin. C'eft un établiffement tout fait, que vous lui procurez ; il me faudra auffi un peu d'honneur. Ces gens de Paris veulent de cela quand ils marient leurs filles en province. Qu'à cela ne tienne ; je fuis déja marchand ; je fais la banque quelquefois ; j'ai une charge d'huiffier ; quoique je ne l'exerce pas, c'eft toujours un titre ; je pourrai la troquer contre quelque autre chofe ; avec un peu d'aide de la famille, je pourrois bien devenir maire ou bailli d'un endroit ici près. Il n'y a que les harangues qui m'embarrafferoient ; croiriez vous que je n'ai jamais pu dire, par cœur, deux mots de fuite, & fi je ne parle pas mal quand je m'y mets. Tout coup vaille, fi la fête arrive nous la chaumerons ; nous ferons comme bien d'autres ; je ne ferai pas le premier qui fera refté court ; cela me confole.

Boifcaré nous joignit : je vous laiffe, me dit Baboin, en le voyant ; ne m'oubliez pas ;

je rejoins M. & madame Hugon; & puis il partit comme un éclair. Diable, dit Boiscaré, quelle vivacité, comme il nous quitte; qu'a-t-il donc ? Hé ! ne le devinez-vous pas, lui dis-je ? il est amoureux, le vieux fou, reprit-il : je parie que c'est de la Blemicourt ; en tout cas, c'est peine perdue : non repliquai-je, c'est de mademoiselle Hugon ; pour madame de Blemicourt, elle me paroît trop aimer sa liberté, pour que l'on ose y aspirer : je me pris de goût pour elle, me dit Boiscaré, quelque tems après la perte du défunt; & sans les soupçons que les familiarités de son jardinier m'ont inspiré, j'aurois fait la folie de m'attacher. A son jardinier, lui dis-je, je la croyois plus délicate : cela vous étonne, reprit-il, & moi, je n'en suis pas surpris; elle a eu furieusement à souffrir avec défunt Blemicourt ; le bon-homme étoit jaloux. La chronique veut qu'il eut raison de l'être ; nous sommes un tas de vieux coquins, qui nous étions proposés de lui faire goûter les douceurs du veuvage; nous avons perdu nos pas. La dame nous a conduits avec politesse, & se retranchant sur le sentiment, s'en est tenu à l'amitié avec les aspirans : un amant titré l'eût gêné, elle a mieux aimé en gagner un ; au premier mécontentement, le salaire

& le congé au bout : elle me croit sa dupe; je l'ai démêlé.

Pour un homme qui pense, vous me paroissez avoir donné trop légèrement dans la médisance. Ecoutez, en tout cas, il n'y a rien du mien. C'est, reprit Boiscaré, le bruit public. On a beau vouloir se cacher, on se décèle à votre âge; on se fait un point d'honneur d'être plus réservé sur le compte des femmes, quand nous avons été leur dupe autant que moi; vous ne pouvez guères refuser d'ajouter foi aux bruits que l'on répand.

Les femmes sont bien mal dans votre esprit, à ce que je vois, lui dis-je ? Si j'en crois le rapport de certaines gens, répondit-il, il y en a de bonnes; mais à qui tombent-elles ? Il faut que le bonheur que l'on goûte avec elles, soit bien grand; car on est jaloux, que personne ne s'en vante. Vous en voulez bien aux femmes, lui dis-je: aussi ai-je grand sujet de m'en plaindre. Vous me prenez dans un bon moment; il faut que je vous fasse part de mon histoire : je commencerai par celle de mon père; j'aime l'ordre: le tout ne sera pas long. Quoi qu'il en soit, vous êtes complaisant; & les évènemens m'en ont paru trop singuliers, pour craindre d'abuser de la patience de mes auditeurs.

CHAPITRE XXIV.

Histoire de Boiscaré.

Mon père étoit un cadet de Normandie, conséquemment peu riche. Son aîné l'aimoit beaucoup ; mais par malheur son aîné étoit honnêtement gueux ; huit cents livres de rente formoient son revenu ; ses aïeux l'empêchoient de l'augmenter : belle excuse pour les paresseux. Il se confina dans sa métairie & forma le grand dessein de relever sa famille : un cadet devenu son idole... une laborieuse économie soutenue par beaucoup de lésine, le mit en état de procurer une lieutenance au cadet.

Mon père tenoit de son pays, il aimoit le bien ; lassé de faire la guerre en garnison, il s'attacha à la nièce d'un receveur fort riche, & des plus roturiers. On m'a voulu assurer qu'elle étoit issue de parens nobles ; vrai ou faux, elle étoit héritière du receveur : c'est le plus beau titre que je lui ai connu. Je me suis peu embarrassé d'approfondir les autres : mon père épousa donc la nièce & la caisse. Le receveur eut l'honnêteté de se laisser mourir peu après, à la satisfaction des deux parties qui ne l'aimoient guères. Sans son bien on lui auroit volontiers dit en face qu'il étoit un fort vilain homme; il n'a pas été le seul. Le frère de mon père, bien loin de benir cette alliance, en creva de dépit; ce que c'est que certains préjugés; si l'on n'en revenoit pas, que de gens à plaindre.

Heureusement j'étois né avant cette mort, & je profitai des huit cents livres. Ma mère étoit sans doute une de ces bonnes-femmes, dont nous parlions tout-à-l'heure : car mon père l'a long-tems regretté. Comme on se guérit de tout, à peine son veuvage étoit-il expiré, qu'il épousa une fille de condition : il sembloit vouloir appaiser par-là les mânes de son frère.

Ma belle-mère, après avoir furieusement ravagé les biens du receveur, eut le chagrin d'enterrer son cher époux.

Ce chagrin étoit fondé, non sur la perte de son mari, mais du bien qui m'étoit substitué. Il fallut se retirer dans une communauté, ou plus par vanité que par bonne façon de penser; on m'engagea à lui continuer la petite pension que les parens lui avoient alloué. Jusqu'à la mort de mon père, on m'avoit laissé dans une métairie. Une basse-cour & les gens qui l'habitent, ne forment pas une école bien instructive. Je passai de-là, chez des moines, qui me farcirent de Grec & de Latin: mon tuteur, pour moins d'embarras, me rendit le mauvais office de me faire émanciper. Jugez, parce qu'il en reste, du beau présent que l'on fit au monde en m'y introduisant ; il m'en coûta quelques pièces de terre pour me décrasser ; cela me fâcha. Je tenois un peu du receveur mon oncle ; & comme j'aimois les plaisirs, je cherchois à m'en procurer à peu de frais ; le nom d'héritier donne un accès facile : j'étois soupçonneux ; je sentis les appas que l'on me tendoit, & me tins en garde ; je crus attraper quelques mères. Hélas ! je ne pus me reprocher la sédition de leurs filles ; l'on m'avoit prévenu dès long-tems. Une aventure d'éclat, m'écarta de ma province ; j'avois rendu des soins à une demoiselle ; nous nous étions vus de près ; j'en craignois les suites ; ne me sentant point porté pour le mariage, je me croyois seul favorisé ; quelle fut ma surprise, un autre s'en fit honneur, & par probité crut réparer sa faute.

Je me jettai du côté des femmes ; après bien des assiduités & des dépenses, qui me faisoient servir de risée, on m'accordoit ce dont les amans étoient las, & les maris ne vouloient plus. La guerre survint ; mon régiment étoit en Flandres, je l'y joignis; nous restâmes quelques tems dans une des villes de cette province. Je filai le parfait amour auprès d'une fort aimable femme, & qui menoit une vie assez retirée. Je recherchois l'amitié de son mari : (c'est l'usage.) c'étoit un galant homme; je me reprochai mes prétentions; mais j'aimois d'autant plus, que je croyois avoir lieu d'estimer; les refus de la dame étoient obligeans, & n'éloignoient pas tout-à-fait; j'attendois tout du tems; nous entrons en campagne; l'adieu fut tendre & rien de plus. On étoit sage, on l'affectoit du moins; de façon que j'en fus la dupe; j'enviois le sort du mari. Je suis blessé, j'écris; réponses tendres, crainte sur mon sort, désir de me voir; j'envoie mon valet-de-chambre, & sans l'en avertir je suis de près; le hasard veut que je le précéde de quelques instans : j'entre dans la maison : personne ne se trouve à ma rencontre. Je gagne l'appartement & me cache sous le lit de la dame; je voulois jouir du trouble que causeroit ma lettre; vous le dirai-je ? la dame entre avec mon valet-de-chambre : sa sagesse s'évanouit; il sont seuls, ils en profitent; ma position étoit fâcheuse; l'honneur de me retirer d'embarras étoit réservé au mari. Il entre, les surprend, l'homme prend la fuite;

la femme alloit devenir la victime de son époux ; je parois ; jugez de leur étonnement en les séparant ; mon récit fut vif, & ma sincérité me rendit ami du mari. Pour la femme, elle prit, sans hésiter, le parti qui lui convenoit ; un prétexte autorisa sa retraite, & tout se calma

Je n'étois pas au bout. Patience, je tire à la fin. Je me marie ; mariage de garnison ; belle passion : femme que l'on ne voit qu'au retour de la campagne, comme les chaudronniers, pour avoir des enfans. J'en ai eu trois ; les enfans à un certain âge, poussoient ma patience à bout par leur dépense. Ils se noyent tous les trois : j'ai pris mon parti ; j'ai partagé mes revenus, me réservant toujours la propriété des fonds ; ma femme s'est retirée avec son douaire, & je vis tranquille en chasseur, sans soins, sans souci ; & comme les passions ne parlent plus, je me venge à coup de langue, des travers quelles m'ont occasionné. Je veux croire que les hommes ne sont pas tous si malheureux ; mais avouez qu'il est bien singulier, qu'après tant de recherches, je n'aie pu trouver un de ces fortunés mortels, qui ont en partage ces femmes aimables, vertueuses ; & dont le commerce fait les délices des honnêtes gens, & le bonheur de ceux qui les possèdent. Je fais une réflexion bien singulière : bien loin de me fâcher, je dois peut-être savoir bon gré à mon étoile ; car j'ai entendu dire que, quand une femme veut vous tromper, elle se rend plus attrayante, que celle qui y va de bonne foi. Cependant j'aurois voulu goûter du contraire. Je suis un vieux fou, n'est-ce pas ? *Motus*, voici venir Baboin, qui me paroît bien content. Eh bien ! cette petite Hugon est-elle à nous enfin, lui dit-il ? Oh ! pour le coup, répondit Baboin, il n'y a pas moyens de s'en dédire ; les paroles sont portées, & nous danserons. Le tabellion va venir, & M. le prieur, qui veut bien nous marier dans la chapelle, vient de partir pour Mantes, afin d'avoir les dispenses nécessaires. Vous me ferez l'honneur de servir de témoins, messieurs. Ne pouvez-vous faire cette sotise-là sans moi, répondit Boiscaré ? il ne faut pas refuser M. Baboin, lui dis-je : vous serez donc de moitié, reprit Boiscaré. Je ne l'aurois pas soupçonné ; je vous croyois amoureux de la petite fille. Oh ! que non, dit Baboin, j'y ai regardé ; & puis monsieur m'a bien assuré qu'il n'y prétendoit pas. Tout en discourant, nous rejoignîmes la compagnie.

CHAPITRE

CHAPITRE XXV.

Situation.

JE ne pus voir fans quelque jaloufie, Babouin prêt de m'enlever ma conquête : comme on eft peu d'accord avec foi-même, j'enviois un bien dont je ne voulois pas m'affurer la poffeffion. L'air interdit & boudeur avec lequel mademoifelle Hugon recevoit toutes les careffes de fon futur, réveilla ma paffion pour elle ; j'en devins tout rêveur. Madame de Blémicourt m'en fit la guerre ; pour ne lui donner aucun foupçon, je réfolus de lui faire une fauffe confidence. Le bonheur de M. Babouin excite mon envie, lui dis-je : quoi donc, monfieur, en feriez vous jaloux ? Oui madame, mais non pas de la façon que vous pourriez l'entendre ; & tout de fuite, je lui fis en héros de roman une déclaration qui tenoit plus du galimathias que du fentiment : elle me répondit de manière à pouvoir concevoir efpérance. Je n'avois rien de mieux à faire pour le moment ; je pourfuivis ma pointe, on reçut la chofe fi bien, que l'aveu du réciproque fuivit de près. Je fus pris pour dupe, il fallut pour ne me pas démentir que je témoignaffe combien

Ff

j'étois sensible à un retour, dont je ne pouvois sitôt me flatter : c'est un effet de la sympathie, me répondit-on difficilement : peut-on lui résister. Nous jouâmes le sentiment : je crus en être quitte pour des mots : elle n'étoit pas femme à s'y tenir. Veillez-vous quelquefois, me dit-elle ? Eh mais ! comme on veut, lui répondis-je. L'artifice étoit grossier de sa part ; cependant j'ai été convaincu plus d'une fois, que quand une femme a pris son parti, elle ne cherche plus à y entendre finesse.

Venez me trouver à ma chambre quand nos gens se seront retirés, me dit la Blémicourt, nous passerons quelques momens ensemble. Je promis ; que faire ? Je m'étois embarqué trop avant, il n'y avoit plus moyen de reculer. Je me rendis à l'appartement de la dame, elle avoit fait retirer ses domestiques. Elle ne manqua pas de m'en faire appercevoir, pour que je n'en prétendisse cause d'ignorance. On a beau bien penser, dit-elle, ces sortes de gens ne semblent pas être faits pour nous rendre justice.

Venez jeunesse, & mettez-vous sur ce canapé, nous allons bien dire des folies ; n'est-ce pas ? La dame étoit sous les armes ; son deshabillé galant & bien entendu. Un air libertin prit la place du maintien prude qu'elle affectoit ordinairement. Je remarquai que cet air libertin lui alloit mieux. Ce que c'est que le naturel ! quand il en trouve l'occasion, il revendique bien ses droits. Nous badinâmes long-tems ; la dame m'agaçoit & s'opposoit tout desuite à l'impétuosité de mes mouvemens. Enfin, elle laissa un libre cours à ce que je voulus entreprendre. Je l'avoue ; il n'y eut plus pour moi de Colette ni d'Hugon ; alors, je ne vis & ne voulus voir que ma vieille coquette, qui, malgré les yeux éperonnés, ses rides & son fard, me parut une déesse, qui me tendoit les bras, pour me procurer l'immortalité. Ses caresses me tinrent dans l'enchantement jusqu'au jour. L'aurore nous surprit, & fit évanouir mon songe. J'en apperçus le vuide en m'éloignant. Quel retour ! il glaça mes sens.

CHAPITRE XXVI.

Evénement singulier.

Sous prétexte de chasser, je m'éclipsois tous les matins, & gagnois la ferme. Mes affaires y prirent bien-tôt un assez bon train ; l'oncle de Collette commença à n'y pas regarder de si près, & j'eus tout le tems de m'entretenir avec elle. La petite me tenoit la dragée haute ; je ne pus parvenir qu'aux plus légères faveurs. On me témoignoit tant d'amour, que l'excès de sa retenue, me causa de la défiance. Je ne pouvois accorder cette retenue avec son ingénuité & la passion violente dont elle paroissoit éprise. Je me mis en tête de découvrir ce qui pouvoit causer ses refus ; j'instruisis mon fidelle Braconnier ; il me promit de m'en rendre compte, & ne tint que trop sa parole, comme on le verra. Voici ce qui se passa dans l'intervalle.

Dans un taillis voisin de Blemicourt, la petite Hugon, sous prétexte de prendre l'air, m'attendoit au passage, tous les matins au retour de ma chasse. Ses caresses me consoloient pour le moment ; elles satisfaisoient mon amour-propre, révolté contre Baboin. Que de gens ont récriminé contre leur successeur ! Le plaisant droit que l'on veut s'arroger ! L'idée de Colette troubloit toujours mes plaisirs ; on me demandoit la cause du chagrin qui les suivoit de si près ; le bonheur prochain de Baboin, me servoit d'excuse. L'on m'offroit une main que je n'étois pas en disposition d'accepter ; je faisois naître des difficultés insurmontables ; quand l'amant raisonne en cas pareil, la fille pleure. Celle-ci se résolut de subir sa destinée, & se promit de faire repentir M. Baboin de la témérité de sa recherche.

Le baron m'obsédoit, & exigeoit de moi un détail des plus circonstanciés, & des plus sincères de toutes mes intrigues ; je ne savois à quoi attribuer l'ascendant qu'il avoit sur moi. Je suis plus intéressé que vous ne pensez à tout ce qui vous regarde, me disoit-il : continuez ; amusez-vous. Il n'y a que cette Colette qui m'inquiéte ; je crains les engagemens sérieux.

D'autre part, les agaceries continuelles de la Blemicourt m'embarrassoient furieusement à ce qu'il me parut ; j'avois tout à redouter, si elle venoit à découvrir ma double intrigue.

Cependant ce bois si favorable à entretenir mes premières amours, pensa un jour m'être bien fatal. Je vis le moment que, sans un bonheur imprévu, j'aurois été surpris avec la petite Hugon. Je revenois de ma chasse ordinaire, je trouvai la petite au rendez-vous, qui m'attendoit comme de coutume. Après une conversation assez triste, elle rouloit toujours sur son prochain mariage ; pour chasser la mauvaise humeur que cette idée nous procuroit à tous deux, nous nous mîmes à badiner ; un bruit que l'on fit de l'autre côté de la haye, aux pieds de laquelle nous étions assis, interrompit nos petits jeux. N'avez-vous pas entendu quelque chose, dit-on à voix basse : non, non, répondit d'un ton ferme, Despêches que je reconnus d'abord ; ne craignez rien, ce n'est personne. Rassurée par Despêches, madame Hugon, (car c'étoit elle ;) madame Hugon se livra à toute l'impétuosité de la passion qu'une vieille peut ressentir pour un jeune homme. J'eus bien de la peine à m'empêcher de rire, en voyant l'air interdit & pétrifié, de la petite Hugon ; nous nous écartâmes ; nous nous enfonçâmes dans le bois ; un diable de renard ayant une meute en queue, traversa nos plaisirs. Aux cris des chiens nous nous levâmes ; mademoiselle Hugon s'en fuit ; j'apperçois le tremblant animal, qui se blotissoit à vingt pas. Pour me venger de son indiscrétion, je le tire. Les chiens & les chasseurs viennent au bruit. Despêche & madame Hugon décampent, je les appelle, ils m'attendent ; & nous joignons les chasseurs, en tête desquels je trouve Baboin & M. Hugon.

Je compris par leurs discours, qu'ils avoient battu le taillis un quart-d'heure avant notre arrivée ; un quart-d'heure plus tard, c'étoit deux ménages au diable. M. Baboin donna le bras à sa future. M. Hugon en fit de même ; jamais le beau-père & le gendre ne furent mieux traités. Boiscaré, émerveillé de leur attention réciproque, ne cessa de me dire qu'il étoit enchanté du tableau. Despêches voulut me faire des contes : vous avez éclairci mes doutes, lui dis-je, je vous ai sauvé la surprise ; mon coup de fusil étoit le signal pour éviter le péril qui vous menaçoit. Soyez discret, ce sera ma récomse ; il m'entendit, baissa la tête, & j'eus lieu de me louer de leurs égards pendant mon séjour.

CHAPITRE XXVIII.

Eclaircissement.

COLETTE, cette Colette que j'idolâtrois, & dont j'avois attribué la retenue à un excès de sagesse que je respectois, n'étoit point ce qu'elle me vouloit paroître. Je découvrois que l'on cherchoit à me tromper ; l'amour la rendoit perfide ; elle avoit lié, depuis plus de six mois, un commerce avec le seigneur du fermier son oncle. La fantaisie du seigneur étoit passée ; il cherchoit à s'en séparer ; Colette lui avoit fait confidence de mon amour, & se conduisoit par ses avis. Voilà ce que je sus de mon fidelle braconnier ; il avoit tiré les vers du nez à sa cousine. Elle étoit la confidente du marquis ; & c'étoit chez elle que les rendez-vous se donnoient. Si j'avois écouté les premiers mouvemens de ma colère, j'aurois fait bien des sottises. Le braconnier à qui je communiquai sur le champ mes idées, en modéra la vivacité ; n'étant point amoureux, il envisageoit tout de sang froid, & m'amena au point d'en faire de même. L'espoir de la vengeance ramena ma tranquillité ; je résolus, de concert avec le braconnier, de faire avertir la femme du marquis des menées de son mari. La vieille jalouse se disposa à profiter de l'avis au premier signal.

Cependant madame de Blemicourt, qui ne s'accomodoit nullement de mes froideurs, cherchoit l'occasion de s'expliquer, je l'avois évité plus d'une fois. Un beau soir que je me retirois tranquillement, la dame me saisit par le bras, & m'entraîna pour ainsi dire avec elle. Daignez me suivre, me dit-elle : je le fis sans résistance, ne pouvant pas honnêtement m'en disculper ; quand nous fûmes seuls, la dame se mit à pleurer. Beau début ! Les larmes ne lui alloient plus, & ne produisirent aucun effet sur moi ; elle s'apperçut de ma froideur, & se livrant à l'excès de sa rage, elle m'accabla des reproche les plus vifs. Je n'ai jamais eu de crife plus violente. Cette femme s'oubliant de plus en plus, paffoit fucceffivement de la violence aux larmes, & des larmes aux careffes. Elle dégrada fon fexe par des baffeffes & des folies qui me firent rougir ; je fentis qu'une femme déplacée eft bien à charge. Je voulus raccommoder mes mauvais procédés, par des raifons encore plus mauvaifes ; ont les reçut ; j'en demeurai ftupéfait, & me trouvai contraint de faire par honneur, les frais de la moitié du racommodement. La jeuneffe me tira d'un auffi mauvais pas, & je fafcinai les yeux de la dame, au point de me faire des offres, que j'acceptai à tout hafard ; je fis par ce moyen, connoiffance avec fon coffre-fort. Elle en tira, dans fon enthoufiafme, une fomme que j'avouerai fans honte avoir mis à profit: La refufer dans le moment l'eut offenfée, & peut-être réveillé fes foupçons ; fon âge l'autorifoit à en avoir ; le fecours me fut très-utile. La Blémicourt, perfuadée de m'avoir attaché par l'endroit le plus fenfible, fus la première à m'avertir de me retirer. Je ne lui fit pas dire deux fois, & la laiffai auffi fatisfaite que j'avois peu lieu de l'être.

CHAPITRE XXVIII.

Qui pourra servir au dénouement.

J'ATTENDOIS avec impatience des nouvelles de Colette. Le baron m'aborde & me tire de la rêverie où j'étois plongé en me questionnant sur l'état de mes affaires. Eh! bien notre féal, me dit-il, nous en voilà donc réduit à la Blémicourt. Colette vous trompe, la petite Hugon se marie. La vanité vous guérira de Colette, le dégoût vous détachera de madame Babouin. Je ne crains que l'ennui qui pourra vous gagner. Après bien des caravanes, il faudra en revenir au mariage. Je veux vous donner une femme de ma main ; je suis encore trop éloigné de tous engagemens pour accepter vos offres, lui répliquai-je : dites que Colette vous tient au cœur. Je suis bien bon, poursuivit-il, de prendre tant de part à vos folies. Vous n'en démêlez sûrement pas le motif, je ne vous perdrai pas de vue, & si je vois jour à me déclarer, vous apprendrez des choses qui vous surprendront ; comment, lui dis-je ? Oh! comment, reprit-il, il n'est pas tems ; allez votre train, & parlons de ce qui m'inquiette. Je viens de recevoir un avis qui pourroit me chagriner, si je pouvois me laisser abattre; heureusement que je suis doué d'une gaieté à toute épreuve. L'homme que j'ai blessé est à la mort. Son état ne me cause aucune émotion, il a eu ce qu'il méritoit; mais les suites pourroient devenir fâcheuses, sa famille prend feu & poursuit vivement; ce qu'il y a de plaisant, c'est qu'il a déclaré qu'il croyoit, sur le rapport que l'on lui a fait depuis le combat, que ce ne pouvoit être qu'une femme avec qui il avoit eu affaire. C'est un galimathias que je vous débarbouillerai; je vous dirai seulement que cet homme étant maître de disposer de la meilleure partie de ses biens, veut les laisser à cette femme. Au reste, il faut toujours songer à ma sûreté, l'idée de cette femme me donne envie d'en prendre l'habit. Le frère du prieur est dans ma confidence. Je vais me retirer chez un ami connu à Paris, vous aurez de mes nouvelles, amusez-vous; mais point d'engagement sérieux. Adieu, je m'enfuis. Le prieur prendra mon adresse & la vôtre à Paris. Je m'embarrassai peu de tout cet arrangement, je promis toujours ; mais je ne songeois qu'à Colette

✤

CHAPITRE XXIX.

Raccommodement.

Mon braconnier, suivant ce dont nous étions convenus, vint m'avertir de m'aller mettre en sentinelle près du cabaret en question, & que je ne tarderois pas à voir arriver nos gens. La marquise est-elle instruite, lui dis-je ? Elle est en chemin pour les surprendre, répondit-il. Je vais prendre les devants pour vous faire signe d'avancer quand il en sera tems. Le dépit de me voir joué combattoit contre l'amour que je ressentois. Je m'en allai, dévoré par le chagrin le plus noir, me poster dans un coin, où, sans être apperçu, je pouvois facilement tout découvrir. Je vis passer mon rival, je n'étois pas porté à lui rendre justice, aussi le trouvai-je bien peu digne d'entrer en concurrence avec moi. La petite perfide le suivit de près. Jamais elle me parut plus belle, je pensai m'échapper & courir lui reprocher sa trahison ; je me retins dans l'espérance de la voir bientôt confondue.

La vieille marquise ne se fit pas attendre, elle étoit bien informée ; elle alla droit à la chambre où ils étoient ; je compris par un geste que me fit mon homme, qu'il étoit tems d'arriver. Le marquis, le nez dans un manteau, s'éloigne avec autant de précipitation que j'en mets à arriver. Colette en proie aux invectives & aux coups de la marquise, est l'objet qui me frappe en entrant. La furie de la marquise me fait perdre ma fermeté, je ne vois plus que le péril où étoit Colette, je me jette au-devant de la marquise : qui êtes-vous, me dit-elle, en se connoissant à peine, pour prendre la défense d'une petite créature qui me débauche mon mari? Je lui contai naïvement mon histoire en deux mots, & redoublai la confusion de Colette que mon récit sembla anéantir : je vous plains, me dit la marquise, vous êtes bien jeune, & cette petite coquine bien aimable. Fuyez, monsieur, il en est tems encore ; après cet avis je me retire, je souffrirois trop à ne vous en voir pas profiter.

Que fis-je ? je restai, mon triomphe ne me paroissoit pas complet. Je voulus jouir à plaisir de l'embarras affreux où Colette étoit plongée, je parcourois toute sa personne d'un air méprisant, & ressentois une joie maligne à la voir ainsi humiliée.

L'hôtesse d'une chambre voisine avoit tout entendu, elle arriva sur ces entrefaites & se mit à sermoner Colette, qui ne repartit que par ses larmes.

Il n'eſt pas queſtion de cela, dis-je à l'hôteſſe; le marquis collationne ordinairement quand il vient ici avec mademoiſelle, ſervez-nous ce que vous lui avez réſervé, je vous payerai auſſi-bien que lui. Oh! monſieur, me dit l'hôteſſe, je n'en doute pas, & je vais vous obéir. C'eſt que je ne ſaurois paſſer de pareilles choſes ſous ſilence, & un galant homme agiſſant comme vous faites, méritoit plus de ménagement. Laiſſez-nous ſeuls, vous reviendrez quand je vous appellerai. Soit, monſieur, l'on ne vous fera plus attendre.

Eh! bien Colette, que dois-je penſer de tout ceci, lui dis-je? Hélas! monſieur, je ne ſens que mon tort, & puis c'eſt tout. Voilà donc votre réponſe, Colette. Quelle autre puis-je vous faire, monſieur? Et de quel front vous êtes-vous déterminée à me tromper? Ce n'eſt pas ma faute, monſieur. Comment, perfide, vous oſez me parler ſur ce ton? Vous êtes maître de mon ſort, & vous pouvez faire de moi tout ce qu'il vous plaira; car auſſi-bien dans l'état où je ſuis, je me ſoucie peu de la vie; mais, je vous le répète encore, ce n'eſt pas ma faute! c'eſt la vôtre. Malheureuſe, m'écriai-je, quelle audace! Monſieur, me dit-elle toute en larmes, en ſe jettant à mes genoux: daignez m'entendre, l'aveu que je vais vous faire me coûtera cher, mais je vous le dois. Je n'ai jamais aimé le marquis, il s'eſt ſervi de la violence pour m'obtenir ; il a répandu ſes bienfaits ſur ceux qui pouvoient l'empêcher de continuer à me voir, & les a mis dans la triſte néceſſié, en tenant tout de lui & pouvant changer leur ſort d'un quart-d'heure à l'autre, de me contraindre à le recevoir. Il me flattoit de me donner de quoi paſſer le reſte de mes jours : voilà quelle étoit ma ſituation avant de vous avoir connu.

Depuis, le haſard vous amène à la ferme, je vous vois, je vous aime ; vous me dites que vous m'aimez, vous me le prouvez ; vous me l'avez cent fois juré, que je me plaiſois à recevoir vos ſermens. Dans la poſition où j'étois, je ne pouvois y répondre comme vous le ſouhaitiez. Oui, j'étois capable de concevoir de l'eſtime. Je n'attendois que le moment de vous déclarer ma malheureuſe ſituation, pour vous prier de m'en tirer.

Vous cherchez à m'abuſer, perfide. Non, me répondit-elle, après un aveu auſſi honteux, je n'ai plus rien à eſpérer. Souffrez pour la dernière fois que je vous diſe que je vous aime. Répondez-moi cent fois que vous me haïſſez ; mépriſez-moi tout à plaiſir, chaſſez-moi avec ignominie : voilà ma ſentence, je la prononce, je profite du tems que vous croyez me contraindre à vous voir. Hélas! c'est pour la dernière fois, elle fondit en larmes, & se trouva réellement très-mal.

L'excès de sa douleur la justifia, tout fut pardonné, & si je m'étois trouvé assez libre pour en faire la réflexion, j'aurois béni, je crois, le moment où j'avois tout découvert, tant la suite me fit de plaisir.

J'appellai du secours, l'hôtesse vint toute effarée, elle m'aida à la délasser, & la porter sur un lit. Colette resta plus de trois quarts-d'heure sans sentiment; à force de soins, elle revint à elle. En ouvrant les yeux elle me trouva à ses genoux, la bouche colée sur sa main; que faites-vous, me dit-elle, est-ce là votre place? Laissez-moi périr, c'est la seule grace que je vous demande, si vous daignez m'en accorder: vivez, lui dis-je, & vivez pour faire mon bonheur; partagez ma fortune, c'est toute la peine que je veux vous imposer. Est-ce bien vous, répliqua-t-elle, qui me faites cette proposition? Pensez-vous à ce que vous m'offrez? Moi! partager votre fortune? Promettez-le moi, lui dis-je, & je suis satisfait; à ce prix j'oublierai tout. Hélas! vous vous en souvenez encore, répliqua-t-elle en pleurant, quelque

soit

soit mon sort, pourvu que je ne vous quitte pas, je me tiendrai très heureuse.

L'hôtesse fut d'abord ravie en extase d'entendre nos propos; puis elle se mit à pleurer aussi en nous baisant les mains. J'eus bien de la peine à m'empêcher de rire de la part qu'elle prenoit à tout cela. Ah! le bon tems, s'écria-t-elle, que celui où vous êtes. Oh! çà, çà, je vais faire servir la colation, vous prendrez bien quelque chose & la petite aussi. J'engageai Colette à prendre un peu de nourriture. Notre réunion fut sincère, la suite m'en parut unique; d'en entreprendre la peinture, j'y réussirois mal. Je m'arrachai des bras de Colette le lendemain, pour retourner à Blémicourt; je la recommandai à l'hôtesse en lui laissant de quoi se ressouvenir de mes ordres.

CHAPITRE XXX.

Les adieux de Blémicourt.

BLÉMICOURT me parut ennuyeux dès que j'y arrivai. Je ne songeai qu'aux moyens d'en sortir en dérobant le motif de mon départ. Je trouvai tout le monde inquiet de mon absence, & chacun m'accabla de caresses en me faisant cent questions. J'y satisfis tant bien que mal. Madame de Blémicourt commençoit à perdre la tête, la petite Hugon se contenoit à peine; le prieur, qui étoit revenu de la veille, me témoigna avoir été fort inquiet de mon absence. Je ne fus sensible qu'au chagrin que j'avois pu lui causer; étant trop préoccupé d'ailleurs, pour prendre part à celui des autres. J'en fis mine par politesse, & sur-tout à la dame de Blémicourt, que je sentois avoir besoin de ménager dans l'embarras où je venois de me jetter. Je n'avois envisagé que mon amour dans les promesses faites à Colette; je possédois à la vérité par les bienfaits de la Blémicourt, une somme plus que suffisante pour me tirer des premiers pas de la fausse démarche que je me proposai; ce n'étoit pas assez, il falloit m'assurer de l'avenir jusqu'à nouvel ordre. Je regardai la chose comme un emprunt, dont je sentois bien devoir d'avance payer un intérêt bien dur, me promettant bien de rendre le capital, dès que je me verrois maître de ma fortune. Je calmai de cette façon ma délicatesse, elle céda par arrangement à mon amour.

J'appris que M. de Lisle & son épouse étoient partis avec le baron. Le prieur étoit revenu muni de pleins pouvoirs, pour enchaîner à jamais M. Babouin & mademoiselle Hugon. Ils furent fiancés dès le soir même. Boiscaré me menaça de leur épitalame, j'en esquivai la lecture; je ne fus pas aussi heureux avec la Blémicourt, il me fallut sans délai renouer notre dernier entretien; mon projet m'y portoit.

Que l'on me rende compte de la conduite que l'on a tenue pendant son absence, libertin, me dit-elle, en me donnant un petit coup sur la joue. La chasse a été toute mon occupation, madame, lui répondis-je, en affectant beaucoup d'ingénuité; la nuit m'a surpris, j'ai été trop heureux de trouver un asyle dans je ne sai quel hameau, dont je suis sorti au lever de l'aurore. Je vous le passe pour cette fois, continua-t-elle; dorénavant je ne veux point que l'on découche; souvenez-vous-en, je vous prie, & ne m'exposez plus à passer de nuits aussi tristes que la dernière; que d'inquiétudes que vous m'avez donné, tout le monde a pu s'appercevoir du désordre où j'étois; valez-vous tous les chagrins que votre absence m'a fait éprouver? Voyez comme il reçoit tout cela, dit-elle, s'appercevant que je baillois. Mille pardons, lui dis-je, en me remettant. Le sommeil m'accable malgré moi, & j'ai toutes les peines du monde à le vaincre. L'ennui y avoit autant de part que la fatigue que je pris pour excuse. Cela est décidé, dit-elle, je ne veux plus que vous alliez à cette maudite chasse; elle vous donne un air mauſſade qui ne me revient point, entendez-vous. Allez-vous repoſer, & venez me trouver demain à mon lever. Quel ordre! je promis, mon bonheur dépendoit de mon exactitude à le remplir.

CHAPITRE XXXI.

Départ.

Mon premier ſoin en m'éveillant fut de me dérober au plus vîte; j'allai tirer Colette de l'inquiétude où je préſumois qu'elle devoit être plongée. Quelle abſence pour deux amans nouvellement unis, qu'un intervalle de douze heures! Mon retour diſſipa ſes craintes; & ce qu'il y a de plus expreſſif confirma les ſermens réciproques d'être l'un à l'autre à jamais; pour ſe mettre à l'abri des recherches de l'oncle, & des pourſuites du marquis, je jugeai qu'il valoit mieux que Colette, déguiſée en payſan, paſſât quelque tems chez le braconnier, dans un hameau plus proche de Blémicourt, juſqu'à ce que je puſſe trouver un prétexte pour m'en retourner à Paris former l'établiſſement que je me propoſois. Je payai le ſecret de l'hôteſſe; le braconnier par de nouvelles libéralités me fut acquis; le tout arrangé, je partis ſur le champ, & me rendis à l'appartement de madame de Blémicourt, elle m'avoit déja fait chercher. Quel homme, dit-elle, en m'appercevant, jamais en place; avez-vous déja oublié ma défense? Je me suis fait un devoir, lui répliquai-je, de me soumettre aveuglément à vos ordres; ne voulant pas troubler votre sommeil, j'étois allé faire un tour de promenade; jamais la campagne ne m'a paru plus belle! l'idée du bonheur que j'y goûte m'entretenoit dans une rêverie agréable, qui m'a fait porter mes pas plus loin que je ne m'étois proposé. Le fripon, dit-elle en souriant, qu'il sait donner un bon tour à toutes ses excuses! bien différentes des femmes, qui font consister leur plaisir à tromper, j'aime à l'être; entretenez toujours mon erreur, & me dérobez ce qui pourroit la détruire. Je crains à tout moment de vous perdre, je sens que je n'y survivrois pas. Quelle femme, disois-je en moi-même que n'eût-elle été Colette, ou que n'en eût-elle eu les agrémens, je me serois fait conscience de la tromper; mais aussi je pouvois lui dire, comme on le répète à tant d'autres dans un sens différent. Mon excuse est dans vos yeux, si je suis encore dans votre souvenir, compensez tout madame de Blémicourt, vous me rendez justice, nous n'étions pas faits l'un pour l'autre.

Que ne promet-on pas, quand on ressent un véritable amour! que ne promet-on pas, quand on a des raisons indispensables à feindre! Les sermens les plus forts avoient été employés, pour persuader à Colette que je n'épargnerois rien pour m'assurer sa possession. Je fis plus encore pour me débarrasser de la Blémicourt, & en tirer les secours qui m'étoient si nécessaires. L'action n'est pas louable, mais quand la mode en passera-t-elle?

J'éblouis la dame par mes exagérations, elle étoit trop aveuglée pour en sentir le ridicule. L'Amour est la clef du coffre-fort, j'avois déja fait connoissance avec lui; la Blémicourt me pressa de si bonne grace, que je me laissai vaincre; j'y pris une somme assez suffisante, pour ne pas me mettre dans le cas de la récidive du contrat qu'il me fallut faire. Mes désirs étoient au comble, j'étois assuré de Colette, l'image du bonheur que je me figurois, la présence de la bienfaitrice qui me le procuroit; tout concourut à rendre ma reconnoissance éclatante.

Je comptois rester quelques jours encore, pour amener le dénouement; je ne savois comment m'y prendre, les réflexions ne m'en fournissoient aucun moyen. Le hasard me servit; une lettre de mon père me tira d'embarras; il me marquoit de retourner à Paris sur le champ pour affaire preffante; un parent dont il me donnoit l'adreffe, devoit me mettre au fait pour agir en conféquence de fes ordres. Je montrai ma lettre, & quelques raifons que l'on pût me dire, je fixai mon départ au lendemain.

Babouin me témoigna combien il étoit mortifié de ne me pas voir un des témoins de fon bonheur. La petite Hugon voulut m'arrêter, je me fis honneur de la circonftance; elle fut la dupe de ma prétendue fenfibilité, je lui devois les apparences. La Blémicourt reçut mes adieux toute en larmes. Boifcaré me fit préfent de fes ouvrages, le prieur m'affura de fon amitié que je mettois bien au-deffus. Je parti chéri de la Blémicourt, regretté de la petite Hugon; mais au grand contentement de fa mère, qui vit mon éloignement avec bien du plaifir, ainfi que le maître-clerc. Pour M. Hugon, je fuis fûr qu'il ne regretta que la penfion qu'on lui faifoit pour moi. Je l'ai affez pratiqué pour en juger moi-même.

Après mainte embraffade, je volai à Mantes rejoindre Colette, où le braconnier, inftruit de l'incident, s'étoit chargé de la conduire.

CHAPITRE XXXII.

Qui tire à la fin.

Je passe la mauvaise nuit que nous essuyâmes dans la flotte, espèce de galiote qui remonte de Mantes à Poissy ; l'incident des nourrices que je pris pour un tas de linge sale, la peur que me fit une d'elle en se retournant comme j'appuyois mon pied sur sa croupe ; les cris des nourrissons qui nous étourdirent à diverses reprises, l'inquiétude que me donnoit mon nouveau domestique, que je conduisis enfin heureusement jusqu'à Paris.

Les détails du petit ménage me procuroient chaque jour de nouveaux agrémens ; il faut y avoir passé pour sentir le plaisir que l'on y goûte.

Grace aux bontés de la Blémicourt, j'étois en état de me satisfaire. Colette, dont je devenois amoureux de plus en plus, me parut mériter que je me donnasse des soins pour son éducation.

Avant d'introduire les maîtres, j'augmentai le train. Je m'avisai d'une femme-de-chambre : meuble critique en pareille situation, l'entretien en est à charge ; &......mais, c'étoit une espèce de compagnie ; je crus qu'il étoit même de la décence de l'introduire. Colette en fut flattée, cependant ses talens ne tardèrent pas à se développer : la femme-de-chambre ne se contenta pas de les admirer, elle fit sentir à Colette, combien il étoit satisfaisant d'en faire usage ; on m'en fit la proposition : par amour propre je topai ; je repris quelques liaisons qui me mirent à même de contenter Colette & ma vanité, je ne tardai guère à sentir ma faute. Chacun rechercha ma connoissance, & voulut cultiver mon amitié. Ah ! Blémicourt, que votre argent vous a bien vengé ! il m'a fait de ces admirateurs autant d'envieux de mon sort. Alors la femme-de-chambre joua un grand rôle. Plus adroite qu'intéressée, elle m'instruisoit des offres, j'allois à l'enchère, je vis bientôt la fin de mes finances, il me fallut céder la place, Colette m'honora de ses regrets. Belle consolation !

Un jour que j'allai dissiper mon chagrin, je rencontrai le prieur ; je suis charmé de vous voir, j'ai bien des choses à vous apprendre, me dit-il. D'abord votre famille est fort irritée ; mais tranquillisez-vous, j'ai tout calmé par l'incident que vous allez savoir. Le baron m'a instruit de vos menées, il ne vous a pas perdu de vue, gens apostés ne vous quittoient pas.

C'est lui qui vous a suscité tant de rivaux; enfin, il est parvenu à vous faire prendre votre parti; mais êtes-vous guéri ? je le crois, lui dis-je. Vous soupirez encore, repliqua-t-il; venez avec moi, & voyons s'il n'y auroit point de remède; tout en marchant, il m'apprit que ce prétendu baron étoit une veuve fort aimable; elle avoit été recherchée par un gentilhomme de ses voisins, qui, voyant qu'elle ne vouloit pas l'écouter, s'étoit déterminé à l'enlever, espérant qu'elle n'oseroit, après un coup d'éclat, lui refuser sa main. Son projet manqua, la veuve en eut vent; elle se déguise en homme, & va au nom de son frère lui en demander satisfaction; elle se bat, le blesse, & s'enfuit. Le frère & la sœur étant jumeaux & se ressemblant parfaitement, il ne la reconnut. Etant à toute extrêmité, il donna tous ses biens à la sœur en pardonnant au frère. La justice a voulu prendre connoissance du fait; mais l'on a prouvé que, depuis quelques mois, le frère étoit à son régiment, nommément les jours qui ont suivi & précédé le combat; on l'a traité d'imaginaire, & les poursuites ont cessé. C'est dans l'intervalle que la veuve déguisée, & sous le nom du baron, est venue me joindre avec mon frère & son épouse; elle fut arrêtée; mon frère étant en pays de connoissance l'a tirée facilement d'affaire, en faisant connoître son sexe. A propos, j'ai vu Colette & son époux; ils sont enfin mariés, & font le meilleur ménage du monde; mon amour pour la veuve, les épreuves que l'on m'a fait subir avant que d'y répondre, n'ayant nulle relation avec le voyage que je m'étois proposé d'écrire, je n'entrerai pas dans ces détails. Il suffit au lecteur le plus curieux de savoir que j'épousai la veuve; & qu'après avoir rendu l'emprunt fait à la Blémicourt, j'oubliai tout le reste. Bénissant le sort de m'être tiré heureusement de toutes les escapades.

F I N.

TABLE
DES VOYAGES IMAGINAIRES
CONTENUS DANS CE VOLUME.

AVERTISSEMENT DE L'ÉDITEUR, page vij

VOYAGE DE CAMPAGNE.

PREMIÈRE PARTIE,	1
Histoire de madame Deshoulières & de Grosblanc,	7
Histoire de Thibergeau,	12
Histoire d'un follet passionné pour les chevaux,	23
Histoire d'un follet appellé Monsieur,	25
Histoire de madame d'Orselis,	28
Le père & ses quatre fils, conte,	47
Histoire du chevalier de Chanteuil,	78
Proverbe,	137
SECONDE PARTIE,	148

VOYAGE DE FALAISE.

PREMIÈRE PARTIE,	197
Aventures de la Bourimière,	205

TABLE.

Aventures de Cléante, 234
SECONDE PARTIE, 271

VOYAGE DE MANTES.

CHAPITRE PREMIER. *Réflexions sans suite sur ce qui a donné lieu au reste*, 345
CHAP. II. *Départ, arrivée, projets*, 349
CHAP. III. *Motifs du Voyage*, 351
CHAP. IV. *Combat de Neuilly*, 353
CHAP. V. *Reconnoissance*, 356
CHAP. VI. *Réception à Saint-Germain*, 362
CHAP. VII. *Histoire de Lolote*, 366
CHAP. VIII. *Grande nouvelle*, 369
CHAP. IX. *Passage de la forêt*, 370
CHAP. X. *Arrivée à Poissy. Histoire du Prieur*, 377
CHAP. XI. *Querelle de chiens*, 384
CHAP. XII. *Les batelets*, 391
CHAP. XIII. *Intéressant pour l'auteur*, 396
CHAP. XIV. *Arrivée à Blémicourt*, 399
CHAP. XV. *Suite de l'histoire du prieur*, 402
CHAP. XVI. *Chasse*, 412
CHAP. XVII. *Conversation*, 418
CHAP. XVIII. *Le parfait écuyer*, 421
CHAP. XIX. *Quelles étoient les personnes annoncées*, 425

477

CHAP. XX. *Suite du parfait écuyer*, 428
CHAP. XXI. *Ce que l'on verra*, 429
CHAP. XXII. *Arrangement*, 434
CHAP. XXIII. *Mariage à la mode*, 439
CHAP. XXIV. *Histoire de Boiscaré*, 443
CHAP. XXV. *Situation*, 449
CHAP. XXVI. *Evènement singulier*, 451
CHAP. XXVII. *Eclaircissement*, 455
CHAP. XXVIII. *Qui pourra servir au dénouement*, 458
CHAP. XXIX. *Raccommodement*, 460
CHAP. XXX. *Les adieux de Blémicourt*, 465
CHAP. XXXI. *Départ*, 468
CHAP. XXXII. *Qui tire à sa fin*, 472

Fin de la Table.

www.ingramcontent.com/pod-product-compliance
Lightning Source LLC
Chambersburg PA
CBHW050611230426
43670CB00009B/1356